VERBORGENES
BRÜSSEL

*Nathalie Capart, Isabelle de Pange,
Nicolas van Beek, Florent Verstraeten
und Jean-Jacques & Brigitte Evrard-Lauwereins*

JONGLEZ VERLAG

Reiseführer

Nathalie Capart lebt seit dem frühen Erwachsenenalter in Brüssel. Seit vielen Jahren als Texterin tätig, entfaltet, verliert und findet sie sich wieder neu, stets geleitet von großer Neugier und Begeisterungsfähigkeit, mit einer klaren Präferenz für exotische Reisen in die Straße nebenan.

Isabelle de Pange wurde in Uccle geboren und lebt in Schaerbeek. Die Absolventin der KU Leuven ist leidenschaftliche Architekturliebhaberin. Bevor sie von 2015 bis 2018 die Leitung der Museen der Stadt Brüssel übernahm, war sie viele Jahre beim Inventurbüro für das architektonische Erbe der Region Brüssel-Hauptstadt tätig. Sie ist Autorin zahlreicher Publikationen über die Stadt.

Florent Verstraeten ist in Brüssel geboren und aufgewachsen. Neugierig und mit offenen Augen ist er in seiner Stadt unterwegs, immer auf der Suche nach den verborgensten Winkeln, die selbst Einheimischen unbekannt sind. In seiner Freizeit führt er Gruppen zu Fuß oder mit dem Fahrrad durch die verschiedenen Brüsseler Stadtteile. Sein Ziel ist es, bei den Menschen die Lust an der Erkundung seiner Stadt zu wecken.

Die Grafikdesigner **Jean-Jacques & Brigitte Evrard-Lauwereins** leben seit mehr als 50 Jahren in Brüssel. Kunst und Architektur sind ihre Leidenschaft. Im Jahr 2020 starteten sie ihre Internetseite admirable-facades.brussels, auf der sie mehr als 300 außergewöhnliche Gebäude der Stadt vorstellen.

Wir hatten große Freude bei der Arbeit an diesem Reiseführer mit dem Titel *Verborgenes Brüssel* und hoffen, dass Sie damit – ebenso wie wir – ungewöhnliche, verborgene oder eher unbekannte Aspekte der belgischen Hauptstadt entdecken werden. Einige Einträge sind mit historischen Anmerkungen oder Anekdoten versehen, die dazu beitragen sollen, die Stadt in ihrer Vielschichtigkeit noch besser zu verstehen.

Verborgenes Brüssel hebt zudem eine Vielzahl von Details hervor, an denen viele Tag für Tag vorbeigehen, ohne sie besonders zu beachten. Diese laden Sie dazu ein, die urbane Landschaft genauer zu betrachten und mit derselben Neugier und Aufmerksamkeit, die wir auf Reisen an den Tag legen, durch diese Stadt zu streifen.

Über Anmerkungen zu diesem Reiseführer und seinem Inhalt sowie Informationen zu Orten, die darin nicht aufgeführt sind, freuen wir uns sehr und bemühen uns, diese in künftige Ausgaben aufzunehmen.

Kontaktieren Sie uns:
E-Mail: infos@editionsjonglez.com

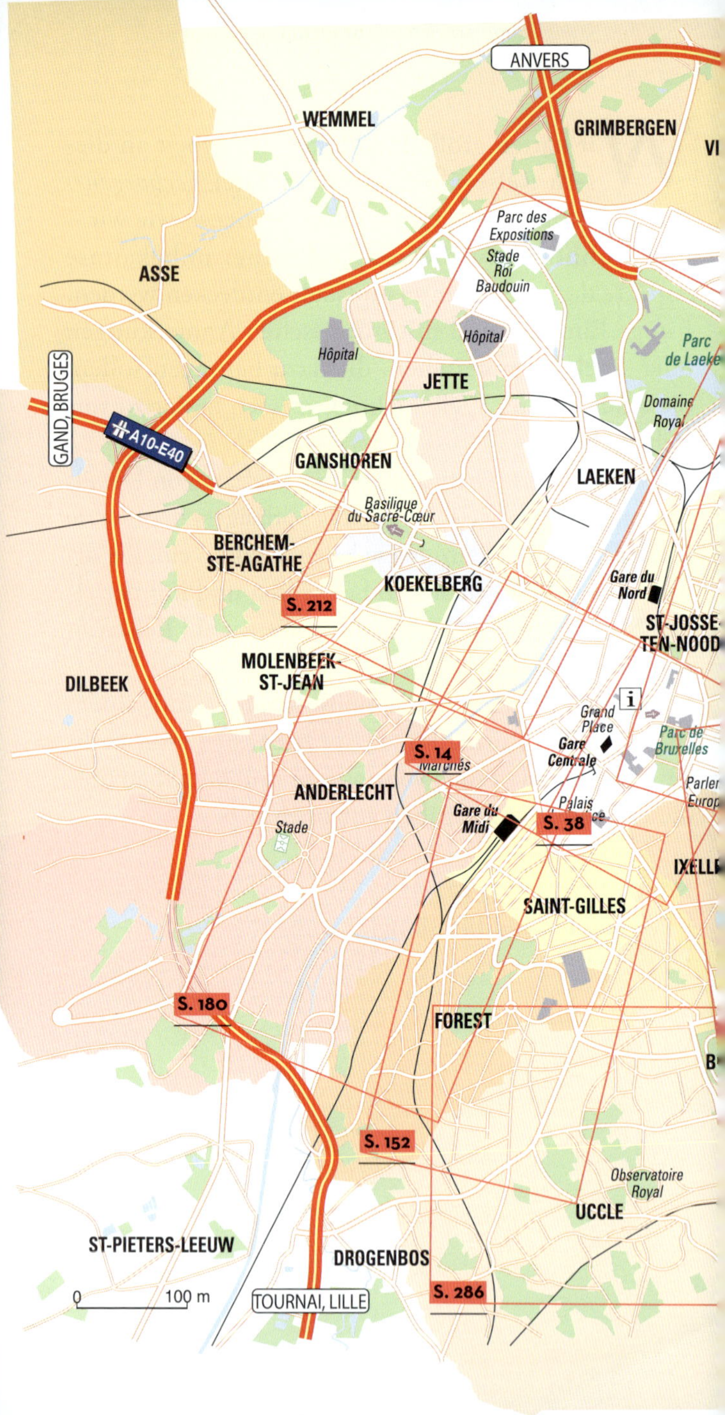

ANVERS
WEMMEL
GRIMBERGEN
ASSE
Parc des Expositions
Stade Roi Baudouin
Hôpital
Hôpital
Parc de Laeken
JETTE
Domaine Royal
GAND, BRUGES
A10-E40
GANSHOREN
LAEKEN
Basilique du Sacré-Cœur
BERCHEM-STE-AGATHE
KOEKELBERG
Gare du Nord
S. 212
ST-JOSSE-TEN-NOODE
MOLENBEEK-ST-JEAN
DILBEEK
Grand Place
Gare Centrale
Parc de Bruxelles
S. 14
Marchés
ANDERLECHT
Palais
Gare du Midi
S. 38
Stade
IXELLES
SAINT-GILLES
S. 180
FOREST
S. 152
Observatoire Royal
UCCLE
ST-PIETERS-LEEUW
DROGENBOS
0
100 m
TOURNAI, LILLE
S. 286

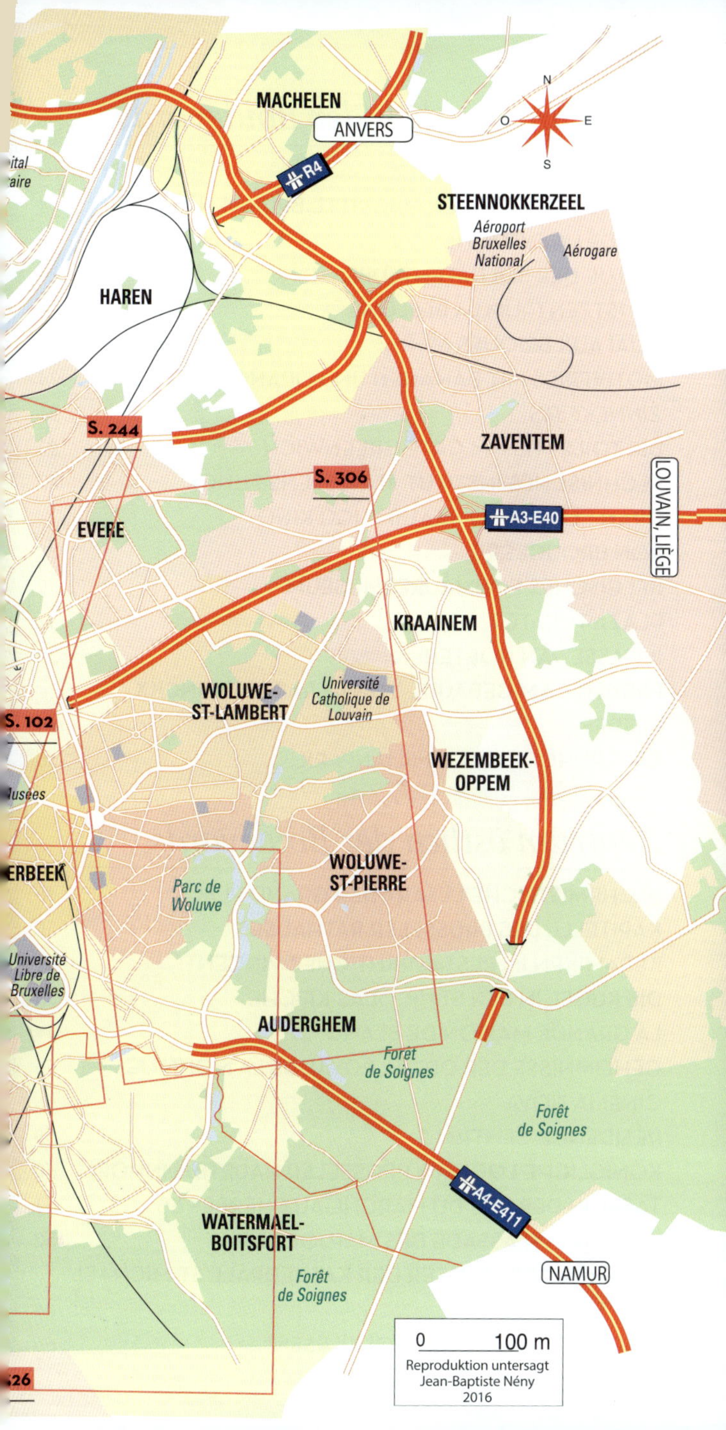

MACHELEN
ANVERS
R4
N
O
E
S
STEENNOKKERZEEL
Aéroport
Bruxelles
National
Aérogare
HAREN
S. 244
ZAVENTEM
S. 306
LOUVAIN, LIÈGE
A3-E40
EVERE
KRAAINEM
WOLUWE-
ST-LAMBERT
Université
Catholique de
Louvain
S. 102
WEZEMBEEK-
OPPEM
WOLUWE-
ST-PIERRE
Parc de
Woluwe
Université
Libre de
Bruxelles
AUDERGHEM
Forêt
de Soignes
Forêt
de Soignes
A4-E411
WATERMAEL-
BOITSFORT
Forêt
de Soignes
NAMUR
0
100 m
Reproduktion untersagt
Jean-Baptiste Nény
2016

INHALT

Zentrum westlich der Boulevards

Zentrum östlich der Boulevards

Ixelles, Etterbeek, Europaviertel

INHALT

Saint-Gilles und Forest

Anderlecht

INHALT

Schaerbeek, Saint-Josse-ten-Noode

Uccle

Woluwe Saint-Pierre, Woluwe Saint-Lambert

Auderghem, Watermael-Boitsfort

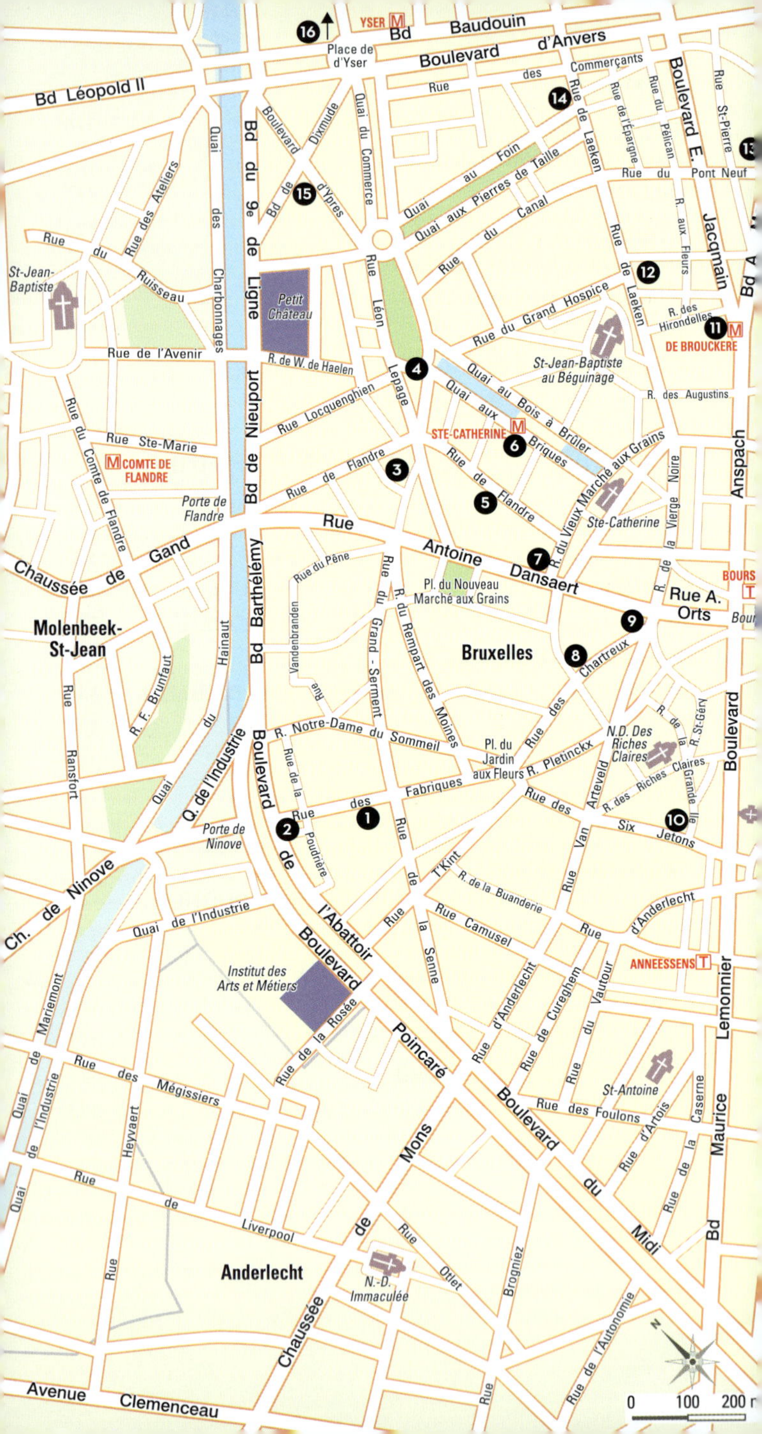

Bd Baudouin
Boulevard d'Anvers
Bd Léopold II
Place de d'Yser
YSER
Rue des Commerçants
Boulevard E. Jacqmain
Rue de Laeken
Rue de l'Épargne
Rue du Pélican
Rue St-Pierre
Rue du Pont Neuf
R. aux Fleurs
Boulevard Dixmude
Bd de d'Ypres
Quai du Commerce
Quai au Foin
Quai aux Pierres de Taille
Rue du Canal
Quai des Charbonnages
Bd du 9e de Ligne
Rue des Ateliers
Rue du Ruisseau
St-Jean-Baptiste
Petit Château
Rue Léon Lepage
Rue du Grand Hospice
R. des Hirondelles
DE BROUCKERE
St-Jean-Baptiste au Béguinage
R. des Augustins
Rue de l'Avenir
R. de W. de Haelen
Quai au Bois à Brûler
Quai aux Briques
STE-CATHERINE
Rue Locquenghien
Rue Ste-Marie
COMTE DE FLANDRE
Rue du Comte de Flandre
Bd de Nieuport
Rue de Flandre
Porte de Flandre
Rue du Vieux Marché aux Grains
Ste-Catherine
R. de la Vierge Noire
Anspach
Chaussée de Gand
Rue Antoine Dansaert
Rue du Pêne
Pl. du Nouveau Marché aux Grains
BOURSE
Rue A. Orts
Molenbeek-St-Jean
Bd Barthélemy
Rue Vandenbranden
Rue du Grand-Serment
R. du Rempart des Moines
Bruxelles
Chartreux
Rue F. Brunfaut
Rue du Hainaut
Rue Ransfort
Q. de l'Industrie
R. Notre-Dame du Sommeil
Pl. du Jardin aux Fleurs
R. Pletinckx
Rue des Fabriques
Rue des Chartreux
N.D. Des Riches Claires
R. de la Grande Ile
R. St-Géry
Arteveld
R. des Riches Claires
Boulevard Lemonnier
Quai
Rue de la Poudrière
Porte de Ninove
Rue des Six Jetons
Rue Van Artevelde
Ch. de Ninove
Boulevard de l'Abattoir
Rue T'Kint
R. de la Buanderie
Rue de la Senne
Rue Camusel
Rue d'Anderlecht
Quai de l'Industrie
ANNEESSENS
Institut des Arts et Métiers
Rue de Cureghem
Rue du Vautour
Rue de Mariemont
Boulevard Poincaré
Rue de la Rosée
Rue des Mégissiers
St-Antoine
Rue des Foulons
Rue d'Artois
Rue de la Caserne
Bd Maurice Lemonnier
Quai de l'Industrie
Rue Heyvaert
Chaussée de Mons
Boulevard du Midi
Rue de Liverpool
Rue Otlet
N.-D. Immaculée
Rue Brogniez
Anderlecht
Rue de l'Autonomie
Avenue Clemenceau
0 100 200 m

Zentrum westlich der Boulevards

SCHROTTURM

①

Dies ist kein Schornstein!

Rue des Fabriques 54
Unregelmäßig geöffnet zwischen 9 und 17 Uhr
Tramlinien 18 oder 82, Haltestelle Porte de Ninove

Von Weitem mutet der Schrotturm wie jeder andere Fabrikschlot an, von denen es in Brüssel eine ganze Menge gibt. Nichts Außergewöhnliches also, möchte man meinen. Doch der fragliche Turm ist kein Schornstein und noch dazu der Letzte seiner Art auf dem gesamten europäischen Kontinent! Um 1885 von der Gießerei Pelgrims et Bombeeck errichtet, diente er bis 1940 zur Herstellung von Schrotkugeln nach einem erstaunlichen, bereits 1792 von William Watts im englischen Bristol erfundenen Verfahren.

Die Spitze des 55 Meter hohen Turms mit einem Durchmesser von fünf Metern war über eine durch Schießscharten erhellte Wendeltreppe erreichbar. Diese ist heute zwar nicht mehr begehbar, jedoch bei einem gewagten Blick ins Innere noch zu sehen – wobei Vorsicht angesagt ist, wenn Sie nicht mit den Hinterlassenschaften der inzwischen hier lebenden Tauben Bekanntschaft machen möchten. Zur Schrotherstellung wurde oben im Turm in einem Kessel Blei geschmolzen. Durch kleine Öffnungen in dessen Boden tropfte das flüssige Blei heraus und kühlte sich auf dem 55 Meter langen Fall von einer Temperatur von über 300 Grad Celsius ab. Unten angekommen, landeten die verfestigten Tropfen in einer mit Sulfit gefüllten Wanne und wurden anschließend kalibriert, mit Graphit ummantelt und zu Jagdschrot weiterverarbeitet.

Der 1984 unter Denkmalschutz gestellte Schrotturm ist heute dem Verfall überlassen und liegt auf dem Gelände der Abteilung für Zahnheilkunde, Optik und Kinderpflege des Institut des Arts et Métiers. Klingeln Sie zu einer humanen Uhrzeit am Eingang. Wenn Sie höflich fragen, gewährt Ihnen eine der Empfangsdamen vielleicht Einlass und zeigt Ihnen diesen Überlebenden des längst vergangenen goldenen Industriezeitalters aus der Nähe. Der Glockenturm, der einst die Spitze des Turms zierte, ist heute nicht mehr vorhanden, und alle übrigen Gebäude sind verfallen. Romantiker dürften jedoch durchaus Gefallen an diesem bemerkenswerten Industriedenkmal finden.

PHYSIOGNOMISCHER MAGRITTE-BRUNNEN

②

Finden Sie das Gesicht des Malers!

Place de Ninove

© Jean-Jacques Evrard

Am Place de Ninove zeigt sich Brüssel von seiner gewohnten Seite: neoklassische Gebäudefassaden, alte Bäume und im Zentrum des Platzes ein blauer Steinbrunnen. Und doch ist irgendetwas anders ... Betrachtet man den geschwungenen Sockel des auf den ersten Blick absolut klassischen Brunnens, erscheint nach und nach auf beiden Seiten, am äußeren Rand begrenzt von einem feinen Wasservorhang, der von der Schale herunterrinnt, das Negativprofil eines Gesichts. Hätten Sie die Person dahinter erkannt?

Es ist das Gesicht von René Magritte, gekonnt in Szene gesetzt von dem italienischen Künstler Luca Maria Patella, dem Erfinder der physiognomischen Gefäße, der auch Goethe, Diderot, Duchamp oder d'Annunzio auf vergleichbare Weise in Marmor verewigte (mehr darüber auf seiner „offiziellen und inoffiziellen Website" lucapatella.altervista.org).

In diesem 2002 enthüllten Werk zeigt er sein ganzes Können, denn eine passendere Hommage auf den Maler der Mysterien als dieses gespenstische Porträt an einem unscheinbaren kleinen Stadtteilbrunnen ist kaum denkbar.

IN DER UMGEBUNG

Rue de la Cigogne ③

Rue de Flandre 138–140 und Rue du Rempart des Moines 23

Die Rue de la Cigogne ist vermutlich eine der malerischsten Gassen von Brüssel. Mit ihren alten Pflastersteinen und hübschen kleinen Häusern strahlt sie einen liebenswerten ländlichen Charme aus. Aufseiten der Rue du Rempart des Moines überspannt den Eingang zu der Gasse ein Bogen, auf dem sich ein kleiner Altar mit einer Statue des Heiligen Rochus aus dem Jahr 1780 befindet. Der Künstler ist unbekannt.

STATUE DER SOLDATENTAUBE

④

Belgien, das Land der Brieftaubenzüchter

Square des Blindés
Metrostation Sainte-Catherine

Belgien ist sicherlich das einzige Land der Welt, das ein Ehrendenkmal für Soldatentauben hat. Denn es war auch das einzige Land, das im Zweiten Weltkrieg Brieftauben zu militärischen Zwecken einsetzte. Bereits vor 1939 erfreute sich die Taubenzucht hierzulande großer Beliebtheit, mit 130.000 Vereinsmitgliedern zu Beginn des Jahrhunderts. Diese Tradition geht vermutlich auf den hohen Arbeiteranteil der Bevölkerung in der Region Charleroi zurück. In der Taubenzucht fanden viele von ihnen ein günstiges Hobby. Mit steigendem Lebensstandard sank die Zahl der Mitglieder auf derzeit noch rund 18.000, die regelmäßig Wettbewerbe veranstalten – die heutige Daseinsberechtigung dieser Leidenschaft. Dann treffen sich Mitglieder aus den etwa 50 Ländern, in denen es entsprechende Vereine gibt, zum gemeinsamen Auflass und schicken ihre Tauben auf teilweise bis zu 1500 Kilometer weite Reisen.

Sitz des belgischen Taubenzüchterverbands ist der Gaasbeeksesteenweg 52–54 in Halle. Neben dem Sekretariat, in dem man Ihre Fragen gerne beantworten wird, befindet sich dort auch ein Garten, in dem einige Tauben gehalten werden.

Brieftauben

Brieftauben besitzen die einmalige Fähigkeit, immer den Weg zurück nach Hause zu finden, egal ob sie 500 Meter, 100 Kilometer oder zum Teil sogar mehr als 1000 Kilometer weit entfernt in die Lüfte entsandt werden. Worauf diese außergewöhnliche Fähigkeit zurückzuführen ist, ist bis heute unbekannt; möglicherweise sind kleine Kristalle im Gehirn der Vögel dafür verantwortlich. Dieses besondere Können wurde bereits vor langer Zeit entdeckt und war schon Julius Cäsar bekannt, der Brieftauben während der Eroberung Galliens einsetzte, um Botschaften nach Rom zu senden und seine Gefolgsleute über den Fortgang des Feldzugs zu informieren. Eine Sache muss indes klargestellt werden: Tauben, die mit einer Nachricht losgeschickt werden und dann zurückkehren, wie teilweise in Filmen dargestellt, gibt es nicht, denn sie können ausschließlich zu ihrem Heimatschlag zurückfinden. Um Nachrichten an verschiedene Orte zu senden, wären folglich Tauben vonnöten, die jeweils am gewünschten Zielort der Nachricht aufgezogen wurden. Sollten mehrere Nachrichten nacheinander an denselben Ort geschickt werden, müssten ausreichend Tauben mitgenommen werden. Auf Reisen gestaltete sich ein solches Unterfangen daher schwierig, sofern man nicht penibel darauf achtete, von Taubenschlag zu Taubenschlag zu ziehen.

KUNSTZENTRUM LA BELLONE

(5)

Eine der schönsten Fassaden der Stadt, von der Straße aus unsichtbar

Rue de Flandre 46
+32 2 513 33 33
bellone.be
Montag 9–15 Uhr, Dienstag bis Freitag 9–17 Uhr
Metrostation Sainte-Catherine

Das Kunstzentrum Maison du Spectacle La Bellone ist von der Straße aus nicht zu sehen und vermutlich deshalb eher unbekannt. Seine Fassade jedoch, eine der schönsten der belgischen Hauptstadt, ist absolut sehenswert. Das Gebäude beherbergt heute ein Kunstzentrum und umfasst eine Bibliothek, einen Probenraum, mehrere Tagungsräume und verschiedene Vereine, z. B. den Contredanse-Tanzverein oder die Literaturvereinigung Midis de la Poésie. Leider finden in seinen Mauern heutzutage nur noch selten öffentliche Veranstaltungen wie Empfänge, Vorträge oder Aufführungen statt, in deren Rahmen das architektonische Juwel bewundert werden könnte. Wer will, kann allerdings während der Büroöffnungszeiten einen Blick auf die in den Jahren 1697 bis 1708 von Jan Cosijn errichtete Fassade werfen, einem Architekten und Bildhauer, der ab 1695 an der Rekonstruktion der Grand-Place (Grote Markt, „Großer Platz") beteiligt war.

Nehmen Sie am Eingang ein Informationsblatt mit und betrachten Sie die vielen Details, darunter die Büste der Bellona, römische Göttin des Krieges und Namensgeberin des Gebäudes. Sie ist umgeben von verschiedenen Wappen und Bannern. Die Fassade des Gebäudes, das am einstigen Standort des Klosters der Weißen Schwestern der Rose von Jericho errichtet wurde, weist zahlreiche christliche Zeichen und Symbole auf. Die zwölf Fenster verweisen auf die zwölf Monate des Jahres und die zwölf Apostel. Die Zahl Sieben findet sich ebenso gleich mehrmals: Das Gesetzesbündel unten an der dritten Säule links von der Tür umfasst sieben Stäbe, der Hahn unten auf der ersten Säule rechts hat sieben Federn, der Türsturz zeigt sieben dreieckige „Tropfen" und die Säulen selbst sind mit sieben parallel verlaufenden Rillen versehen.

An einem grauen Regentag (!) entstand die Idee, den Innenhof von La Bellone zu überdachen. Seit 1995 kann dieses besondere Baudenkmal nun wetterunabhängig bewundert werden. Schade, dass es so oft regnet. Es wäre schön gewesen, die Fassade im Freien atmen zu lassen wie ein lebendiges Werk aus der Vergangenheit. So fühlt man sich dort heute leider bisweilen wie in einem Museum.

IN DER UMGEBUNG

Quai aux Briques 62 ⑥

Die schöne Barocktür des repräsentativen Hauses im Stil des 17. Jahrhunderts zieren ein Ochsenauge (*oculus*) sowie eine Kartusche, die ein Schiff zeigt – ein Hinweis darauf, dass das Viertel Sainte-Catherine einst über mehrere Becken, die im 19. Jahrhundert aufgeschüttet wurden, direkt mit dem Kanal von Willebroek verbunden war.

MOTIVFRIES MIT BANANEN UND ORANGEN

⑦

Architektonische Relikte aus der Kolonialzeit

Ecke Rue Antoine Dansaert 75–79 und Rue du Vieux Marché aux Grains 7, 9 und 11

Einige Gebäude im Brüsseler Stadtzentrum, darunter auch der Gran-Eldorado-Saal des UGC-Kinos von Brouckère (s. S. 28), sind von der Flora und Fauna der früheren Kolonie Belgisch-Kongo (der heutigen Demokratischen Republik Kongo), insbesondere der Banane, inspiriert. Das schönste Beispiel dafür befindet sich in der Rue Antoine Dansaert 75–79, an der Ecke zur Rue du Vieux Marché aux Grains (Nr. 7, 9 und 11). Dieses 1927 von Eugène Dhuicque für den exotischen Früchtegroßhandel Gérard Koninckx Frères errichtete Gebäude weist in den oberen beiden Etagen einen wunderschönen Feinsteinzeug-

Fries auf. Die von Armand Paulis entworfene und von dem Pariser Keramiker Maurice Dhomme ausgeführte Arbeit zeigt Bananen (samt Blattwerk) und Orangen (noch an den Ästen hängend), die zu Beginn des 20. Jahrhunderts den Wohlstand vieler Händler begründeten. 1998 wurde das Gebäude unter Denkmalschutz gestellt.

Zwei weitere Gebäude von Gérard Koninckx Frères

Die Firma Gérard Koninckx Frères besaß zwei weitere Gebäude in dem Viertel, eines am Place du Nouveau Marché aux Grains 22/23 und ein weiteres mit schönen, mit Bananen und Orangen verzierten Säulen (s. S. 34) am Boulevard d'Ypres 32/34.

ZINNEKE PIS

8

Nach Manneken Pis *und* Jeanneke Pis *ist die Familie nun fast komplett …*

Ecke Rue des Chartreux und Rue du Vieux Marché aux Grains
Metrostation Bourse

Die Skulptur zeigt – mit augenzwinkernder Selbstironie – einen Hund, der sein kleines Geschäft verrichtet. Nach dem berühmten *Manneken Pis* und seiner Freundin *Jeanneke Pis* nahe der Rue des Bouchers ist die Familie nun fast komplett. Sein Schöpfer, der Künstler Tom Frantzen, fertigt bevorzugt urbane Skulpturen der belgischen Popkultur an.

Sein Polizeibeamter am Place Sainctelette, der von dem „bösen Jungen" *De Vaartkapoen* aus Molenbeek mit einem Griff aus einem Gullyloch zu Fall gebracht wird, trägt als Hommage an den Polizisten aus Stups und Steppke von Hergé den Namen *Agent Nr. 15*.

An der Ecke Rue du Midi und Rue des Moineaux (ganz in der Nähe des *Zinneke Pis*) steht außerdem *Madame Chapeau*, eine berühmte Figur aus dem Theaterstück *Bossemans et Coppenolle*, in dem es um zwei Familien geht, die verschiedenen Fußballvereinen – Union Saint-Gilloise und Daring Club de Bruxelles – anhängen.

IN DER UMGEBUNG

Die Toiletten im Café Greenwich ⑨

Rue des Chartreux 7

Das 1914 eröffnete Café Greenwich ist vor allem als Treffpunkt der Brüsseler Schachszene bekannt. Sein schönes Interieur aus dem Jahr 1916 verleiht ihm ein gemütliches und authentisches Ambiente, das vermutlich seit den Zeiten, da Magritte hier zu Gast war, unverändert geblieben ist. Weniger bekannt dürften die ebenfalls historischen Toiletten im Untergeschoss sein, die einen kurzen Abstecher lohnen.

Technisches Institut Annessens-Funck ⑩

Rue de la Grande Île 39

+32 2 510 07 50

Das 1905 von dem Architekten E. van Acker erbaute Institut weist eine schöne Art-Nouveau-Fassade auf, die einem Comic von Schuiten & Peeters oder einem Science-Fiction-Film entsprungen zu sein scheint. Seine heutige Bestimmung als Bildungseinrichtung erhielt das Betongebäude der ehemaligen belgischen Papierfabrik ab 1949. Der Eingang ist ebenfalls mit schönen Keramiken verziert.

GRAN-ELDORADO-SAAL IM UGC-KINO VON BROUCKÈRE

⑪

Impressionen aus Afrika: ein Art-déco-Kinosaal mit Dschungeldekor und Elefantenkopf

Place de Brouckère 38
+32 9 00 10440
Metrostation De Brouckère

Das Cineplex UGC De Brouckère kennt jeder, doch der Gran-Eldorado-Saal (einer von insgesamt zwölf Sälen des Kinos) ist ein verborgenes Juwel des Art déco, das bis zu 700 Besuchern Platz bietet. Der zwischen 1931 und 1933 nach Entwürfen des Lütticher Architekten Marcel Chabot erbaute Saal war seinerzeit Teil des Lichtspieltheaters Eldorado, das 1974 mit dem Scala fusionierte. Nach einigen Irrungen und Wirrungen sowie einer Schließung übernahm die UGC-Gruppe den Komplex im Jahr 1992 und machte den Saal zum Aushängeschild seiner Marke in Belgien.

Und die Magie wirkt! Welch eine Freude, sich in einem der Sessel zurückzulehnen und die vielen Details der Reliefs an den Wänden zu bewundern, während man auf den Beginn des Films wartet! Ein Elefantenkopf in einer Ecke, ein Dschungeldekor in einer anderen, fast könnte man sich nach Afrika versetzt fühlen. Ein enormer Kontrast zu den anderen gesichtslosen Sälen des Multiplex am Place de Brouckère oder jenen anderer Großkinos von Kinépolis und Konsorten. Schade nur, dass das UGC De Brouckère in seinem jeweiligen Wochenprogramm nicht angibt, welcher Film die Ehre erhält, im Gran-Eldorado-Saal gezeigt zu werden. Wer Freude an exotischen Dekors hat, dem sei auch der kleine Bananen-Rundgang im Stadtzentrum ans Herz gelegt (s. S. 24 und 34).

BELGISCHES FREIMAURERMUSEUM ⑫

Was Sie schon immer über die Freimaurerei wissen wollten, aber nie zu fragen wagten

Rue de Laeken 73
+32 2 223 06 04
Dienstag bis Freitag 10–12 Uhr und 13–17 Uhr (nur für Gruppen und nach vorheriger Anmeldung), Samstag 13–16 Uhr
Metrostation Sainte-Catherine oder De Brouckère

Das belgische Freimaurermuseum im Hotel Dewez, einem denkmalgeschützten Gebäude aus dem 18. Jahrhundert, ist mit seiner Sammlung, die mehr als 300 historische und zeitgenössische Exponate umfasst, ideal, um mehr über die historischen Ursprünge der Freimaurerei, die Bedeutung von Symbolen wie Zirkel und Winkelmaß und all das zu erfahren, was Sie schon immer über den Geheimbund wissen wollten, aber nie zu fragen wagten. Also, nur keine Scheu! Das Museum bietet 90-minütige Gruppenführungen an, doch auch als Einzelbesucher werden Sie immer jemanden finden, der sich Zeit nimmt, um Ihre Neugier zu stillen.

Die Tempel in der Rue de Laeken 79 sind eigentlich nur für Mitglieder geöffnet. Gruppen, die vorab einen Termin vereinbaren, erhalten jedoch ebenfalls Zutritt. Eine Gelegenheit, die Sie nicht verpassen sollten!

Und wer sich fragt, was überhaupt Sinn und Zweck der Freimaurerei ist, für den hat André Uyttebrouck folgende Antwort parat: *„Der Freimaurer arbeitet symbolisch an der Errichtung des Tempels der Humanität, des inneren Tempels, also dem Vorankommen des einzelnen Individuums durch eine bessere Kenntnis seiner selbst, und des äußeren Tempels, also dem Vorankommen der Humanität."*

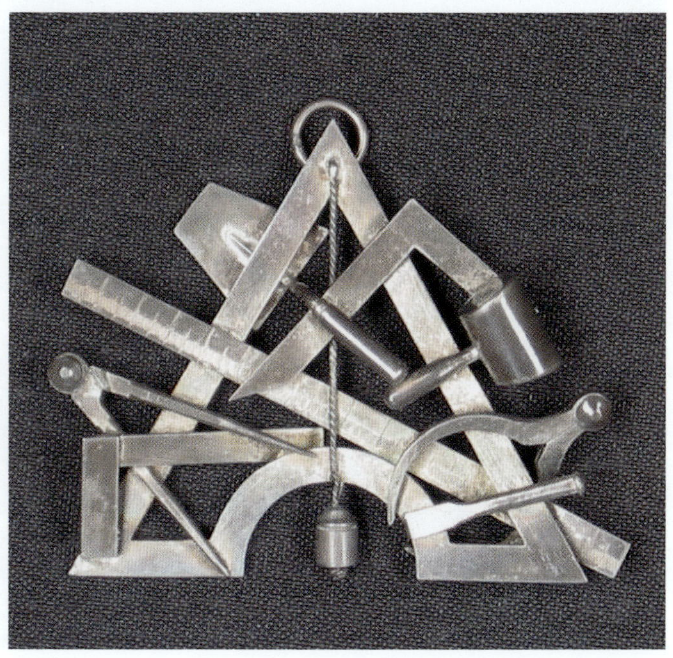

PLAZA-THEATER

(13)

Ein prachtvoller Theatersaal im maurischen Stil

Boulevard Adolphe Max 118–126

Auf Nachfrage an der Rezeption des *Hotels Plaza* ist es möglich, Zugang zu dessen schönem Theatersaal zu erhalten, der in einem alten, 460 Quadratmeter großen Kinosaal untergebracht ist und heute unter Denkmalschutz steht.

Der 1930 in spanisch-maurischem Stil errichtete Saal ist einzigartig – ein Juwel der Baukunst, dessen Logen, Wandleuchten, Bühne und reich

gearbeitete, andalusisch inspirierte Wandverzierungen die Zeit überdauert haben. Heute kann der Saal für Veranstaltungen aller Art gemietet werden (bis 800 Personen).

IN DER UMGEBUNG

Impasse Van Hoeter ⑭

Quai aux Foins 13–15

Ein malerischer Innenhof mit zwölf kürzlich sanierten Wohneinheiten. Der schöne Portalvorbau lohnt ebenfalls einen näheren Blick.

FRÜCHTE AM GEBÄUDE VON GÉRARD KONINCKX FRÈRES

(15)

Erinnerungen an einen Bananen- und Orangenhändler

Boulevard d'Ypres 34–36

Das Gebäude am Boulevard d'Ypres 34–36, erbaut 1935 nach Entwürfen des Architekten E. De Boelpaepe für die Firma Gérard Koninckx Frères, ist ein wunderschönes Beispiel der Baukunst des Art déco. Es weist die klassische Komposition von Gebäuden dieser Art auf: Laderampe und Geschäfte in den beiden ersten Etagen, darüber vier weitere Etagen mit Wohnungen. Auffallend ist die schöne Inschrift ganz oben an der Fassade, ein typisches Gestaltungselement dieser

Kunstströmung. Am oberen Ende der vier Pilaster ziehen goldglänzende Bananen und Orangen die Blicke auf sich. Sie verweisen auf die Geschäftstätigkeit des Unternehmens: den Obsthandel.

Zwei weitere Gebäude von Gérard Koninckx Frères

Die Firma Gérard Koninckx Frères besaß zwei weitere Gebäude in dem Viertel. Das erste an der Place du Nouveau Marché aux Grains 22 und 23 ist weniger interessant. Das Erdgeschoss wurde als Bananendepot, Laderampe und Verpackungshalle, der erste Stock als Werkstatt und die oberen Etagen zu Lagerzwecken und für Büroräume genutzt. Das zweite an der Ecke Rue Antoine Dansaert und Rue du Vieux Marché aux Grains ist hingegen überaus prachtvoll und einmal mehr dem Thema Banane gewidmet (s. S. 24).

BAUERNHOF IM MAXIMILIANPARK

⑯

Ein echter Bauernhof mitten in der Stadt

Quai du Batelage 2 – +32 2 201 56 09
lafermeduparcmaximilien.be
Dienstag bis Freitag 10–17 Uhr, Samstag 12–16 Uhr, Montag und Sonntag geschlossen (eingeschränkte Öffnungszeiten in der Nebensaison)
Metrostation Yser

Der Bauernhof im Maximilianpark, kaum zehn Gehminuten vom Grand-Place entfernt, ist ein sehr überraschender Ort. Eingezwängt zwischen den modernen Bauten rund um den Nordbahnhof, dem kleinen Ring und dem eindrucksvollen Citroën-Gebäude am Place de l'Yser bietet der Stadtbauernhof Besuchern eine willkommene Gelegenheit, frische Luft zu schnappen. Mitten in der Stadt stößt man hier auf Schafe, die entspannt das saftige Gras neben dem hübschen Hofkomplex abgrasen, Hühner, die vor dem Hintergrund des Art-déco-Autohauses oder eines Haussmannschen Gebäudes Körner vom Boden picken, oder Ziegen, die gemächlich vor einem imposanten Sozialbau umherstreunen.

Nehmen Sie sich etwas Zeit und genießen Sie die Ruhe auf diesem Fleckchen Land im Herzen der Großstadt! Füttern Sie die Enten und Hasen, sammeln Sie Eier ein oder machen Sie sich im Obst- und Gemüsegarten nützlich. All diese Aktivitäten werden in regelmäßigen Workshops angeboten, um die Besucher für die Themen Umwelt und Naturschutz zu sensibilisieren. Für Kinder und Schulklassen werden ebenfalls Veranstaltungen organisiert.

Aus dem Nichts auf einem Gelände errichtet, auf dem in den 1990er-Jahren noch Autos parkten, erfreut sich dieser Stadtbauernhof heute großer Beliebtheit.

An der Ecke Boulevard Baudouin und Avenue de l'Héliport stehen drei stählerne Tierskulpturen: ein Hahn, ein Schwein und eine Kuh. Sie sind eine Arbeit des belgischen Künstlers Pierre Martens und weisen Passanten seit Oktober 1999 den Weg zum Eingang der Hofanlage.

Bd du Jardin Botanique
St-Josse
M BOTANIQUE
M ROGIER
M MADOU
Musée du Jouet
Rue de l'Association
Congrès
Avenue des Arts
Boulevard Adolphe Max
Rue Neuve
R. des Cendres
Rue du Marais
Boulevard Pachéco
Rue Royale
R. de la Blanchisserie
R. de l'Ommegang
R. du Gouvernement Provisoire
Rue du Nord
Rue du Damier
R. Du Meilboom
Rue du Congrès
Rue St-Pierre
N. D. du Finistère
Centre de la Bande Dessinée
Cité Administrative
Rue de Fer
Rue de la Croix de Fer
Rue de la Presse
Rue de Louvain
Boulevard du Régent
Rue d'Argent
R. St-Laurent
Bd de Berlaimont
Rue de la Banque
Rue de Ligne
Rue de l'Enseignement
DE BROUCKÈRE
R. des Comédiens
R. Montagne aux Herbes Potagères
Cathédrale Sts Michel et Gudule
Palais de la Nation
Rue de la Loi
Rue du Fossé aux Loups
R. des Princes
Rue Léopold
Théâtre de la Monnaie
R. d'Assaut
Parvis Ste-Gudule
M PARC
Pl. de la Monnaie
R. de l'Écuyer
R. d'Arenberg
Rue des Colonies
R. des Chancellerie
R. de la Chancellerie
M DE BROUCKÈRE
Rue de Loxum
Parc de Bruxelles
Rue Ducale
Anspach
Rue des Fripiers
Rue de la Fourche
Rue des Bouchers
P. R. des Bouchers
R. de la Montagne
Bd de l'Impératrice
M CENTRALE
GARE CENTRALE
R. du Marché aux Herbes
BOURSE
T Bourse
St-Nicolas
Grand-Place
Hôtel de Ville
Madeleine
Cantersteen
G. Ravenstein
Rue Ravenstein
Palais des Beaux-Arts
Rue des Sols
Place des Palais
Palais des Congrès
Palais Royal
Rue du Midi
Charbon
Rue de l'Étuve
R. Duquesnoy
R. St-Jean
Place Royale
St-Jacques sur Coudenberg
Boulevard au Marché
N. D. du Bon Secours
R. du Lombard
R. de l'Hôpital
Bibliothèque Royale de Belgique
Musée des Beaux-Arts
Rue Brederode
Rue du Chêne
R. de l'Escalier
Bd de l'Empereur
Rue Lebeau
R. de la Paille
R. de Ruysbroeck
Rue de Namur
R. du Marché
Rue des Alexiens
R. Ste-Anne
Rue de la Régence
R. des Petits Carmes
Rue du Pépin
PORTE DE NAMUR
Helmont
Pl. du Grand Sablon
R. Bodenbroek
N. D. du Sablon
Rue P. Van de Champagne
Rue d'Accolay
Pl. E. Vandervelde
Rue des Ursulines
R. de la Chapelle
N. D. de la Chapelle
Palais d'Egmont
Place Rouppe
Rue Terre Neuve
Rue du Poinçon
R. des Chandeliers
Rue des Minimes
Allard
Rue aux Laines
Boulevard de Waterloo
R. Van Moer
R. J. Dupont
Rue de la Toison d'Or
Rue des Visitandines
Rue Blaes
Rue Haute
R. du Temple
Rue Ernest Allard
Parc d'Egmont
Av. de Stalingrad
Ixelles
Rue du Miroir
Rue de Nancy
Place Poelaert
Rue St-Ghislain
LOUISE
Pères Carmes
LEMONNIER
Rue des Tanneurs
Rue des Capucins
Palais de Justice
Boulevard de Waterloo
Avenue Louise
Rue du Lavoir
R. des Renards
Rue de Wynants
Bd du Midi
Immaculée Conception
0 100 200
1 2 3 4 5 6 7 8 9 10 11 12 13 14 15 16 17 18 19 20 21 22 23 24 26 27 28 29 30 31 32 33 34 35 36 37

Zentrum östlich der Boulevards

ALCHEMISTISCHE LESART DER GRAND-PLACE ①

Symbole der sieben Stufen zum Erlangen des Steins der Weisen?

Metrostation Gare Centrale

Viel wurde schon über die berühmte Grand-Place (Grote Markt) gesagt und geschrieben. Weniger bekannt ist, dass es eine äußerst interessante, aber unter Experten umstrittene esoterische Analyse des Platzes gibt. Diese Lesart geht auf Paul de Saint-Hilaire zurück und betrachtet die Grand-Place als einen der zentralen Freimaurer-Orte in Brüssel. Ohne die gesamte Geschichte darzulegen, sei an dieser Stelle darauf verwiesen, dass weite Teile des Platzes 1695 den Kanonenkugeln von Marschall Villeroy zum Opfer fielen, der im Auftrag Ludwig XIV. gekommen war, um die Stadt einzunehmen. Der belgische Kunsthistoriker stützte einen Teil seiner freimaurerischen Auslegung auf diese historischen Ereignisse. Demnach erfolgte der Wiederaufbau unter der Ägide freimaurerischer Architekten, die die verschiedenen Bauten mit freimaurerischen und alchemistischen Symbolen gespickt haben sollen. Die Überlagerung der drei klassischen Ordnungen der Baukunst – dorisch, ionisch und korinthisch –, die an vielen Gebäuden des Platzes zu finden sind, verweist für de Saint-Hilaire auf die drei Freimaurer-Grade Lehrling, Geselle und Meister. Manche wenden ein, dass diese Abfolge in der barocken Komposition der Kolossalordnung nicht selten sei. In den sieben Straßen, die zur Grand-Place führen und den Platz in sieben Baugruppen mit zumeist sieben Gebäuden unterteilen, sieht de Saint-Hilaire einen Hinweis auf die sieben Stufen, die zur Herstellung des Steins der Weisen zu durchlaufen sind.

Die erste Stufe entspricht den Hausnummern 39 bis 34 sowie dem Gebäude in der Rue au Beurre 46 mit dem Namen Notre-Dame-de-Paix. Die sieben Gebäude im Nordosten des Platzes (Nr. 20–28) stehen demnach für die zweite Stufe. Anna und Josef, die im Gebäude mit der Nr. 22 unter demselben Dach zu finden sind, verweisen auf die bevorstehende Vereinigung des Männlichen und Weiblichen, dargestellt durch die Verbindung von Sulfur (Schwefel) und Mercurius (Quecksilber). Das „Haus des Königs“ (Maison du Roi, Nr. 1) entspricht der dritten Stufe: der Doppelkopfadler über dem Eingang als Symbol des aus dem männlichen und weiblichen Prinzip, aus König und Königin gewonnenen Amalgams, auf das eine heute nicht mehr vorhandene Fassadeninschrift aus dem Jahr 1767 verwiesen haben soll. Von dort aus geht es weiter zum berühmten „König von Spanien“ (Roi d'Espagne, Nr. 2), dessen oktogonale Kuppel den *athanor*, den Ofen, in dem das Amalgam entsteht, symbolisiert. Anschließend wird der Schmelztiegel mithilfe einer „Schubkarre“ (La Brouette, Nr. 3) aus dem Feuer geholt und sein Inhalt in einen „Sack“ (Le Sac, Nr. 4) gekippt. Mithilfe eines speziellen „Horns“ (Le Cornet, Nr. 6) wird dann das Gefäß geformt, dargestellt auch in den vier Winden, die an dem als Schiffsheck gestalteten Giebel zu sehen sind. In der Alchemie wird die feste Materie, die sich auf der Oberfläche einer gerinnenden Flüssigkeit bildet, auch als „Schiff“ oder „Fisch“ bezeichnet. Die fünfte

Stufe findet sich auf der Ostseite des Platzes in der als „Haus der Herzöge von Brabant“ (Maison des Ducs de Brabant) bekannten Gebäudegruppe wieder. Die sechste Stufe entfaltet sich auf der Südseite in den Gebäuden Nr. 14 bis 8, dem Haus „Der Stern“ (L'Étoile): Das Alchemistengestirn erstrahlt in vollem Glanze, wie der soeben gewonnene Stein der Weisen. Das Rathaus schließlich steht demnach für die siebte und letzte Stufe.

Nach Auffassung des Kunsthistorikers lässt sich die Asymmetrie dieses Gebäudes ebenfalls alchemistisch erklären: Das erste Verfahren, um den Stein der Weisen zu erhalten, umfasste zwölf Stufen, die sich in den zwölf

Arkaden wiederfinden, deren Grundstein im Jahr 1402 gelegt wurde. Der französische Alchemist Nicolas Flamel, gestorben 1418, entwickelte in Santiago de Compostela ein neues, nur siebenstufiges Verfahren, den kurzen bzw. trockenen Weg, der durch die sieben Arkaden des später erbauten rechten Gebäudeflügels symbolisiert sein soll.

Nähere Informationen über die Alchemie finden Sie auf der folgenden Doppelseite.

Ursprünge der Alchemie

Das Wort „Alchemie“ stammt vom arabischen *al-kymiya* und bedeutet so viel wie „göttliche Chemie“. Ihre Ursprünge gehen auf Hermes Trismegistos zurück, der sie in seiner zwischen dem 1. und 3. Jahrhundert n. Chr. veröffentlichten *Tabula Smaragdina* erwähnt, die als bedeutendste Inspirationsquelle des hermetischen und neoplatonischen Denkens im Mittelalter und in der Renaissance gilt. Zunächst verbreitete sich die traditionelle Wissenschaft in Indien und China, bevor sie im Mittelalter durch Pilger, die nach Palästina reisten und dort über islamische Gelehrte in Kontakt mit der hermetischen Lehre kamen, nach Europa gelangte. Das Studium und die Ausübung der Alchemie überdauerten bis in unsere heutige Zeit, und selbst die der Praxis zurückhaltend gegenüberstehende katholische Kirche zeigte sich offen für die Lehre.

Die Adepten der Alchemie unterteilen ihre Kunst in zwei Hauptaspekte: die spirituelle Alchemie, in der alle verunreinigten Bestandteile des Körpers durch Extraktion abgetrennt werden,

um reine Quintessenzen zu erhalten („Pfad der Büßer"), und die naturwissenschaftliche Alchemie, die im Labor das alchemistische Universum der Umformung unreiner Elemente der Natur in Edelmetalle wie Silber und Gold reproduziert („Pfad der Philosophen"). Diese beiden Praktiken gehen für gewöhnlich Hand in Hand und führen auf den „Pfad der Demütigen", auf dem sich der Mensch vor der Größe des im Laboratorium (lat. *labor + oratorium*) reproduzierten Universums verneigt: Die Alchemie der Seele im Inneren findet im Labor ihren äußerlichen Ausdruck. Wer sich bei der Alchemie im Labor einzig der Suche nach Silber und Gold widmet und dabei die wesentlichen Aspekte der Läuterung der Seele vernachlässigt, scheitert und wird zu einem Scharlatan. Er verfügt vielleicht über eine erweiterte Kultur, jedoch sicher nicht über die erforderlichen moralischen Qualitäten. Um kein Scharlatan (und von der Kirche verurteilter Ketzer) zu werden, muss der Adept Geist und Herz, Kultur und Moral, Buße und Demut in Einklang bringen und zu einem echten Philosophen werden.

Die zwölf Stufen des Opus Magnum der Alchemie und ihre Symbole

Die Labor-Alchemie befasst sich unmittelbar mit der Substanz der chemischen Elemente der Natur. Sie werden von physischen Verunreinigungen befreit (Tod), gereinigt und durch Einwirkung der Prinzipien Quecksilber und Schwefel (Seele und Geist) auf das dritte Prinzip Salz (Körper) wieder verbunden (Auferstehung). So werden die volatilen Elemente in der gereinigten Materie fixiert, woraufhin zwölf Stufen Schritt für Schritt zum Stein der Weisen führen – synonym für die Erleuchtung der Materie durch die Befreiung des in ihr gefangenen Geistes.

In Folgenden werden die zwölf Stufen des Opus Magnum der Alchemie für alle, die weniger mit der Lehre und Sprache des Hermetismus vertraut sind, kurz vorgestellt. Dabei werden drei Phasen unterschieden, die sich jeweils in weitere vier Stufen unterteilen lassen:

Nigredo („Schwärzung") – Auflösung und Verwesung der Materie.

Calcinatio („Verbrennung") – Reinigung eines grundlegenden Stoffes durch Feuer ohne Verringerung des Wassergehalts (bezeichnet als „Tau"), also ein Ausbrennen ohne Veraschen. Symbol ist der Löwe. Er steht für die Stärke und das Licht der Sonne und in der alchemistischen Ikonografie für die Kraft, die Feuer und Wasser im Gleichgewicht hält. Diese Stufe wird auch durch den flammenden Drachen symbolisiert.

Solutio („Auflösung") – Die feste Materie wird umgewandelt, verflüssigt und aufgelöst. In dieser „philosophischen Auflösung" ist Quecksilber das Wasser, das die Essenz des differenzierten chemischen Elements auflöst, indem es dieses in seinem ursprünglichen, undifferenzierten Zustand als Rohstoff zusammensetzt. Symbol dieser Stufe ist ein Gekrönter (Adept der königlichen Kunst), der

in einem See („Mercurialwasser") badet und für das Eintauchen in sich selbst steht.

Separatio („Trennung") – So wie der Geist von der Seele getrennt ist, wird Quecksilber als externes Element von dem in ihm enthaltenen Schwefel getrennt und in einer allein Alchemisten bekannten geheimen Prozedur (*Secretum secretorum*, „Geheimnis der Geheimnisse"), einer Art Demarkationslinie zwischen Alchemie und Chemie, durch gekonnte Erhitzung abgeschieden. Bei diesem Vorgang wird metaphorisch ein Sonnenstrahl in einer Glasphiole (*Ovum philosophicum*, „philosophisches Ei") eingefangen, durch Erhitzen der Retorte destilliert und hermetisch abgeschieden. Die Erde als festes Element verbleibt unten, während der Geist sich erhebt. Bei korrekter Durchführung ist im Ovum ein Stern zu sehen, genannt „Regenbogen" bzw. „Pfauenschwanz". Diese Stufe wird durch das Symbol des strahlenden Sterns angezeigt sowie durch das ikonische Ritterschwert.

Putrefactio („Fäulnis") – Hitze tötet die Substanz am Glasboden ab, woraufhin sie verfault und dunkel bis schwarz wird. Dargestellt wird diese Stufe daher durch zwei Raben (einer für die *Calcinatio*, einer für die *Putrefactio*) oder ein Totenskelett mit Sichel oder einen Mauren bzw. einen schwarzen, enthaupteten Kopf.

Albedo („Weißung") – Reinigung der Materie durch die „flüssige" Substanz.

Coniunctio („Vereinigung") – Ihrer selbst bewusst, werden Seele und Geist, Quecksilber und Schwefel, wieder vereint. Dieser Vorgang erfolgt in einem luftdicht versiegelten Behälter (einer Phiole oder einem Fläschchen). Diese Stufe entspricht der „hermetischen Wiedervereinigung" und wird durch König (Geist, Sonne) und Königin (Seele, Mond) mit verschlungenen Händen symbolisiert.

Coagulatio („Fällung") – In dieser Phase tritt im bei schwacher Hitze erwärmten Tiegel durch Veränderung der Materie eine weißliche Färbung auf. Chemisch betrachtet handelt es sich dabei um das Abkühlen und Verfestigen einer Flüssigkeit, wobei der zuvor in einem Lösungsmittel aufgelöste feste Stoff durch Verdampfung dieses Mittels wieder erscheint. Ziel ist es, der Erde wie bei der Auferstehung Verstorbener ihr gereinigtes Element zurückzugeben. Als Symbol dient infolgedessen ein König mit Zepter, der aus seinem Grab aufersteht.

Cibatio (Verfestigung eines wachsartigen Zustands) – In dieser Stufe werden der Trockensubstanz die nötigen chemischen Elemente hinzugefügt. Dargestellt wird sie durch einen Drachen mit Sonne und Mond.

Sublimatio („Sublimation“) – In dieser Phase wird die Materie zum Geist und der Geist zur Materie. Das Feste verflüchtigt sich, das Flüchtige wird fest, wobei beide Vorgänge voneinander abhängen: kein Verflüchtigen (Subtilisieren) ohne Verfestigen (Materialisieren). Die dominierende Rolle kommt dabei dem Element Luft zu, Prinzip der Sublimation des Geistes und der Materie, da sich in diesem Schritt der Dampf verfestigt und die trockene Masse durch Wärme erhebt. Diese Phase soll 40 Tage dauern. In der Ikonografie wird sie dargestellt durch eine Taube, die in den Schmelztiegel hinabsinkt bzw. einen Adler, der sich aus dem Tiegel erhebt. Neben weiteren Darstellungen findet sich auch jene eines alten, liegenden Mannes, auf ihm eine Taube und ein Adler auf seinem Bauch, darüber die astrologischen Symbole der sieben klassischen Planeten (Sonne, Mond, Mars, Merkur, Jupiter, Venus und Saturn).

Rubedo („Rotfärbung“) – Herstellung des Steins der Weisen.

Fermentatio („Fermentation“) – Reaktion eines organischen Stoffs auf die Präsenz eines ihn zersetzenden anderen Stoffs sowie die chemische Umwandlung, bei der die Natur durch das Ferment bzw. den Gärstoff in Wallung gebracht wird. In der Alchemie wird meist Gold hinzugegeben, um das, was bereits existiert, weiter zu aktivieren, in der Überzeugung, dass „die Natur sich durch die Natur selbst reproduziert“. Symbole der Fermentation sind der Hermaphrodit und das Weinfass, bisweilen auch personifiziert dargestellt als der Gott Bacchus bzw. Dionysos.

Exaltatio („Erhebung") – Dieser Prozess ist mit der Sublimation identisch, eine Art der Wiederbelebung oder spirituellen und auch chemischen „Erhebung", gekennzeichnet durch die Präsenz von Gold und Quecksilber. Als Symbole dienen der Gott Jupiter mit seinen Feuerpfeilen sowie die Sirene Melusine, die auf das „Quecksilber der Philosophen" verweist.

Multiplicatio („Vervielfachung") – Weiteres Erhitzen der Substanz, wodurch ihre Kraft verstärkt, ihre Menge jedoch nicht vergrößert wird. Die Substanz wird zum „Projektionspulver", das für die Transmutation unreiner Metalle zu reinem Gold benötigt wird. Diese Prozedur ist der Beginn des Erscheinens des Steins der Weisen in seiner primitiven Form. Die Bibel erzählt von dieser Phase im Wunder der Brotvermehrung durch Jesus. Allegorien sind der See und sein Wasser der ewigen Jugend sowie eine Ziege auf dem Gipfel eines Berges.

Proiectio („Projektion") – Abschließende Anwendung des Steins der Weisen in gängigen Operationen wie der Transmutation metallischer Körper. Der Stein bzw. sein Projektionspulver wird auf den geschmolzenen Grundstoff aufgeworfen (projiziert), um diesen zu Gold zu transmutieren. Der leuchtend rote, aus sublimiertem Salz, der Quintessenz der Materie, gewonnene Stein der Weisen wird dargestellt in Form eines gekrönten Kindes – Abkömmling von König und Königin, von Sonne und Mond, von Schwefel und Quecksilber –, dem göttlichen Thronfolger, gekleidet in reinstes Weiß oder in leuchtendes Purpur. Er steht für die Offenbarung des Geistes aus der Materie und damit für die Erleuchtung der Körper durch die göttliche Essenz, dem höchsten Ziel wahrer Alchemisten. Diese Stufe wird auch durch einen Igel und einen heiligen Kelch symbolisiert, von den Rittern, die sich einst auf seine Suche (und damit auf die Suche nach spiritueller Erlösung) begaben, auch bezeichnet als der „Heilige Gral".

KAPITELLE DES BRÜSSELER RATHAUSES

②

In Stein gehauene, mittelalterliche Bilderrätsel

Grand-Place
Metrostation Gare Centrale

Von der Fassade des Brüsseler Rathauses blicken rund 300 neogotische Statuen auf die Besucher herab und scheinen ihre Geheimnisse nicht ohne Weiteres preisgeben zu wollen. Um 1850 in den Nischen aufgestellt, verbergen sich hinter den Kapitellen, Eckpfeilern und Abhänglingen der Galerie des rechten Gebäudeflügels wahre mittelalterliche Rebus-Rätsel. Einmal gelöst, offenbaren sie die Namen der Gebäude, die hier standen, bevor diese um 1440 für den Bau des rechten Rathausflügels weichen mussten.

Im Gedenken an diese frühen Bauten verzierten die Bildhauer ihre Kapitelle mit ulkigen Szenen. Von links nach rechts erblickt man so zunächst eine Gruppe von Personen, die mithilfe großer Schaufeln Stühle aufeinanderstapeln. Verbindet man die flämischen Wörter für Stuhl (*stoel*) und Schaufel (*scup*), so erhält man das Wort *scupstoel*, „Wippgalgen", und damit einen Verweis auf die Hinrichtungsvorrichtung, durch die auf der Grand-Place viele Verurteilte mit Blick auf den Justizsaal des Rathauses den Tod fanden. Als deutlich weniger trostlos erweist sich das Kapitell der mittleren Säule, auf dem Mönche mit Bierkrügen bei einem Festgelage in einem Kellergewölbe dargestellt sind. Das Haus trug den Namen *Papenkelder* – „Mönchskeller". Das letzte Kapitell erweist sich als das komplexeste. Auf der rechten Seite ist eine maurische Szene in einem Harem mit sich umarmenden Liebenden zu sehen, während links eine Mutter neben einer Wiege ihr Kind stillt. Dieses Gebäude trug den Namen De Moer, wobei zu Zeiten der Errichtung des Rathauses die ursprüngliche Herkunft dieses Namens bereits in Vergessenheit geraten zu sein schien: Verwies der Name auf die Mauren (*Moer*) oder vielleicht doch eher auf die Mutter (*Moeder*)? Die Künstler wussten es wohl nicht und entschieden sich als Kompromiss dafür, beide Möglichkeiten abzubilden.

KERAMIKEN IM RESTAURANT CHEZ VINCENT

③

Das einzige komplett gekachelte Interieur in der Region Brüssel

Rue des Dominicains 8–10
+32 2 511 26 07 oder +32 2 511 23 03
Täglich 12–14:45 Uhr und 18:30–23:30 Uhr (Sonntag bis 22:30 Uhr)

Bewundern Sie die Fassade und vor allem das bemerkenswerte, mit Keramiken der Société Helman aus dem Jahr 1913 ausgestaltete Innere des Gebäudes – das einzige Interieur in der Region Brüssel, in

dem sowohl die Decke als auch die Wände komplett gekachelt sind. Auf den Keramiktafeln sind Fischereiszenen und Landschaften dargestellt. Die traditionelle Küche des Restaurants ist sehr empfehlenswert.

IN DER UMGEBUNG

Die Kugel in der St-Nicolas-Kirche ④

Rue de Tabora

Die St.-Nikolaus-Kirche ist vielen Einheimischen vor allem aufgrund der malerischen Häuser an ihrer Südostfassade bekannt. Mehr als das jedoch ist sie ein eindrucksvolles Relikt der Bombardierung der Stadt durch Marschall Villeroy im Jahr 1695: In der fünften Säule auf der linken Seite steckt in rund drei Metern Höhe eine Kanonenkugel im Stein.

LA GRANDE MAISON DE BLANC 

Einzigartige Art-nouveau-Keramiken von Privat-Livemont

Rue du Marché aux Poulets 32–34

Das 1894 von E. Lefebre gegründete frühere Warenhaus La Grande Maison de Blanc ist ein bedeutender Zeitzeuge der belgischen Art nouveau. In dem Geschäft versorgte sich die Brüsseler Bourgeoisie mit Haushaltswäsche, Kurzwaren und Konfektionsmode, auf Französisch als *blanc* (= „weiß") bezeichnet.

Das heutige Gebäude wurde in den Jahren 1896/97 nach Plänen des Architekten Oscar François errichtet. In seiner Monumentalität entsprach sein Erscheinungsbild der Größenordnung des damaligen Unternehmens, konnte jedoch dem Zahn der Zeit nicht standhalten: Mit nachlassender Nachfrage verlor es seine ursprüngliche Bestimmung und beherbergte zunächst einen Supermarkt, später ein Hotel und zuletzt eine Spielhalle. Stück für Stück fiel auch die Fassade dem Wandel zum Opfer.

Von 2000 bis 2007 wurde das Gebäude saniert und erstrahlt heute wieder in altem Glanz. Zu erwähnen sind hier insbesondere die einzigartigen Art-nouveau-Keramiken, die nach Entwürfen von Henri Privat-Livement (1861–1936) von der Fayencerie Boch aus La Louvière gefertigt wurden. Die kunstvollen Keramiken im zweiten Stock zeigen eine Allegorie des Handels und der Industrie sowie mehrere, in ein florales Dekor im Stil der Art nouveau eingebettete Frauen. Im dritten Stock können Keramiktafeln mit stilisierten Blumen bewundert werden. Im heruntergekommenen ersten Stock sind nur noch wenige Reste des ursprünglichen Dekors erhalten und das Erdgeschoss hat heute nichts mehr mit seiner früheren Gestaltung gemein.

GEHEIMNISSE DER OPÉRA ROYAL DE LA MONNAIE ⑥

Hinter den Kulissen des Brüsseler Opernhauses

Place de la Monnaie
lamonnaiedemunt.be
Führungen einmal monatlich am Samstag (Daten, Uhrzeiten und weitere Informationen im Internet)
Metrostation De Brouckère

Eine geführte Besichtigung der Opéra Royal de la Monnaie bietet Gelegenheit, einen Blick hinter den Vorhang zu werfen und die magische Welt dieses Theaters zu entdecken, in dem seit 300 Jahren die berühmtesten Stimmen aus der Welt der Oper zu hören sind.

Gleich im Entrée umfängt die Besucher ein gediegenes, distinguiertes Ambiente. Ganz im Zeichen zeitgenössischer plastischer Kunst gelangen sie, von Engelsscharen begleitet, über einen majestätischen geteilten Treppenaufgang hinauf ins Foyer. Dessen Decke ziert seit den 1980er-Jahren ein als Triptychon gestaltetes Gemälde von Sam Francis mit organischen Formen in leuchtenden Farben; den Boden gestaltete Sol LeWitt in klarem Gegensatz dazu mit geometrischen Formen in Schwarz-Weiß. Der große Saal schließlich empfängt die Besucher mit Gold, Trompe-l'Œils und Putti. Für die Gesamtgestaltung zeichnete einst Joseph Poelaert verantwortlich, Architekt des Justizpalasts, der mit dem Wiederaufbau betraut wurde, nachdem ein Brand das Theater 1855 nahezu vollständig zerstört hatte. Getreu seinem unnachahmlichen Stil brachte er den Saal durch eine ganze Reihe von Symbolen mit Bezug zum jungen Belgien zur Geltung, darunter die Initialen SPQB (*Senatus Populusque Bruxellensis*), das Monogramm von Leopold II. sowie das große Deckenfresko, auf dem eine Allegorie Belgiens die Künste beschützt.

Die heute klassisch mit kardinalrotem Samt drapierten Logen rund um den großen Saal boten nicht immer diesen Anblick. Da sie einst von vornehmen Adelsfamilien für die gesamte Saison angemietet wurden, blieb ihre Gestaltung diesen jeweils selbst überlassen. Man muss sie sich daher in den Farben vorstellen, die im 18. und 19. Jahrhundert beliebt waren. Die respektvolle Stille, die sich heute vor Beginn einer Vorstellung im Saal ausbreitet, ist ebenso eine Erscheinung des 20. Jahrhunderts. Zuvor waren Zwischenrufe und Gespräche an der Tagesordnung, oft standen Gäste auf und verließen den Saal, um sich im Foyer, dem einzigen beheizten Raum des Theaters, aufzuwärmen.

Doch La Monnaie ist weit mehr als die Vorstellung auf der Bühne. In ihren Mauern treffen all die vielen künstlerischen Berufe aufeinander, die für eine Opernproduktion nötig sind: Näherinnen, Architekten, Hut- und Perückenmacher, Schuster, Bildhauer, Tischler und andere Handwerker entwerfen und erbauen Tag für Tag den Traum und die Magie des fantastischen, legendären Universums der Oper.

Genau das ist das Besondere an einer Führung: Sie stößt die Türen zu diesem Universum auf und lässt die Besucher hinter die Geheimnisse der Bühne blicken. Und ist der Vorhang vor der Wirklichkeit dieser Einrichtung erst einmal gelüftet, bleibt nur noch, abends zu einer Vorstellung zu kommen und dieses wahrhaft einzigartige Erlebnis mit dem Wissen eines Insiders zu genießen.

CINÉMA NOVA

7

Off-Kino mit Sichtbeton und Juwel der Underground-Architektur

Rue d'Arenberg 3
+32 2 511 24 77
nova-cinema.com
Metrostation Gare Centrale

Drei Minuten zu Fuß von der Grand-Place entfernt liegt mit dem Nova das wohl untypischste Kino der Stadt. Es befindet sich in einem Gebäude aus dem ausgehenden 19. Jahrhundert. Ein Besuch in dem im rauen Industrial Design gestalteten Saal ist ein wahres Erlebnis. Dort, wo heute Filme auf der Leinwand laufen, gab es zuvor eine Kleinkunstbühne, ein Vaudeville-Theater und in den 1930er-Jahren schließlich mit dem Studio Arenberg ein Programmkino, das nach mehreren Umbauten im Mai 1987 endgültig geschlossen wurde. In der Folge diente der Saal als Möbellager.

Ein Jahrzehnt später, im Januar 1997, übernahm der gemeinnützige Verein Nova die Räumlichkeiten mit dem Ziel, an dieser alten Wirkungsstätte wieder ein Filmkunstkino zu eröffnen. Heute ist es ein wahres Juwel der Underground-Architektur, ohne Teppichböden und Samt, ohne Schmuck und Prunk, dafür mit viel Sichtbeton und unverputzten Wänden. Und genau darin liegt sein Charme!

Auf dem Programm stehen ausschließlich Filme aus Independent-Produktionen. Zwischen litauischem Autorenkino, Avantgarde-Kino und Kurzfilmen finden immer wieder kleine Genre-Filmfestivals statt, darunter das inzwischen renommierte Fantasyfilm-Festival, das jedes Jahr im März hier zu Gast ist. Besuchen Sie unbedingt die ebenfalls im postmodernen Stil gehaltene Bar im Untergeschoss, in der regelmäßig Ausstellungen, Konzerte und andere Kunst-Events stattfinden.

IN DER UMGEBUNG

Résidence Centrale (8)

Rue de la Montagne 52

In der Rue de la Montagne 52 verbirgt sich inmitten seelenloser Hotelbauten ein Kleinod der Stille. Wer durch das (meist geöffnete) Tor tritt, gelangt in einen schönen Innenhof und wird dort sofort vom sanften Plätschern der Springbrunnen umfangen. Die umliegenden Gebäude wurden 1943 nach Entwürfen des Architekten Linssen im Stil der Moderne errichtet. Über einem der Bassins thront eine Bronzestatue aus dem Jahr 1953, die ein niedergekauertes, in sich versunkenes Mädchen zeigt. Die anmutige Arbeit ist ein Werk des rumänischen Künstlers Idel Ianchelevici.

KÖNIGLICHE LOGE AM BRÜSSELER HAUPTBAHNHOF

⑨

Ein standesgemäßer Wartesaal für die königliche Familie

Gare Centrale – 02 224 50 40
Besichtigung nach Vereinbarung
Metrostation Gare Centrale

Biegt man von der Galerie Ravenstein kommend in die Fußgängerpassage ein, die die Rue Cantersteen quert, stellt man fest, dass diese Passage nicht zum Eingang des Hauptbahnhofs führt, sondern zu einer heute hinter einem vorgesetzten Laden verborgenen Tür. Das

Wappen des belgischen Königshauses samt seinem Leitspruch *L'union fait la force* („Einigkeit macht stark") oberhalb dieser mit schwarzem Marmor umrahmten Tür verweisen darauf, dass es sich hierbei um den Eingang zur königlichen Loge des Hauptbahnhofs handelt, in der die königliche Familie unter standesgemäßen Bedingungen auf ihren Zug warten konnte. Dazu dient die Loge heute nicht mehr, von der belgischen Eisenbahngesellschaft SNCB wird sie jedoch gelegentlich zu repräsentativen Zwecken genutzt.

Die Monarchen konnten von der Place Royale über die Galerie Ravenstein sogar zu Fuß zum Bahnhof gelangen. Bei der Einweihung des Hauptbahnhofs begab sich König Baudouin allerdings in seiner Limousine zur königlichen Loge und fuhr anschließend das kurze Stück zum Bahnhof Bruxelles-Midi, der ebenfalls über eine königliche Loge verfügt. Das Innere der Loge sowie die zugehörige Treppe und der Fahrstuhl sind reich geschmückt. Es gibt hier viel Gold, Wände aus weißem Marmor, von Henry Van de Velde entworfene Ledersessel aus den Ateliers Delvaux, Toiletten mit goldenen Wasserhähnen und eine schöne (stehengebliebene) Wanduhr.

Während der Weltausstellung 1958 wurde die königliche Loge intensiv genutzt. Die belgische Königsfamilie empfing dort u. a. das thailändische Königspaar, den äthiopischen Negus und den iranischen Schah.

Im Inneren des Bahnhofs, am Fuße der großen Treppe hinauf zur Eingangshalle, befindet sich eine weitere, ebenfalls hinter einem vorgesetzten Laden verborgene Tür mit schwarzem Marmorrahmen und Königswappen – der zweite Zugang zur königlichen Loge. Im Rahmen der belgischen Tage des Kulturerbes oder auf Anfrage bei der SNCB wird diese Tür geöffnet.

IN DER UMGEBUNG

Tafel in der Rue du Marché-aux-Herbes 85 ⑩

Tausende Touristen gehen regelmäßig an dieser Tafel nur wenige Meter von der Grand-Place vorüber, ohne sie eines Blickes zu würdigen. Dabei trägt sie eine Information von großer patriotischer Bedeutung: Genau an diesem Ort fertigte Madame Abts am 26. August 1830 die beiden ersten belgischen Fahnen.

GESCHÄFTSFASSADE DES MARJOLAINE

11

Eine Perle der Art-nouveau-Architektur

Rue de la Madeleine 7

Wenige Schritte von der Grand-Place entfernt befindet sich mit der Fassade des Marjolaine eines der letzten Art-nouveau-Schaufenster von ganz Brüssel (s. unten). Trotz seiner zentralen Lage ist dieses architektonische Kleinod vielen Einheimischen, ganz zu schweigen von den Touristen, unbekannt. Die kunstvolle Fassade des Ladengeschäfts im geometrischen Art-nouveau-Stil geht auf Entwürfe des Architekten Léon Sneyers aus dem Jahr 1904 zurück. Das mit runden Motiven

© EmDee

gestaltete Fenster zwischen Schaufenster und Eingang ist stark vom Stil der Wiener Secession beeinflusst.

Weitere Art-nouveau-Schaufenster in Brüssel

Chemiserie Niguet (s. S. 68 – Paul Hankar, 1896)
Taverne Falstaff (neben der Börse – E. Houbion, 1903)
Pharmacie du Bon Secours (Boulevard Anspach 160 – Paul Hamesse, 1910)

LEGENDE DER FENSTER DER KATHEDRALE ST. MICHAEL UND ST. GUDULA

12

Eine antisemitische Legende

Place Sainte-Gudule
Metrostation Gare Centrale

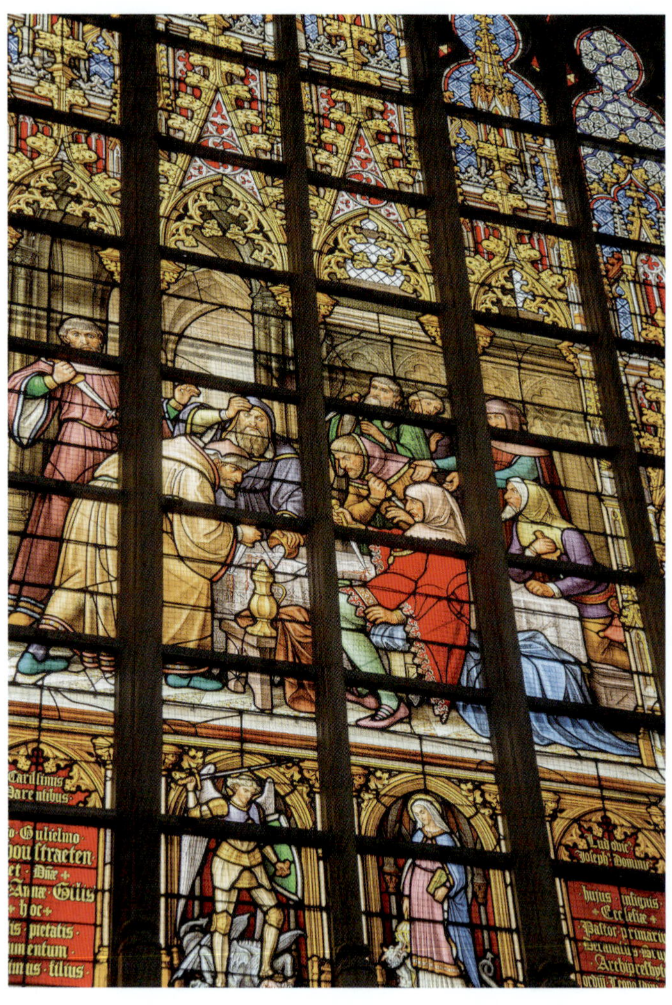

Ganz hinten im rechten Seitenschiff der Kathedrale St. Michael und St. Gudula erzählen 15 Buntglasfenster eine Legende aus dem 14. Jahrhundert, bei der die jüdische Gemeinde in scharfem Zielfeuer steht. Inzwischen ist nachgewiesen, dass die hier dargestellte Geschichte einst in gezielt antisemitischer Absicht frei erfunden wurde. Eine Informationstafel aus den 1970er-Jahren in der Kapelle des Hl. Sakraments weist darauf hin. Die 15 Fenster im Detail:

1. Fenster: Ein Bankier namens Jonathas bittet Jean de Louvain, für 60 *moutons d'or* (Goldmünzen, wörtlich „Goldene Schafe“) Hostien für ihn zu stehlen.

2. Fenster: Jonathas bezahlt Jean und verspottet die Hostien gegenüber Freunden.

3. Fenster: Zur Rache wird Jonathan in seinem Garten vor den Augen seines entsetzten Sohnes ermordet.

4. Fenster: Jonathas Witwe und Sohn finden Zuflucht bei Brüsseler Juden und übergeben ihnen die Hostien.

5. Fenster: Die in der Synagoge versammelten Juden legen die Hostien auf einen Tisch und stechen mit Dolchen auf sie ein. Aus den Hostien tritt auf wundersame Weise Blut aus.

6. Fenster: Die Juden sind aufgebracht und wollen sich der Hostien entledigen. Sie beauftragen Catherine, sie den Juden in Köln zu überbringen.

7. Fenster: Statt nach Köln geht Catherine zu ihrem Geistlichen.

8. Fenster: Catherine wird durch den Herzog und die Herzogin von Brabant befragt.

9. Fenster: Die Juden gestehen ihre Schandtat und werden zum Tod auf dem Scheiterhaufen verurteilt.

10. Fenster: Der Bischof von Cambrai versucht, einen Konflikt zwischen der Kirche Notre-Dame-de-la-Chapelle und der Kathedrale zu schlichten, die beide die Wunderhostien für sich beanspruchen.

11. Fenster: Ein junger Weber sieht einen Lichtstrahl aus dem Tabernakel austreten, in dem die Hostien aufbewahrt werden.

12. Fenster: Margarete von Österreich organisiert zur Feier der wundersamen Hostien die Prozession des Heiligen Sakraments.

13. Fenster: Während der Religionskriege fürchten die Autoritäten die Zerstörung der Hostien und beschließen, sie ein erstes Mal zu verstecken.

14. Fenster: Erneut werden die Hostien versteckt, dieses Mal im Balken eines Hauses. Als wieder Ruhe eingekehrt ist, entnimmt der Erzbischof höchstpersönlich die Hostien wieder aus dem Balken. Das Balkenstück wird in die Kapelle des Heiligen Sakraments gebracht, wo es sich bis heute befindet.

15. Fenster: Der Kardinal setzt das Heilige Sakrament offiziell wieder ein und übergibt dem Pfarrer der Kirche ein Dokument.

INSCHRIFT „MÖGE DAS VOLK LESEN“ ⑬

Erinnerung an den Kampf gegen den Analphabetismus

Alte Druckerei Le Peuple
Rue Saint-Laurent 28

An der Fassade des Gebäudes in der Rue Saint-Laurent 28 ist beiderseits des Eingangs ein von Dolf Ledel signiertes Basrelief mit einer großen Inschrift zu sehen: „Pour que le peuple lise" – „Möge das Volk lesen". Dieser Appell geht auf den 1929 verstorbenen belgischen Politiker Joseph Wauters zurück, der sich Zeit seines Lebens im Kampf gegen den Analphabetismus engagierte und für die Einführung der Schulpflicht stark machte. 1908 ins Parlament gewählt, wurde er 1918 zum Minister für Industrie, Arbeit und Versorgung ernannt. 1921 gelang ihm die Verabschiedung eines Gesetzes zur Einführung des 8-Stunden-Arbeitstags und der 48-Stunden-Woche. Die Einrichtung einer Arbeitslosenversicherung geht ebenso auf ihn zurück wie die ersten Altersrenten.

1910 stand er zudem an der Spitze der 1885 gegründeten sozialistischen Zeitung *Le Peuple* („*Das Volk*"), deren neue Redaktionsräume und Druckerei 1931/32 von den Architekten Fernand und Maxime Brunfaut an eben diesem Ort erbaut wurden. Das im Stil der Stromlinien-Moderne mit starken Einflüssen des russischen Konstruktivismus errichtete Gebäude steht mit seinen großen Fensterfronten und dem polygonalen Turm für Transparenz. Der obere Teil der Brandmauer, auf dem das Logo der Zeitung zu sehen ist, erhebt sich wie eine Standarte über die benachbarten Dächer.

Das Gebäude, das lange Zeit leerstand und seit April 1989 bzw. Juni 2003 unter Denkmalschutz steht, wurde in der Folge vollständig saniert und beherbergt seit 2015 das Musiklabel PIAS (Play It Again, Sam). Im Inneren gibt es einen Konzertsaal, ein Restaurant sowie ein Platten- und CD-Geschäft, das für Liebhaber eine wahre Schatzgrube ist.

EHEMALIGES HEMDENGESCHÄFT ⑭ NIGUET

Ein Juwel der Art nouveau

Rue Royale 13 – Metrostation Parc
Montag bis Freitag 9–18:30 Uhr, Samstag 9–14 Uhr

Zunächst lange Zeit ignoriert, dann von verschiedenen Mietern nach und nach zerstört und schließlich dem Verfall überlassen, erhob sich das ehemalige Hemdengeschäft, die Chemiserie Niguet, im Jahr 2003 nach drei Jahre und elf Monate andauernden Renovierungsarbeiten wie ein Phönix aus der Asche. Heutzutage ist das Ladengeschäft allerdings das Reich des Floristen Daniel Ost. Was wäre in einem solchen Juwel

der Art nouveau passender als ein Blumengeschäft? Früher musste man sich noch mit einem staunenden Blick auf die Fassade zufriedengeben, die den Betrachter mit ihren extravaganten, massiven und doch ausgewogen über die gesamte Fläche verteilten Holzverästelungen unweigerlich faszinierte.

Die Rue Royale 13, eine der ersten Arbeiten von Paul Hankar (1859–1901), rief bei ihrer Einweihung 1896 große Begeisterung hervor. Die geschwungenen Linien waren durchaus typisch für die Art nouveau, überraschten jedoch bei diesem Architekten, der bis dato eher als Anhänger der geometrischen Ausprägung dieser Stilrichtung bekannt war. Im Inneren indes fand alles wieder seine gewohnte Ordnung: Stellen Sie sicher, die kunstvoll gemalten Dekorationen von Adolphe Crespin während der Öffnungszeiten zu sehen, da sie nach Ladenschluss durch die Läden verdeckt werden.

EISKELLER AN DER PLACE SURLET DE CHOKIER

15

Haken zum Aufhängen von Frischfleisch

Place Surlet de Chokier 15–17
Geöffnet im Rahmen der Tage des Kulturerbes oder auf Anfrage unter +32 2 801 72 11
Metrostation Madou

Im Rahmen der Tage des Kulturerbes oder auf Anfrage bei der im Gebäude ansässigen Regierung der Föderation Wallonie-Brüssel ist es möglich, die eindrucksvollen, wenig bekannten Eiskeller an der Place Surlet de Chokier zu besichtigen. Die beiden großen Räume des 19.000 Kubikmeter großen Eiskellers, in die man über eine kleine, schmale Treppe gelangt, wurden 1989 zufällig während der Grabungsarbeiten für die Tiefgarage des Gebäudes der Regierung der Föderation Wallonie-Brüssel freigelegt. Die Fleischerhaken an der Decke gaben später den entscheidenden Hinweis auf die ursprüngliche Nutzung dieses Gewölbes.

Seit der Bronzezeit suchte der Mensch nach Möglichkeiten, im Winter gesammeltes Eis über den Sommer in Höhlen, Schächten oder Eiskellern zu konservieren. Im 17. und 18. Jahrhundert nahm die Zahl der Eiskeller stetig zu, nicht nur für die Konservierung von Lebensmitteln und die Bierproduktion, sondern auch für medizinische und industrielle Zwecke. Viele Schlösser und Landgüter besaßen sogar eigene Eiskeller. In Städten hingegen wurden große Sammeleiskeller angelegt. Im Winter wurde Eis aus den umliegenden Gewässern geschnitten oder mit Booten aus kälteren Regionen angeliefert.

Im 19. Jahrhundert gab es in Brüssel mehr als 30 im Eisgewerbe tätige Unternehmen. Mit Erfindung der Dampfmaschine eröffneten sich ab 1860 nach und nach neue technische Möglichkeiten zur Produktion von Kunsteis, die noch vor dem Ersten Weltkrieg den Niedergang dieses Wirtschaftszweigs besiegelten. Anfangs wurden die Eiskeller noch zur Aufbewahrung des künstlich erzeugten Eises genutzt, doch schon bald wurden sie nicht mehr benötigt und gerieten allmählich in Vergessenheit.

IN DER UMGEBUNG

Pharmacie Van Damme

Rue de Louvain 22

Montag bis Freitag 8:30–14 Uhr und 15–18 Uhr

Sehr schöne Apotheke aus dem Jahr 1826, nach einem Brand 1876 wiederaufgebaut, mit einer authentischen Inneneinrichtung.

GEDENKEN AN DAS ERBROCHENE VON ZAR PETER DEM GROßEN ⑰

Er setzte sich an den Rand dieses Brunnens und adelte das Wasser mit seinem Trankopfer …

Niederungen im Parc Royal de Bruxelles
Metrostation Parc

Gegenüber des Palais Royal im königlichen Park von Brüssel erstrecken sich beiderseits der zentralen Allee zwei rätselhafte, acht Meter tiefe Niederungen. Betreten Sie die linke davon und achten Sie darauf, weder Ihre Tugend noch Ihr Portemonnaie zu verlieren – trotz der in einer Muschelgrotte stehenden Statue der reumütigen Maria Magdalena ist dies ein lasterhafter Ort … Die Niederung ist, wie auch jene auf der gegenüberliegenden Seite, ein Relikt aus dem früheren Park des Schlosses der Herzöge von Burgund. Dieses Schloss, von dem noch heute unter der Place Royale einzelne Teile zu sehen sind, wurde 1731 bei einem Brand zerstört. Ende des 18. Jahrhunderts wurde dessen früherer Park, der Warandepark, für die Neuanlage des heutigen Parc Royal und des gleichnamigen Stadtteils eingeebnet.

Die beiden Niederungen wurden aufgrund des erwarteten hohen Aufwands nicht aufgeschüttet, sondern als englische Gärten angelegt. So kam es, dass sich hier im Jahr 1717 eine ungewöhnliche Begebenheit zutrug: Zar Peter der Große hinterließ bei seinem Besuch die Reste seiner letzten Mahlzeit an diesem Ort … Eine Bronzestatue, die Fürst Demidow der Stadt anno 1856 schenkte, erinnert an jenen Tag, während einige Meter weiter ein kleines blaues Steinbecken mit einer Inschrift in Küchenlatein den Ort des Geschehens markiert: „Insidens marcini huius fontis aquam illius nobilitavit libato vino“ – *„Er setzte sich an den Rand dieses Brunnens und adelte das Wasser mit seinem Trankopfer“*.

BUNKER IM PARC ROYAL

⑱

Ein geheimer Bunker, zwölf Meter unter der Erde

Besichtigung auf Anfrage beim Grundbuchamt der Stadt Brüssel unter +32 2 279 40 45
Metrostation Parc

Mitten im Zentrum von Brüssel, unter dem Parc Royal, liegt ein Bunker, der seit geraumer Zeit nicht mehr instandgehalten wird

und inzwischen fast in Vergessenheit geraten ist. An der Erdoberfläche, rund um das Gebäude der Vauxhall hinter dem Königlichen Parktheater, finden sich jedoch bis heute mehrere Zeugen dieses weitgehend vergessenen Ortes: Belüftungsöffnungen, ein Schornstein und, im Keller des Parlaments, Zugangstüren zu den Gängen (die seit dem Bau der Métro und der damit einhergehenden Zerstörung der Gänge allerdings zugemauert sind).

Der Bunker im Parc Royal wurde 1938 unter größter Geheimhaltung zwölf Meter unter der Erde gebaut und war, anders als andere große Bevölkerungsschutzanlagen im Zweiten Weltkrieg, einzig den Parlamentsabgeordneten und Regierungsmitgliedern vorbehalten. Darüber hinaus diente er im Falle von Bombenangriffen zur Koordinierung der Luftverteidigung. Von außen war der geheime Bunker über den Keller des Gallischen Zirkels im Parc Royal oder direkt über zwei Tunnel – einen für die Kammer, einen für den Senat – im Keller des Parlamentsgebäudes zugänglich.

Im Falle eines Angriffs sollte, so der Plan, die politische Elite von diesem mehr als 700 Quadratmeter großen Bunker aus in den Kongo evakuiert werden. Jeder Abgeordnete hatte unter seinem Pult eine Gasmaske für den Notfall zur Hand und sollte sich über den unterirdischen Gang im Bunker in Sicherheit bringen. Der Legende nach soll es noch einen weiteren Tunnel gegeben haben, der unter dem gesamten Park hindurch zum Königlichen Palast führte. Seine Existenz wurde jedoch nie bewiesen.

Bei Kriegsausbruch am 10. Mai 1940 kamen jedoch weder die Masken noch der Bunker zum Einsatz. Die Abgeordneten zogen ihm das besser beleuchtete und komfortablere *Hotel Métropole* vor. Nach dem Krieg wurde er restauriert und für eine künftige Nutzung als Atombunker modernisiert, aus dem im Falle eines nuklearen Angriffs alle Sirenen des Landes aktiviert werden konnten.

GEHEIMPLAN DES PARC DE BRUXELLES

(19)

Ein Freimaurer-Park?

Metrostation Parc

© Michel Wal

Der 1776/77 von Hofgärtner Joachim Zinner entworfene Parc de Bruxelles (Warandepark) ist nach der Ästhetik französischer neoklassischer Gärten in perfekter Symmetrie angelegt. Der Kunsthistoriker Paul de Saint-Hilaire sieht darin jedoch mehr. Ihm zufolge beruhen die Pläne „in den Augen aller, die klar sehen", auf sehr präzisen esoterischen und freimaurerischen Prinzipien. Wenngleich seine Aussagen sicher mit Vorsicht zu genießen sind, ist diese Theorie durchaus interessant. Denn in der Form des Parks, dem Verlauf der Alleen und der Anordnung der Wasserbecken ließen sich nicht wenige freimaurerische Symbole finden: Zirkel, Winkelmaß, Meißel, Hammer, Richtwaage, Lineal, Lot und Mörtelkelle (s. Abbildung auf der folgenden Doppelseite).

Saint-Hilaire zufolge wird dieser „Geheimplan" in einer Skulptur des Parks von Godecharle, in der zwei Statuen auf einem Sockel dargestellt sind, sichtbar, wenige Meter neben dem runden Bassin an der Kreuzung der zweiten Querachse. Die rechte zeigt zwei Kinder als Symbol für die Kunst. Eines der Kinder hält in seiner Hand ein Medaillon, in das ebendieser Plan eingraviert ist.

IN DER UMGEBUNG

Inschrift „V.I.T.R.I.O.L."

Auf der Einfassungsmauer der linken Niederung ist die rätselhafte Inschrift „L.O.I.R.T.I.V." zu lesen. Sie bildet das Gegenstück zu der Inschrift „V.I.T.R.I.O.L." an der rechten Niederung. Sie steht für *Visita Interioræ Terræ Rectificando Invenies Occultum Lapidem* – wörtlich übersetzt in etwa: „Suche das Innere der Erde auf; indem du dich läuterst, wirst du den verborgenen Stein finden" – und findet sich im Dekor der „Kammer der Reflexion" wieder, in die der Kandidat auf seinem Weg zum Tempel geführt wird. Der Leitspruch ist dann eher wie folgt zu verstehen: „Steige ins Innere der Erde hinab; indem du destillierst, wirst du den Stein des Opus finden." Diese Metallbuchstaben wurden vor einigen Jahren von einem Künstler angebracht, der zweifellos den freimaurerischen Charakter des Parks betonen wollte.

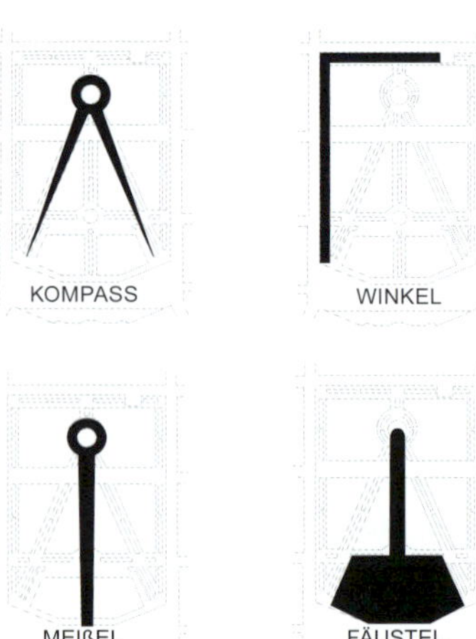
KOMPASS
WINKEL
MEIßEL
FÄUSTEL

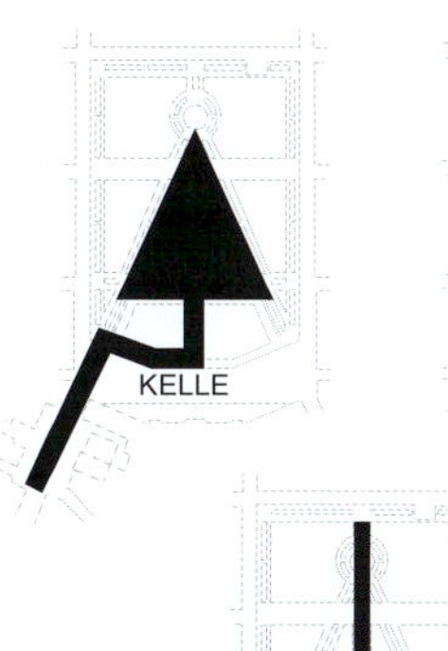
KELLE

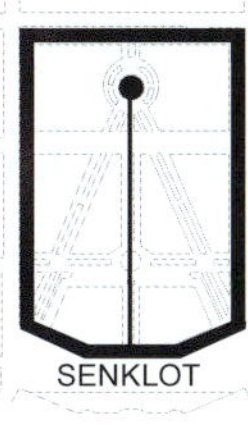
SENKLOT

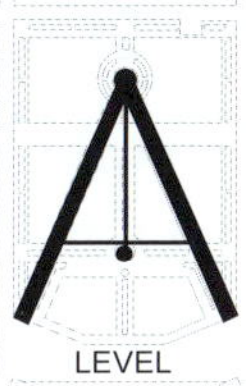
LEVEL

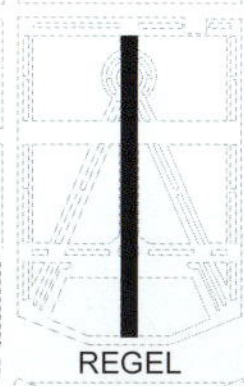
REGEL

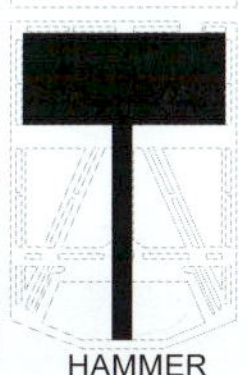
HAMMER

KÖNIGLICHES VORDACH IM PALAIS DES BEAUX-ARTS

21

Ein Baldachin auf Schienen zum Schutz der königlichen Familie vor Niederschlägen

Rue Ravenstein 23
Metrostation Gare Centrale

Viele Einheimische kennen den Palais des Beaux-Arts de Bruxelles (BOZAR, eröffnet 1928), seine Art-déco-Architektur, den wunderschönen Henry-Le-Boeuf-Saal und den alljährlichen Königin-Elisabeth-Wettbewerb. Was hingegen nur wenige wissen: Der Architekt des Gebäudes, kein Geringerer als Victor Horta, drückte Königin Elisabeth auf ganz besondere Weise seinen Dank für ihre bedingungslose Unterstützung beim Bau dieses Brüsseler Kulturtempels aus: Er versah den Palais des Beaux-Arts an der Ecke zwischen Rue Baron-Horta und Rue Ravenstein mit einem separaten königlichen Eingang.

Dieser mit Buntglasfenstern geschmückte Eingang befindet sich von der Rue Ravenstein blickend ganz rechts am Gebäude und bot den Mitgliedern der belgischen Königsfamilie Zugang zu einem Privatsalon, in dem sie ungestört warten konnten, um sich anschließend in die königliche Loge des großen Henry-Le-Boeuf-Saals zu begeben. Um jeglichen Kontakt zwischen der Königsfamilie und dem gewöhnlichen Volk zu vermeiden, war der Raum zwischen dem Salon und der Loge für die Monarchen eigens mit beweglichen Wandelementen versehen, die zu einem Gang angeordnet und wieder entfernt werden konnten, sobald die gekrönten Häupter ihre Loge erreicht hatten.

Zur Krönung des Ganzen wurde am königlichen Eingang an der Rue Ravenstein ein Vordach angebracht, das normalerweise in der Fassade des BOZAR versenkt ist, immer dann jedoch, wenn sich ein royaler Gast ankündigt, auf Schienen ausgefahren wird, um diesen vor schlechter Witterung zu schützen. Der ausfahrbare Baldachin ist für gewöhnlich also nicht zu sehen, wohl aber der grüne Rahmen in der Fassade sowie die in den Gehweg eingelassenen Schienen.

Nähere Informationen über Victor Horta finden Sie auf der folgenden Doppelseite.

*Victor Horta (*1861 in Gent, †1947 in Brüssel)*

Der international bekannte belgische Architekt Victor Horta gilt als Meister der Art nouveau. Seine Architektur zeichnet sich durch ein revolutionäres Konzept für Raum, Licht und Komfort aus. In seinen Entwürfen wird die von ihrem Käfig befreite Treppe zum Rückgrat des Gebäudes. Das Licht wird in all seinen Formen genutzt, tritt durch große Fenster horizontal und durch mit Buntglas versehene Oberlichter vertikal ein. Der Wärmekomfort in den Wohnräumen wird über innovative Heizungs- und Belüftungssysteme gewährleistet.

Der Techniker und Raumentwickler Horta schuf auch neue Formen, schematisch zusammengefasst in seinen geschwungenen Linien mit „Peitschenhieb". Als einer der ersten Architekten Europas wagte er den unverhohlenen Einsatz von Stahl, den er an der Fassade und im Inneren sichtbar verbaute. Dazu schlanke gusseiserne Säulen, die den Lichteinfall begünstigen, sowie robuste Eisenträger, die Räume öffnen. Ein innovatives und riskantes Vorgehen zu einer Zeit, da Eisen einzig in Industrie- und Gewerbebauten zum Einsatz kam. Doch durch seine Zusammenarbeit mit dem Architekten Alphonse Balat beim Bau der Königlichen Gewächshäuser von Laeken war er mit dem Material vertraut. Zu seinen Kunden zählte vor allem das aufgeklärte wohlhabende Bürgertum, von dem Horta umfangreiche finanzielle Mittel für seine Vorhaben erhielt. Das ermöglichte ihm die Verwendung hochwertiger Materialien, insbesondere Marmor und Edelhölzer. Er betrachtete seine Arbeiten als Gesamtkunstwerke und ging dabei so weit, sogar alle Scharniere, Türgriffe, Schüssel und Stangenverschlüsse selbst zu entwerfen.

Seine Häuser wurden so zu einer Art Porträt, perfekt zugeschnitten auf den jeweiligen Auftraggeber. Seine Entwürfe waren innen wie außen intelligent und innovativ. Sie wurden oft kopiert, aber nie erreicht. Seine Nachfolger begnügten sich meist mit – zum Teil sehr gelungenen – Fassadengestaltungen, verfielen jedoch in den Innenräumen wieder in traditionelle Schemata.

Gebäude von Horta, die in diesem Buch Erwähnung finden: Rue Paul-Émile Janson 6; Avenue Louise 224 und 346 (Ixelles); Rue Lebeau 37 (Zentrum); Avenue Palmerston 2, 3 und 4 (Europaviertel); Rue de l'Hôtel des Monnaies 66 (Saint-Gilles); Chaussée de Haecht 266 (Schaerbeek); Avenue Brugmann 80 (Forest).

FETE D'ETE
THEATRE LYRIQUE
GRAND BAL

KUPFERSTICHINSTITUT VON BRÜSSEL ㉒

Einzigartige Stiche der besten belgischen Künstler

Mont des Arts 28
Chalcography@kbr.be – kbr.be
Montag bis Freitag, nur nach Vereinbarung
Eine Auswahl von rund 100 Stichen ist täglich 9–17 Uhr im Eingangsbereich der KBR erhältlich (ausgenommen an Feiertagen)
Metrostation Gare Centrale

Die Brüsseler Chalcographie ist neben Paris, Madrid und Rom einer von nur vier Orten weltweit, die Kunstdruckplatten mit dem Ziel verwahren, auf Bestellung Stiche anzufertigen und zu verkaufen. Das sagt alles über den einzigartigen Charakter dieser Einrichtung aus, die 1930 im Nachgang der in Brüssel veranstalteten Ausstellung der drei anderen Kupferstichkabinette von 1928 gegründet wurde. Heute werden hier Stiche zu bewusst günstigen Preisen zum Kauf angeboten, um die Werke einer möglichst breiten Öffentlichkeit zugänglich zu machen. Mit Erfolg!

Nehmen Sie sich einen Moment Zeit und blättern Sie die vielen Ordner mit den verfügbaren Werken durch. Neben Teniers, Evenepoel und Rassenfosse – um nur einige zu nennen – können Sie Arbeiten der besten belgischen Künstler wählen. Für den sehr fairen Preis von 40 bis 200 Euro (je nach Größe, Künstler oder Signatur) hängt schon bald ein Originaldruck eines Künstlers in Ihrem Wohnzimmer, der nur wenige Meter über Ihnen im Musée des Beaux-Arts ausgestellt ist.

Etymologisch betrachtet geht „Chalkographie" auf die griechischen Begriffe *gráphein* („schreiben") und *chalkós* („Kupfer") zurück. In der Realität ist die Bedeutung jedoch weiter gefasst und bezieht sich auf Drucke aller Art, die mithilfe gestochener Platten angefertigt werden, die meist, aber nicht immer, aus Kupfer bestehen. So wird der Begriff „Stich" heute allgemein für plattengestützte grafische Druckverfahren auf Papier verwendet. Bei Druckplatten aus Stein spricht man von einer Lithografie (gr. *lithos* = „Stein"), die Serigrafie (Siebdruck) ist ein Durchdruckverfahren, bei dem die Farbe durch ein feinmaschiges Gewebe auf das Trägermaterial aufgebracht wird. Beide Druckverfahren sind hier nicht vertreten. Die meisten Druckplatten bzw. -tafeln der Brüsseler Chalcographie bestehen aus Kupfer oder Holz und führen aufgrund der älteren Technik zu weniger scharfen Ergebnissen. Andere Begriffe beziehen sich auf die verschiedenen Techniken, mit denen die Metallplatte graviert wird. So entsteht eine Radierung beispielsweise nicht durch die Hand des Künstlers, sondern durch die chemische Einwirkung einer Säure.

Ursprünglich umfasste die Sammlung rund 2000 Druckplatten. Da seit der Gründung der Chalcographie jedoch konstant neue Arbeiten angekauft wurden, befinden sich heute mehr als 9000 Platten in ihrem Besitz. Nicht alle davon sind Originale, was auf die in den 1980er-Jahren getroffene Entscheidung zurückzuführen ist, besonders fragile Originale (die älteste Platte stammt aus dem Jahr 1488) durch Kopien für die Nachwelt zu erhalten.

GEDENKTAFEL FÜR DEN *FAUX SOIR*

Ein typisch Brüsseler Akt des Widerstands

Rue de Ruysbroeck 35
Tramlinien 93 und 94, Haltestelle Petit Sablon

Douleurs terribles dans les membres.

LE SOIR

Hôtel des Ventes Bruxellois
48 CHAUSSÉE D'ANVERS 48
RICHE VENTE PUBLIQUE SPÉCIALE

60 Cmes

Mardi 9 novembre 1943

17 HEURES

EN PLEINE ACTION

ANNIVERSAIRE

Raymond DE BECKER.

La Conférence de Berlin

« Capitulation sans conditions »

L'arrivée de M. Mussolini

A la Wilhelmstrasse

L'avenir de l'Europe

UN DOCUMENT

Depuis trois ans, nous n'avons rien négligé pour documenter objectivement nos lecteurs sur les événements du front extérieur et du front intérieur. Nous n'avons pas toujours été servis par la chance qui n'a cessé de favoriser la propagande allemande, dont les découvertes ont toujours providentiellement coïncidé avec les nécessités de la politique.

Aujourd'hui nous avons la bonne fortune de mettre sous les yeux des amis du « Soir » un appel du FRONT DE L'INDEPENDANCE *dont personne ne méconnaîtra l'intérêt.*

NOUS SOMMES EN PREMIÈRE LIGNE

Léopold JAUMONET.

RECTIFICATION

« JE N'AI PAS VOULU CELA »

Stratégie Efficace

Berlin admet que la situation est des plus sérieuses.

Communiqué allemand

LA SEMAINE INTERNATIONALE

Du décrochage à la victoire défensive

par Julien VERPLAETSE

UN FAIT entre 1000

Dass habe ich...

NOUVELLES DU PAYS

Cinq cents grammes de pain à partir du 11 novembre

Il n'y aura plus de tandis

Deux catégories de tabac : le KROTIN A et le KROTIN B

Avis important

In der Rue de Ruysbroeck 35 erinnert eine Tafel an ein historisches Ereignis, wie es kaum besser zu Brüssel passen könnte. In diesem Gebäude wurde in der seinerzeit dort ansässigen Druckerei Wellens am 9. November 1943 von der belgischen Widerstandsorganisation Front de l'Indépendance („Unabhängigkeitsfront") der *Faux Soir* („*Falscher Abend*") gedruckt. Die Tageszeitung *Le Soir* war damals von den Nazis „besetzt", die die Zeitung in einer Auflage von 300.000 Exemplaren und mit Illustrationen von *Tim-und-Struppi*-Zeichner Hergé für Propagandazwecke nutzten (was diesem nach dem Krieg vorgeworfen wurde).

Einen „falschen" *Soir* anstatt des „gestohlenen" *Le Soir* zu drucken und zu verkaufen, war in diesen schweren Zeiten zwar Balsam für die Seele der Menschen, aber beileibe keine Kleinigkeit. Die formal identische Zeitung mit abweichendem Inhalt musste unter höchster Geheimhaltung aufgesetzt, gedruckt und die 50.000 Exemplare nachmittags (*Le Soir* wurde seinerzeit nachmittags verkauft) an den Kiosken verteilt werden. Das Setzen des *Faux Soir* übernahmen Mitarbeiter des „echten" *Le Soir*.

Als Erscheinungstermin wurde der 11. November festgesetzt. Dieses Datum war nicht zufällig gewählt. Es ging darum, die Nazi-Besatzer an den Waffenstillstand des Ersten Weltkriegs zu erinnern. In letzter Minute wurde die Erscheinung allerdings um zwei Tage vorverlegt, da über Radio Londres dazu aufgerufen worden war, die Ausgabe vom 11. November zum Zeichen des Protests nicht zu kaufen, und der 10. November auf einen Mittwoch fiel, an dem *Le Soir* jeweils vier statt zwei Blätter umfasste, was den Aufwand verdoppelt hätte.

Die Autoren des *Faux Soir* nutzten das Netzwerk des „gestohlenen" Le Soir und sabotierten den Vertrieb so, dass der „falsche" *Soir* den Platz des „echten" einnehmen konnte, ohne dass dies an den Kiosken unmittelbar auffiel.

Die satirische Parodie zeigte dem Besatzer die lange Nase und wurde sogar unter dem passenden Titel *Un soir de joie* (etwa „*Ein Abend der Freude*") verfilmt. Doch die Nazis verstanden keinen Spaß. Mehrere Personen wurden in der Folge von der Gestapo verhaftet. Einige wurden zu Haftstrafen verurteilt, andere in Konzentrationslager deportiert und dort ermordet. Ein Exemplar der Zeitung ist im Musée National de la Résistance in Anderlecht ausgestellt.

NORWEGISCHES CHALET

(24)

Ein Holzhaus im Herzen des Königlichen Viertels

Rue de Brederode 10
Metrostation Trône

Direkt hinter dem Palais Royal steht – ein wenig überraschend – ein Holzhaus mitten im Königlichen Viertel. Es wurde von dem norwegischen Architekten Knudsen (aufgrund seiner Herkunft trägt es den Beinamen Wikinger-Haus) auf ausdrücklichen Wunsch Leopolds II. erbaut, dem es ein von dem Architekten im selben Stil für die Pariser Weltausstellung 1889 entworfenes Gebäude angetan hatte. Wie der kongolesische Stern zeigt, der noch heute an der Fassade prangt, empfing der Monarch in dem Haus, das als königliches Pressezentrum für koloniale Angelegenheiten genutzt wurde, Journalisten und Investoren, um sie über die Lage in Belgisch-Kongo zu informieren.

Das Gebäude, das einige Zeit das Dynastiemuseum beherbergte, bevor die Sammlung in das nahe gelegene Musée Bellevue umzog, befindet sich heute im Besitz der Treuhandgesellschaft Donation Royale und ist der Sitz der König-Baudouin-Stiftung.

Der Bau des Holzhauses im Königlichen Viertel war kein Zufall. In diesem Teil der Stadt, allen voran in den Straßen Rue de Namur, Thérésienne, des Petits Carmes, de la Pépinière, de Brederode und Place Royale, befanden sich zahlreiche Einrichtungen des belgischen Kolonialreichs – Ministerien, Verwaltungen, Banken, Verbände und andere Vereinigungen. Auch verschiedene Unternehmen, die im Kongo in der Gewinnung von Rohstoffen wie Kohle, Kautschuk, Kakao oder Zucker tätig waren, hatten hier ihren Sitz.

IN DER UMGEBUNG

Überreste der ersten Brüsseler Stadtmauer ㉕

Rechts des Holzhauses sind, kaum erkennbar, einige Überreste der ersten Wehrmauer um die Habsburger Hofburg zu sehen. Diese im 13. Jahrhundert errichtete erste Brüsseler Stadtmauer war vier Kilometer lang und umfasste sieben Tore, von denen aus Straßen in die umliegenden Städte führten. Im 14. Jahrhundert wurde diese erste Mauer zugunsten des Baus einer wehrfähigeren zweiten Mauer abgerissen. Von der ersten Mauer sind (anders als von der zweiten, die mit Ausnahme des Stadttors Porte de Hal vollständig zerstört wurde) hier und da noch Überreste erhalten. Sie wurde über die Jahre immer nur dort abgerissen, wo sie andere Vorhaben behinderte.

GEHEIMNISSE DES EGMONT-PARKS

26

Peter Pan zwischen Zisterne und Eiskeller

Zugang über den Boulevard de Waterloo 31
Metrostation Porte de Namur

Zwei Schritte vom städtischen Trubel und den Tunnels des kleinen Stadtrings entfernt, empfängt der Parc d'Egmont auf einem früheren Adelsanwesen müde Passanten mit der Stille eines englischen Gartens. Im Zentrum des kleinen Parks, der allein für sich schon eine Offenbarung ist, verbergen sich verschiedene Schätze wie etwa eine verspielte Peter-Pan-Statue. Sir Georges Frampton fertigte diese im Auftrag des schottischen Schriftstellers Sir James Barrie an, der die Figur 1902 erfunden hatte. Anhand originaler Illustrationen von Arhur Rakham stellte der Bildhauer dem „Kind, das nicht erwachsen werden wollte" die besonnene Wendy und die temperamentvolle Fee Glöckchen zur Seite. Um die Figuren herum tummeln sich am Bronzesockel Schnecken, Eichhörnchen und Hasen. Peter Pan steht an der Spitze der Skulptur, wie es scheint zum Absprung bereit. Der Künstler, den das große Leid Belgiens im Ersten Weltkrieg sehr berührte, machte sein Werk der Stadt Brüssel zum Geschenk, zum Zeichen des „Bandes der Freundschaft zwischen den Kindern Großbritanniens und Belgiens".

Am Rande des Parks, aufseiten der Rue du Grand Cerf, steht hinter Büschen verborgen der Grote Pollepel. Diese große Zisterne versorgte im 15. Jahrhundert die Brunnen an der Grand-Place mit Wasser. Die mittelalterliche Anlage trat 1955 im Rahmen der Bauarbeiten für die Rotonde der Galerie Ravenstein zutage und wurde Stein für Stein im Parc d'Egmont wieder aufgebaut.

Hinter der Orangerie befindet sich mit einem alten Eiskeller ein weiteres Relikt vergangener Zeiten. Die hügelförmige Anlage ist mit einem weiß gemauerten Eingang versehen. Im Winter wurde in diesem Vorläufer des Kühlschranks Eis eingelagert, das empfindliche Lebensmittel den ganzen Sommer über frisch hielt.

VERRIÈRE HERMÈS

Ein prachtvolles Glasdach für zeitgenössische Kunst

Boulevard de Waterloo 50
+32 2 511 20 62
Montag bis Freitag 10–18:30 Uhr, Samstag 10:30–18:30 Uhr
Metrostation Louise

Nichts weist von außen darauf hin, dass ganz hinten in der Boutique von Hermès de la Toison d'Or eine der exquisitesten Kunstgalerien von ganz Brüssel liegt. Grüßen Sie die Verkäufer im Vorbeigehen höflich und begeben Sie sich dann in aller Ruhe in den hinteren Teil des Geschäfts.

Dort gelangen Sie in einen schönen, von einem großen Glasdach überspannten Bereich, in dem zeitgenössische Kunst zu sehen ist. Er hat bis 1994 als Parkplatz gedient und wurde nach umfangreichen Umbauten in die Verkaufsräume von Hermès, die sich zu diesem Zeitpunkt schon mehr als 30 Jahre hier befanden, eingegliedert. Seine heutige Bestimmung hat der Bereich mit dem Glasdach erst seit Januar 2000.

Den Anfang machte der für seine Säulen des Pariser Palais-Royal bekannte Daniel Buren mit *In-situ*-Werken. Es folgten Künstler wie Éric Duyckaert, Marine Casimir oder Roman Opalka. Heute ist die Verrière Hermès eine feste Institution in der Brüsseler Kunstlandschaft, wenngleich nur unregelmäßig Ausstellungen stattfinden. Es empfiehlt sich, sich vorab telefonisch zu informieren.

IN DER UMGEBUNG

Das Wohnhaus von Jean Baes (28)

Rue Van-Moer 12

1889 ließ der Architekt Jean Baes sich dieses Haus erbauen, dekoriert mit Sgraffiti seines Bruders Henri Baes. Einen Namen machte er sich insbesondere als Architekt der Königlich Flämischen Schaubühne aus dem Jahr 1884.

Schild an der Rue des Six Jeunes Hommes (29)

Ecke Rue des Six Jeunes Hommes und Rue des Quatre Fils Aymon

Das Schild einer früheren Taverne erinnert an sechs junge Männer, die zu Zeiten des gefürchteten Herzogs von Alba in der Stadt Streiche, sogenannte *zwanzes*, verübten. Sie füllten Tinte in die Weihwasserbecken der Kirchen oder steckten die Röcke alter Damen während der Messe mit Nadeln aneinander fest. Ihr Treiben fand ein Ende, als sie Jean Vargas, einem Mitarbeiter des Herzogs von Alba, einen Krug voller Ruß ins Gesicht warfen. Sie wurden verhaftet, zum Tode verurteilt und gehängt. Diese Legende ist bis heute bekannt. Bei genauer Betrachtung des Schildes indes stellt man fest, dass darauf nur vier junge Männer zu sehen sind, als wenn ein Witzbold zwei von ihnen entfernt hätte, um die Historiker zu verwirren und mit der Darstellung auf die vier Haimonskinder zu verweisen, deren Namen die Straße gleich um die Ecke trägt.

DENKMAL ZU EHREN DER *SMET DE NAEYER* (30)

Das einzige Schiff der belgischen Marine, das je havarierte, ist ein Schulschiff. Es sank in einem Sturm …

Place Jean-Jacobs – Metrostation Louise

Am Rande der Stadtautobahn erinnert eine Statue an eine Katastrophe, die trotz ihrer großen Tragik nahezu in Vergessenheit geraten ist. Das Denkmal ehrt die 33 Männer der Besatzung, die 1906 beim Untergang des Schulschiffs *Comte de Smet de Naeyer* ertranken. Ironie des Schicksals: Bei dem Schiff handelte es sich um das einzige Schiff der gesamten belgischen Militärschifffahrtsgeschichte, das jemals sank. Dazu kam es jedoch nicht im Kriegsgefecht, sondern infolge eines starken Sturms vor der spanischen Küste.

Nach der Havarie konnten 26 Besatzungsmitglieder von einem französischen Boot gerettet werden. Sie berichteten, wie Kommandant Fourcault und seine Männer alles unternahmen, um das Schiff zu retten. Doch es gelang der Besatzung, mehrheitlich junge Männer in Ausbildung, nicht, das Leck zu finden. Daraufhin eilten sie an die Handpumpen. Als klar wurde, dass nichts half, gab Fourcault den Befehl, das Schiff über die Rettungsboote zu verlassen. Doch die meisten kenterten unter der Last der in Todesangst auf sie drängenden Männer. Die 26 Besatzungsmitglieder, die gerettet wurden, saßen in dem einzigen Beiboot, das dem Ansturm standhielt. Die Überlebenden berichteten später von den letzten Worten von Kommandant Fourcault, der bis zuletzt an Bord ausharrte. Mit einer Zigarette im Mundwinkel soll er gesagt haben: „*Noch eine Zigarette, bevor ich sterbe.*“

Die Statue zeigt einen jungen Mann, der voller Begeisterung ist, zur See zu fahren, während seine besorgte Mutter versucht, ihn davon abzuhalten. Am Fuße der Statue sind eine Welle und Wrackteile zu sehen.

MUSEUM ART) & (MARGES

(31)

Die Grenzen der Kunst

Rue Haute 312–314
+32 2 533 94 90 – artetmarges.be
Mittwoch bis Sonntag 11–18 Uhr
Metrostation Porte de Hal

Dieses neu eröffnete Museum widmet sich der „Outsider"-Kunst und zeigt Arbeiten von psychologisch beeinträchtigten und geistig behinderten Menschen sowie von Künstlern, die sich außerhalb des professionellen Kunstbetriebs bewegen. Während die auf zwei Etagen verteilten Räume von der Größe her eher überschaubar sind, tun sich inhaltlich wahre Abgründe auf. Im Flirt mit den Grenzen der Kunst und in der Leugnung aller etablierter Systeme loten die Werke die Bedingungen der Kunst aus und betreten ein ganz eigenes und einzigartiges, intrinsisches, nicht selten bis in die Obsession dekliniertes Universum. Auf den ersten Blick erscheinen die aus

Materialien des Alltags gefertigten Werke oft wenig beeindruckend. Bei näherer Betrachtung jedoch ziehen sie den Betrachter hinein in eine außergewöhnliche ästhetische und emotionale Welt.

Nehmen wir zum Beispiel Juanma Gonzalez, Schuster aus Watermael-Boitsfort, der ruhige Landschaften auf die Rückseite von frisch besohlten Schuhen malt, oder den Bäcker Georges Counasse, der in fortgeschrittenem Alter eine wunderbare Miniaturwelt mit Karussells und Jahrmarktständen erschafft, oder auch Jacques Trovic, der mit besticktem und zu Patchworkarbeiten zusammengesetztem Sackleinen verzaubert. Das Museum versieht die präsentierten Künstler bewusst nicht mit einem Stempel und gibt nur wenige Daten über sie preis. Stattdessen bietet es den Arbeiten selbst den nötigen Raum, sich dem Betrachter in all ihrer beunruhigenden Schönheit und Unmittelbarkeit zu offenbaren.

IN DER UMGEBUNG

Gedenktafel für die symbolische Beerdigung eines Bauträgers (32)

Rue Montserrat, gegenüber Nr. 15

In den 1960er-Jahren genehmigte die Stadtverwaltung von Brüssel das Großprojekt zur Erweiterung des Justizpalasts. Im populären Marollen-Viertel sollten neue Büroräume zur Unterbringung des Verwaltungsapparats der riesigen Institution entstehen. Die Bewohner des Viertels, die schriftlich über ihre Enteignung informiert wurden, waren empört. Im Umfeld des Pfarrers Jacques Van Der Biest, der sich Zeit seines Lebens für die Ärmsten einsetzte, formierte sich Widerstand – der Beginn der Bataille des Marolles („Schlacht der Marollen"). In einer historischen Premiere bekamen die Bewohner Recht. Nach Abzug des Bauträgers wurde dieser (symbolisch) beerdigt. Zum Gedenken an den errungenen Sieg wurde eine Tafel mit folgender Inschrift angebracht: „Hier ruhen der Bauträger und seine treue Ehefrau, die Bürokratie (…) Konzession auf Lebenszeit!"

Keramiktafeln der Rue Haute 146

Dienstag bis Samstag 12–14:30 Uhr und 18:30–22:30 Uhr (Sonntag 12–14:30 Uhr)

+32 2 513 54 40

Diese angesagte Pizzeria lohnt einen Abstecher und sei es nur, um einen Blick auf die zwei sehenswerten Keramiktafeln von R. Inghelbrecht (1918) zu werfen. Die eine zeigt die Zubereitung von Kuchen in einer Backstube, die andere eine mondäne Teegesellschaft unter freiem Himmel zu Beginn des 20. Jahrhunderts.

BAINS DU CENTRE

(34)

Schwimmbad mit Aussicht

Rue du Chevreuil 28
+32 2 511 24 68
Montag bis Freitag 7:30–19:30 Uhr, Samstag 7:30–17 Uhr
Duschbäder: Dienstag bis Samstag 9–14 Uhr
Tramlinien 23, 52, 55 und 56, Haltestelle Lemonnier

Trotz seiner zentralen Lage gleich neben der Place du Jeu de Balle deutet beim Gebäude der Bains du Centre von außen kaum etwas darauf hin, was sich hinter der Fassade verbirgt. Das Sport- und Gesundheitszentrum entstand 1953 aus dem Wunsch der Stadtverwaltung nach einem Hallenbad in den Marollen. Der sumpfige Untergrund verlangte den Planern alles ab. Innerhalb eines Jahres mussten mehr als 350 Millionen Liter Wasser abgesaugt werden, bevor überhaupt mit dem Bau begonnen werden konnte. Ein unterirdischer See wurde so zu einem „hängenden" Schwimmbad. Aufgrund der geringen Grundfläche war seitens der Architekten Kreativität gefragt. Sie verlegten die beiden Becken kurzerhand in die erste und dritte Etage. Das Becken im ersten Stock ist Schulklassen vorbehalten, sodass Schwimmer im Hauptbecken im dritten Stock ungestört ihre Bahnen ziehen können, begleitet von dem ganz besonderen Gefühl, dabei zu schweben, denn das Becken schließt mit einer großen Glasfront auf die Rue des Capucins ab und bietet einen fantastischen Blick auf die Türme der Kirche La Chapelle und die Dächer des darunterliegenden Viertels. Der Zugang zu den 182 nüchternen Kabinen im dritten und vierten Stock erfolgt über ein Labyrinth aus Treppen und Gängen.

Nach Fertigstellung des neuen Schwimmbads fanden auch die 56 Jahre alten Duschen und Badewannen der alten Bäder in der Rue des Tanneurs in dem Neubau in der Rue du Chevreuil ein neues Zuhause. Vor über 100 Jahren verfügten die meisten Wohnungen nicht über eigene Bäder, sodass die Menschen vor allem in Arbeitervierteln wie den Marollen auf öffentliche Bäder angewiesen waren.

IN DER UMGEBUNG

Institut Diderot

Rue des Capucins 58

Das Institut Diderot, 1908 erbaut von Henri Jacobs, ist ein eindrucksvolles Schulgebäude, das zu Unrecht mit Nichtachtung gestraft wird. Klingeln Sie an der Tür und sagen Sie, dass Sie sich für Architektur interessieren. Hinter der eher nüchternen Fassade verbirgt sich eine Halle im Stil der Art nouveau. Sehenswert ist dort vor allem das Sgraffito von Henri Privat-Livement aus dem Jahr 1910. Es zeigt den Heiligen Michael im Kampf mit dem Drachen.

Haus Cortvriendt

Rue de Nancy 6–8

Das Haus Cortvriendt wurde 1900 von Léon Sneyers, Schüler von Hankar, erbaut und ist mit seinen schmiedeeisernen Balkongeländern und seinem schönen Sgraffito in diesem eher glanzlosen Teil der Marollen eine angenehme Überraschung.

ALTE ROTUNDE IM PANORAMA-PARKHAUS

37

Die Geschichte eines alten „Panoramas" aus dem 19. Jahrhundert

Boulevard Maurice Lemonnier 10
Durchgängig geöffnet
Premetro, Haltestelle Lemonnier

Auch Parken kann zu einem Erlebnis werden: Der Weg zum Panorama-Parkhaus führt durch eine Einfahrt in einer imposanten eklektischen Fassade. Im Erdgeschoss werden angesichts genieteter, teilweise geschwungener Stahlträger erste Vorahnungen wach, dass es sich hier um kein gewöhnliches Parkhaus, sondern eine alte Panorama-Rotunde handelt.

In dem 1879 nach Entwürfen des Architekten Henri Rieck errichteten Gebäude entstand ein großflächiges Rundgemälde, das wie das Gemälde im Panorama am Fuße des Löwenhügels von Waterloo die berühmte gleichnamige Schlacht zeigte. Das Gemälde, von dem hier die Rede ist, war das Werk von Charles Castellani. Nach dem Ersten Weltkrieg wurde es 1920 durch ein Gemälde abgelöst, auf dem die Schlacht an der Yser dargestellt war. Nach 1924 kamen große Panoramen jedoch langsam aus der Mode. Das Gebäude wurde zu einem Parkhaus umfunktioniert und entsprechend seiner neuen Funktion umgestaltet.

Einen Hinweis auf seine alte Bestimmung hat sich der Bau jedoch bis heute bewahrt: Wenn Sie mit dem Auto bis in den dritten Stock hinauffahren, gelangen Sie in eine große, in 16 Abschnitte unterteilte Halle mit einem Umfang von rund 120 Metern, überspannt von einer mit Holzbrettern eingedeckten Eisenkuppel. Hier spielte sich in gedämpftem Licht die Bildvorführung ab, die der Betrachter von dem als Aussichtspunkt angelegten Zentrum des Gebäudes aus verfolgen konnte.

Was ist ein Panorama?

Die Begeisterung für Panoramen begann Ende des 18. Jahrhunderts und hielt bis in das erste Viertel des 20. Jahrhunderts an. Ein Panorama war eine in früheren Zeiten beliebte Form eines Szenenbilds, das Malerei und Architektur verband und die Realität im Zusammenspiel mit der Wahrnehmung des Betrachters abzubilden suchte. Es bestand aus einer großen, zylinderförmigen Leinwand, die auf 360 Grad an den Wänden eines runden Gebäudes aufgehängt wurde und von einer zentral gelegenen Plattform aus betrachtet werden konnte. Thematisch wurden meist Landschaften und Stadtansichten sowie Schlachten (mit besonderer Vorliebe für die Napoleonischen Kriege) oder biblische Szenen dargestellt. In Brüssel gab es ein weiteres Panorama aus dem Jahr 1897, das sich in der heutigen Großen Moschee im Parc du Cinquantenaire befand und eine Stadtansicht von Kairo zeigte.

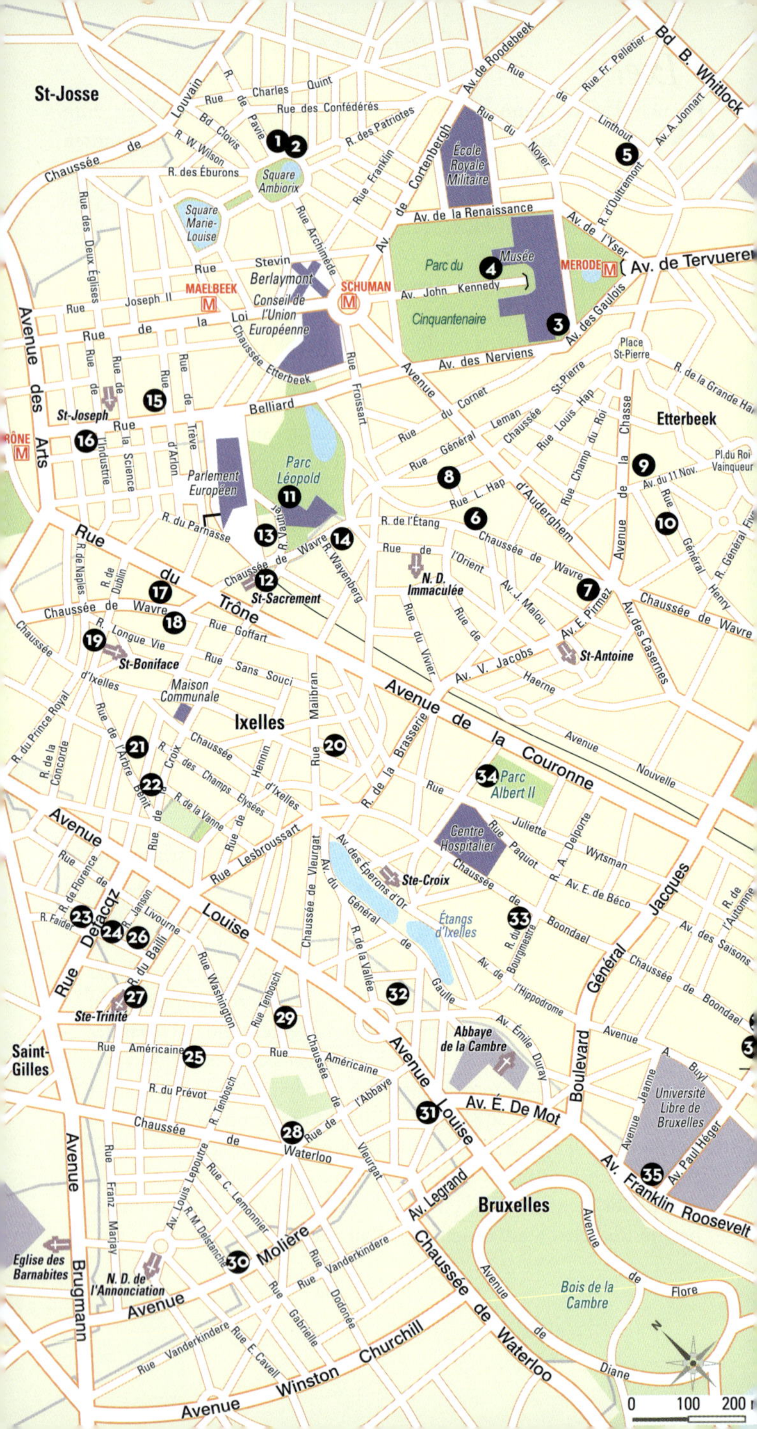

St-Josse
Chaussée de Louvain
Rue Charles Quint
Rue des Confédérés
R. de Pavie
Bd Clovis
R. W. Wilson
R. des Éburons
R. des Patriotes
Square Ambiorix
Square Marie-Louise
Rue des Deux Églises
Rue Archimède
Rue Franklin
Av. de Cortenbergh
Av. de Roodebeek
Rue du Noyer
Rue de Linthout
Rue Fr. Pelletier
Bd B. Whitlock
Av. A. Jonnart
R. d'Oultremont
École Royale Militaire
Av. de la Renaissance
Av. de l'Yser
Parc du Cinquantenaire
Musée
Av. John Kennedy
MERODE
Av. de Tervueren
Av. des Gaulois
Place St-Pierre
Rue Stevin
Berlaymont
Conseil de l'Union Européenne
SCHUMAN
MAELBEEK
Rue Joseph II
Rue de la Loi
Chaussée Etterbeek
Avenue des Arts
Rue Froissart
Av. des Nerviens
Avenue du Cornet
R. de la Grande Haie
Etterbeek
St-Joseph
Rue Belliard
Rue de l'Industrie
Rue de la Science
Rue d'Arlon
Rue de Trève
Parlement Européen
Parc Léopold
R. Vautier
R. du Parnasse
Rue Général Leman
Chaussée St-Pierre
Rue Louis Hap
Rue Champ du Roi
Avenue de la Chasse
Pl. du Roi Vainqueur
Av. du 11 Nov.
Rue L. Hap
Chaussée d'Auderghem
Rue Général Henry
R. Général Fivé
R. de l'Étang
Chaussée de Wavre
R. Wayenberg
Rue de l'Orient
N. D. Immaculée
St-Sacrement
Rue du Trône
R. de Naples
R. de Dublin
Chaussée de Wavre
Rue Goffart
R. Longue Vie
St-Boniface
Rue Sans Souci
Chaussée d'Ixelles
Maison Communale
Ixelles
Rue Malibran
Rue du Viver
Rue de la Brasserie
Av. J. Malou
Av. E. Pirmez
Av. des Casernes
Av. V. Jacobs
Rue Haerne
St-Antoine
Avenue de la Couronne
Avenue Nouvelle
R. du Prince Royal
R. de la Concorde
Rue de l'Arbre Bénit
R. Croix des Champs Élysées
Rue Hennin
R. de la Vanne
Rue de Vergnies
Rue Lesbroussart
Parc Albert II
Rue Juliette Wytsman
Centre Hospitalier
Rue Paquot
R. A. Delporte
Av. E. de Béco
Chaussée de Boondael
Avenue Louise
Rue de Florence
R. Faider
Rue Defacqz
R. Janson
Rue du Bailli
Rue Livourne
Chaussée de Vleurgat
Av. du Général de Gaulle
Av. des Éperons d'Or
Ste-Croix
Étangs d'Ixelles
R. de la Vallée
R. du Bourgmestre
Av. de l'Hippodrome
Av. des Saisons
R. de l'Automne
Boulevard Général Jacques
Ste-Trinité
Rue Washington
Rue Tenbosch
Saint-Gilles
Rue Américaine
R. du Prévot
R. Tenbosch
Chaussée de Waterloo
Rue de l'Abbaye
Av. É. De Mot
Abbaye de la Cambre
Av. Émile Duray
Avenue A. Buyl
Avenue Jeanne
Université Libre de Bruxelles
Av. Paul Héger
Av. Franklin Roosevelt
Avenue Brugmann
Rue Franz Merjay
Av. Louis Lepoutre
R. M. Delstanche
Rue C. Lemonnier
Av. Legrand
Bruxelles
Avenue de Flore
Bois de la Cambre
Avenue de Diane
Eglise des Barnabites
N. D. de l'Annonciation
Avenue Molière
Rue Vanderkindere
Rue Gabrielle
Rue Dodonée
Rue E. Cavell
Avenue Winston Churchill
Chaussée de Waterloo
0 100 200 m

Ixelles, Etterbeek, Europaviertel

MAISON SAINT-CYR

①

Ein extravagantes Haus

Square Ambiorix 11
Privateigentum – Besichtigung nicht möglich
Tramlinien 54 und 63, Haltestelle Ambiorix

Die Maison Saint-Cyr verfügt über eine der schönsten Art-nouveau-Fassaden von ganz Brüssel. 1903 von dem Architekten Gustave Strauven für den Maler Georges Saint-Cyr erbaut, ist das Gebäude für sein prachtvolles, überbordende Dekor ebenso bekannt wie für seine kleinen Ausmaße: Es ist gerade einmal 3,55 Meter breit und 19,5 Meter lang. Um einen möglichst starken natürlichen Lichteinfall zu gewährleisten, entwarf Strauven ein zentrales Treppenhaus mit Lichtschacht und viel Glas. Von diesem Treppenaufgang gehen die Zimmer ab, die alle in einem anderen Stil gehalten sind. Vom Entrée im Stil der Art nouveau gelangt man so in einen chinesischen Salon und über die Treppe im Empire-Stil in den Renaissance-Speisesaal.

Gustave Strauven

Gustave Strauven wurde 1878 in Schaerbeek geboren und war von 1896 bis 1898 Schüler von Victor Horta. Gemeinsam mit ihm arbeitete er an den Entwürfen für das „Haus des Volkes"– Maison du Peuple (inzwischen abgerissen) – und das Hotel Van Eetvelde in der nicht weit entfernt gelegenen Avenue Palmerston. 1898 emigrierte er in die Schweiz, wo er im Züricher Architekturbüro Chiodera und Tschudy arbeitete. Er starb 1919 im Alter von 40 Jahren. Zwischen 1899 und 1914 entwarf er rund 30 Gebäude, vor allem in Brüssel (Square Ambiorix), Saint-Josse und Schaerbeek.

ART NOUVEAU RUND UM DEN SQUARE AMBIORIX

②

Ein interessantes Ausflugsziel

Hotel Delhaye: Avenue Palmerston 2
Hotel Deprez-Van de Velde: Avenue Palmerston 3
Hotel Van Eetvelde (Maison du gaz naturel): Avenue Palmerston 4
Boulevard Clovis 85
Tramlinien 54 und 63, Haltestelle Ambiorix

Im Brüsseler Viertel rund um den Square Ambiorix kommen Art-nouveau-Liebhaber am meisten auf ihre Kosten. Neben der nur zwei Schritte entfernten Maison Saint-Cyr liegt die Avenue Palmerston, die mit drei exzellenten Arbeiten des Meisters der Art nouveau Victor Horta aufwartet. Eine Besichtigung ist nur während der Tage des Kulturerbes im September oder im Rahmen von Führungen durch Vereine wie Arau oder Arkadia möglich.

Das berühmteste Gebäude ist das Hotel Van Eetvelde, das Horta zwischen 1895 und 1897 für den ehemaligen Kolonialminister Edmond Van Eetvelde erbaute. Es beherbergt heute den Sitz des belgischen Verbands der Erdgasversorger und trägt deshalb auch den Namen Maison du gaz naturel („Erdgashaus"). Das Gebäude zeichnet sich durch den Einsatz von Flacheisen sowie seine raffinierte Innengestaltung aus. Falls Sie einmal die Gelegenheit erhalten, ins Innere zu gelangen, achten Sie besonders auf die verwendeten Materialien sowie die Kuppel des Treppenhauses. Das Hotel Delhaye entstand in den Jahren 1899/1900 als Erweiterungsbau des Hotels Van Eetvelde. Das Hotel Deprez-Van de Velde, gegenüber dem Hotel Van Eetvelde gelegen, wurde zwischen 1895 und 1897 erbaut. Nicht ganz so vollendet wie seine Nachbarn und mehrmals umgebaut ist es für Nicht-Architekten weniger von Interesse. Gleich nebenan liegt am Boulevard Clovis 85 (s. links) ein Gebäude von Gustave Strauven, erbaut 1901, saniert 1989. Interessant ist die schräg versetzte Position der Fassade ab der ersten Etage. Womöglich wollte Strauven den Bewohnern einen besseren Blick auf das Leben in der Chaussée de Louvain bieten. Ebenfalls bemerkenswert sind die prächtigen schmiedeeisernen Balkone. Das Haus des Architekten Edouard Ramaekers, ein Stück weiter in der Rue Le Corrège 35 gelegen, stammt aus dem Jahr 1899. Es ist ein Gesamtkunstwerk mit wunderschönen Buntglasfenstern, kunstvollen Sgraffiti und elaborierten Kunstschmiedearbeiten. In der Rue de l'Abdication 31 entwarf Victor Horta für seinen Freund, den Bildhauer Pierre Braecke, ein weniger bekanntes Haus. Die eleganten Bronzegriffe der Einfahrt, entworfen und gefertigt von Braecke persönlich, lohnen einen näheren Blick. In der Rue Luther 28 befindet sich Strauvens Privathaus, das 1902 auf einem sehr schmalen Grundstück entstand. Das außergewöhnliche Gebäude wurde auf einer Durchgangsparzelle errichtet: Die rückwärtige Fassade an der Rue Calvin ist gepflegt, aber deutlich schlichter als die Hauptfassade. Eine Besichtigung ist während des BANAD-Festivals jedes Jahr im März möglich (das genaue Datum ist auf der Website von BANAD zu finden).

Nähere Informationen über die Art nouveau finden Sie auf der nächsten Doppelseite.

CARRIAGE DEALERS
OCT. 13-18
1902
PHILADELPHIA
EXPOSITION
FOR INFORMATION
ADDRESS
CARRIAGE DEALERS JOURNAL
TROY, N.Y.

Die Art nouveau

Brüssel, Welthauptstadt der Art nouveau in der Architektur, besitzt mit dem Hotel Tassel, erbaut 1893 von Victor Horta, das erste namhafte Gebäude dieses Stils. Ebenfalls in Brüssel kann der letzte bedeutende Bau bewundert werden: das berühmte Palais Stoclet, das von 1905 bis 1911 von Josef Hoffmann errichtet wurde und bereits den Übergang zum Art déco ankündigt. In diesen beiden symbolhaften Ausführungen finden sich die zwei großen Strömungen der Art nouveau wieder, die Europa zu Beginn des 20. Jahrhunderts prägten und in Brüssel aufeinandertrafen: die organische oder asymmetrische Linie, in Belgien maßgeblich vertreten von Victor Horta, und die geometrische Linie des Jugendstils im deutschsprachigen Raum, wie er von Josef Hoffmann repräsentiert wurde. Der Begriff „Art nouveau" geht auf die Kunstgalerie des Hamburgers Samuel Bing (1838–1905) zurück, die dieser 1895 in Paris unter ebendiesem Namen eröffnete und in der er den meisten der zukünftigen großen Vertreter dieser neuen Kunstform ein Forum bot. Unter Jugendstil wird heutzutage vor allem die geometrische Strömung verstanden, während der Begriff ursprünglich die Art nouveau in Deutschland und Österreich bezeichnete. Er geht auf den deutschen Verleger Georg Hirth zurück, der 1896 in München die satirische Wochenschrift *Jugend* gründete. Ihr provokativer Stil und ihre originelle Typografie wurden alsbald mit den zahlreichen künstlerischen Neuheiten jener Zeit assoziiert – der Jugendstil war geboren. In der Folge bildeten sich in ganz Europa ähnliche Strömungen unter verschiedenen Bezeichnungen heraus: In Österreich ist unter Bezug auf die von Gustav Klimt 1897 in Wien gegründete gleichnamige Vereinigung bildender Künstler von *Secession* die Rede, in England gibt es den *Liberty Style*, der auf das Geschäft Liberty & Co zurückgeht, das seinerzeit auf moderne Stoffe spezialisiert war, oder den *Modern Style*, der die beiden großen europäischen Strömungen umfasst. Andere, populärere Bezeichnungen wie *Style Nouille* („Nudelstil") oder „Spaghetti-Stil" verweisen auf dasselbe Konzept. Mehr als rein künstlerische Strömung verstand sich die Art nouveau als Denk- und Lebensart. Sie markierte einen Bruch mit einem Gesellschaftsmodell, das sie ablehnte. Ihre Mitglieder hatten eine Vision von der Befreiung der ausgebeuteten Arbeiterklasse und der Frau, die sich in einer bis dahin unerhörten Erotik und Sinnlichkeit Bahn brach. In Brüssel erlebte die Art nouveau ihr goldenes Zeitalter zwischen 1892 und 1914 und fand mit Ausbruch des Ersten Weltkriegs ein jähes Ende. Von der Sache her nicht für kostengünstiges Bauen im großen Maßstab ausgelegt, konnte sie in der Architektur den Bedarf eines schnellen Wiederaufbaus nicht erfüllen.

GIPSWERKSTATT

③

Für alle, die schon immer davon träumten, die Venus von Milo oder einen römischen Kaiser ihr Eigen zu nennen

Zugang über die Avenue des Nerviens neben dem Eingang der Museen für Kunst und Geschichte
+32 2 741 73 02
Individuelle Termine, Donnerstag 13:30–16 Uhr (Eintritt frei)

Die Gipswerkstatt ist ein besonderer Ort, der unabhängig vom Wetter oder von Modeerscheinungen dazu einlädt, dort schöne Momente zu verbringen. Die zuvorkommenden Mitarbeiter lieben es,

© Jean-Jacques Evrard

ihre Leidenschaft mit den Besuchern zu teilen. Mit ihrer Erlaubnis kann man ihnen bei der Arbeit im Atelier über die Schulter schauen. Lassen Sie sich die Technik erklären und versuchen Sie, einen Blick auf das Lager zu erhaschen, in dem die rund 4000 Formen aufbewahrt werden, in die der Gips für die Statuen gegossen wird. Bitten Sie auch darum, sich das Inventar mit Statuen, Büsten und anderen Abgüssen ansehen zu dürfen.

Neben der Werkstatt gibt es eine Ausstellung und einen Katalog, aus dem Sie sich zum Abschluss ein Kunstwerk aussuchen können, von dem Sie gerne eine Kopie mit nach Hause nehmen würden. Für alle, die schon immer davon geträumt haben, die Venus von Milo oder einen römischen Kaiser ihr Eigen zu nennen, ist das die Gelegenheit! Ein männlicher Torso aus dem 4. Jahrhundert v. Chr. oder eine neapolitanische Prinzessin aus der italienischen Renaissance kosten rund 250 Euro. Eine Reproduktion des Christus am Kreuz von Donatello aus dem 15. Jahrhundert liegt bei 300 Euro. Oder Sie entscheiden sich für eine Büste von Colbert, die mit 900 Euro in etwa gleich teuer ist wie eine einfache stehende Statue. Für diese Preise erhalten Sie eine einfache, reinweiße Bearbeitung. Für andere Schattierungen werden rund 50 Prozent Aufpreis berechnet. Und warum nicht, wenn eine Skulptur von Donatello als Bronze-Imitat für 500 Euro zu haben ist?

Die Gipswerkstatt wurde 1876 gleichzeitig mit anderen Einrichtungen in mehreren europäischen Städten wie London, Paris und Athen mit dem didaktischen Ziel gegründet, der breiten Öffentlichkeit die Meisterwerke der internationalen Bildhauerei verfügbar zu machen, ohne ans andere Ende der Welt reisen zu müssen. Auch Einrichtungen wie das British Museum, der Louvre oder die Museen von Athen oder Brüssel tauschten so von Beginn an Formen und Abgüsse ihrer eigenen Sammlungen aus.

PANORAMATERRASSE DER ARCADE DU CINQUANTENAIRE

4

„Großzügige Spender“, die Leopold II. als Strohmänner dienten …

Parc du Cinquantenaire 3
+32 2 737 78 33 – klm-mra.be
Kostenloser Zugang über das Königliche Museum für Armee und Militärgeschichte
Täglich außer Montag und an bestimmten Feiertagen 9–12 Uhr und 13–16:45 Uhr
Metrostation Mérode

Ob Sie Ihrer Liebsten imponieren oder vor Freunden ein wenig prahlen wollen – ein Besuch der Panoramaterrasse der Arcade du Cinquantenaire ist in jedem Fall eine gute Idee. Beiderseits der obenauf thronenden Bronzequadriga – Symbol der Provinz Brabant – bietet sich von hier aus ein 360-Grad-Panorama über ganz Brüssel, das die Rolle der Arkade als „Tor" zu diesem Teil der Stadt veranschaulicht: auf einer Seite der Parc Royal, auf der anderen das Laubdach des Sonienwalds.

Die 60 Meter lange und mehr als 40 Meter hohe Arkade ist auf einem Betonfundament aus Blaustein errichtet und gleicht einem Katalog der belgischen Bildhauerkunst des ausgehenden 19. Jahrhunderts. Die bewegte Geschichte ihres Baus erstreckt sich über 25 Jahre. Die enormen Kosten hielten die Behörden lange davon ab, sie trotz beharrlicher Forderungen seitens König Leopold II. in Massivbauweise zu errichten. So wurde von dem auf Entwürfe des Architekten Gédéon Bordiau für die Ausstellung anlässlich der 50-Jahr-Feier Belgiens 1880 zurückgehenden Bau zunächst nur ein Bogen aus Holz und Staff* errichtet. 1890 kam mit Blick auf die Weltausstellung 1897 der Gedanke einer massiven Ausführung auf, der jedoch aus finanziellen Gründen verworfen wurde. Lediglich die Betonstützen wurden errichtet, auf denen wiederum Bögen aus provisorischen Materialien auflagen. 1904 beschloss Leopold II. angesichts der nahenden 75-Jahr-Feier Belgiens, die Arkade fertigstellen zu lassen. Über Strohmänner als vermeintlich großzügige Spender finanzierte er die Arbeiten aus eigener Tasche sowie über Mittel von aus dem Kongo abgezogenen Einnahmen (weshalb die Arkade auch den Beinamen „der abgehackten Hände" trägt, den ihr Gegner der brutalen Politik der Gouverneure des Königs in Afrika gaben). Als der Architekt Bordiau 1904 starb, wandte sich Leopold an den Franzosen Charles Girault, auf den das Petit Palais in Paris zurückgeht. Girault modifizierte Bordiaus Entwurf und schlug einen Dreifachbogen vor, den er angesichts der Größe der Stadt und der Ausmaße der Avenue de Tervueren für angemessener befand. So wurden die vorhandenen Stützpfeiler gesprengt und nur acht Monate nach Beginn der Arbeiten konnte die Arkade im September 1905 endlich eingeweiht werden. Beim Aufgang über die Treppe sind auf einem Absatz alte Fotografien ausgestellt, die die verschiedenen Baustadien der Arkade und des Palais du Cinquantenaire zeigen.

** Staff: Für Stuckdekors verwendete Mixtur aus Gips und Pflanzenfasern*

EMPFANG DES SAINT-MICHEL-KRANKENHAUSES

5

Ein futuristischer Eingangsbereich

Rue de Linthout 130

Bei Betreten des Krankenhauses könnte man zunächst meinen, man habe sich in der Adresse geirrt. Weit gefehlt! Die Planer wollten für diese Einrichtung keinen gewöhnlichen Eingangsbereich, sondern entschieden sich für ein Design, das einem Science-Fiction-Film alle Ehre machen würde. Den Auftrag erhielt der für seine Cafés und Restaurants bekannte Innenarchitekt Antoine Pinto.

Dieser brachte nicht nur die Büroräume des Empfangspersonals in einer fliegenden Untertasse unter, sondern entwarf auch die Krankenhaus-Cafeteria in demselben futuristischen Stil, u. a. mit einem Alkoven, in dem ein vom übrigen Restaurant separierter Tisch steht. Ebenfalls bemerkenswert sind die in den Boden eingelassenen, in verschiedenen Farben leuchtenden Linien, die den Weg zur richtigen Abteilung weisen.

IN DER UMGEBUNG

Parc Hap

Chaussée de Wavre 510
Buslinie 34, Haltestelle Fétis

Der etwas mehr als einen Hektar große Parc Hap zwischen der Chaussée de Wavre und der Chaussée d'Auderghem ist ganz in der Nähe der europäischen Institutionen eines der bestgehüteten Geheimnisse der Gemeinde Etterbeek. Im Inneren des Parks, der eine wahre Oase im Herzen der Stadt bildet, finden sich mächtige Bäume, ein kleines Gewässer, ein Kiosk, eine alte Orangerie, eine große Rasenfläche, die Quelle des Broebelaer sowie öffentliche Bänke, an denen zur Erinnerung an verstorbene Besucher kleine Gedenktafeln angebracht wurden.

Im Jahr 1804 beschloss Albert-Joseph Hap, Industrieller und Bürgermeister der Gemeinde Etterbeek, ein großes Grundstück am Ufer des Broebelaer anzukaufen. Sein Sohn François-Louis Hap, Notar und ebenfalls Bürgermeister der Gemeinde, ließ darauf ein Gebäude errichten, das vom Park aus noch heute zu sehen ist, sich jedoch leider in einem sehr schlechten Zustand befindet. Enkelsohn Jean-Félix Hap erbte das Grundstück und richtete einen Park ein, der wiederum nach dem Tod seines Sohnes Jean Hap 1988 in den Besitz der Gemeinde überging.

ALBERT HALL

⑦

Zwei wunderschöne Beispiele für die Baukunst des Art déco: ein Kino und ein Ballsaal

Chaussée de Wavre 649/651
+32 2 649 98 89
albert-hall.com
Tramlinien 81 und 82, Haltestelle Chasse

Nur allzu leicht geht man achtlos an der Albert Hall vorbei, wenn man nicht weiß, dass sich hinter der Fassade, die in der Straße nicht weiter auffällt, ein wahres Juwel verbirgt. Auf einer Gesamtfläche von 2500 Quadratmetern befinden sich hier zwei wunderschöne Art-déco-Säle, die nicht besichtigt, aber angemietet werden können, und Interessierten auf diesem Umweg offenstehen.

1932 entwarf der Architekt Meuleman den Ballsaal Le Roseland und das Kino L'Albert Hall. Aufgrund ihrer Funktionen benötigten die Säle kein Tageslicht, im Gegenteil, die „unterirdische" Wirkung des Ensembles brachte das Dekor mit schmiedeeisernen Elementen, vergoldetem Stuck und mit floralen Motiven gearbeiteten Sgraffiti besonders schön zur Geltung. 1965 wurde der Komplex geschlossen und 30 Jahre später renoviert. Das Le Roseland ist der perfekte Ort für Tanzliebhaber: 150 Quadratmeter Parkett, dazu zwei Balkone auf Ebene der Tanzfläche bzw. etwas höhergelegen. Auf zwei Buntglasfenstern im Entrée sind Charlie Chaplin und Virginia Cherril in dem Film *Lichter der Großstadt* dargestellt.

IN DER UMGEBUNG

Impasse de la Chaussée Saint-Pierre 56 (8)

Malerische kleine Straße mit hübschen ländlichen Häusern.

Avenue de la Chasse 141 

Weniger bekannt als die Maison Cauchie in der Rue des Francs 5, ist auch dieses Gebäude ein Werk des Architekten Paul Cauchie. Die Fassade aus dem Jahr 1910 ziert ein schönes Sgraffito mit zwei sitzenden weiblichen Figuren in floralem Dekor. Dass das Gebäude noch existiert, ist Guy und Léo Dessicy zu verdanken, die es vor dem Abriss bewahrten und sanierten.

Cité Jouet-Rey (10)

Eingänge gegenüber Rue des Cultivateurs 35 und gegenüber Rue du Général-Henry 14

Die Cité Jouet-Rey (erbaut 1909/10 auf Wunsch der Hospices de Bruxelles) setzt sich aus 32 Backsteinhäusern zusammen, die eine Art Dorf innerhalb der belgischen Hauptstadt bilden. Das Ensemble mutet ländlich an und ist um eine zentrale Grünfläche herum angeordnet. Bei schönem Wetter holen die Anwohner ihre Liegestühle hervor oder machen es sich unter den Augen der seltenen Besucher, die die Ruhe dieses Ortes entspannt auf einer der Bänke sitzend ebenso genießen, im Gras gemütlich. Die Anlage untersteht der Verwaltung dreier Vereine, die sich für ältere, kranke sowie in Not geratene Menschen einsetzen.

SOLVAY-BIBLIOTHEK

⑪

Die „Denkfabrik“ des Industriellen Ernest Solvay

Parc Léopold Rue Belliard 137
Besichtigung im Rahmen von Ausstellungen oder auf Anfrage unter +32 2 738 75 96
Buslinie 12, 21, 27 oder 59, Haltestelle Parc Léopold

Die Solvay-Bibliothek befindet sich am Ende der gewundenen Pfade des Leopold-Parks. Die 1901 von Constant Bosmans und Henri Vandeveld erbaute Bibliothek bildete den Abschluss des übergeordneten Projekts einer Wissenschaftsstadt (fünf Institute und Forschungslabors) fernab des Lärms der Großstadt. Hauptnutzer war der Industrielle Ernest Solvay, für den diese zur „Denkfabrik" und zum Labor seiner politischen und wissenschaftlichen Ideen wurde. Dieser große Traum endete 1919, als die Universität die mächtigen Bauten aufgab und den Solbosch-Campus bezog. Nach jahrelanger Besetzung wurde die Bibliothek 2004 saniert. Heute ist sie Sitz verschiedener europäischer Unternehmen und Veranstaltungsort.

Der Hauptsaal mit seiner schönen Gewölbedecke vermittelt einen Eindruck der Lernatmosphäre, die hier einst geherrscht haben mag. Besonders deutlich wird sie beim Blick in die individuellen Studienräume, die sich hinter den Türen der Galerie befinden. Der zweifache natürliche Lichteinfall (von oben und von der Seite) bringt die Edelhölzer, Mosaiken, Buntglasfenster und gemalten Dekors in ihrer ganzen Pracht zur Geltung.

IN DER UMGEBUNG

Campingplatz Bruxelles-Europe à Ciel Ouvert ⑫

Chaussée de Wavre 203 – +32 2 640 79 67
Geöffnet im Juli und August – 7 €/Nacht
Metrostation Trône

7 Euro pro Nacht im Stadtzentrum? Dieses eher unerwartete Wunder gibt es auf dem Campingplatz Bruxelles-Europe à ciel ouvert im noblen Stadtteil Ixelles. Die wenigen, schnell mit Kugelschreiber auf einem Karton hingekritzelten Informationen bestehen aus dem Wort „Camping" sowie einem Pfeil und wecken das unbestimmte Gefühl, auf einen besonderen Ort gestoßen zu sein, fernab des wilden Dschungels von Matongé, der bodenlosen Abgründe des Europaviertels und der satten Hügel von Etterbeek.

Um dorthin zu gelangen, gehen Sie in Richtung der Kirche des Heiligen Sakraments und hinauf bis zum Parkplatz. Dort befindet sich der Eingang des Campingplatzes. Die kleine Anlage besteht aus einer Wiese mit Bäumen und Blumen, die von imposanten Gebäuden umgrenzt ist. Einst gehörte das Grundstück, auf dem der Campingplatz liegt, der Jugendherberge an der Chaussée de Wavre. Der Garten ist heute Eigentum der Gemeinschaft Viale Europe. Die Place Royale und das Viertel Saint-Boniface sind ebenso um die Ecke wie das Stadtzentrum. Der Campingplatz bietet bis zu 50 Zelten Platz. Und wen dieser grüne Ort inspiriert: In der Kirche des Heiligen Sakraments finden täglich mittags und abends Gottesdienste und Messfeiern statt.

MUSÉE WIERTZ

⑬

Die Anerkennung seiner Zeitgenossen blieb dem Maler Antoine Wiertz, der „Rubens oder nichts" sein wollte, verwehrt

Rue Vautier 62
+32 2 648 17 18
Dienstag bis Freitag 10–12 Uhr und 13–17 Uhr
Eintritt frei
Buslinien 34, 38, 54, 59 und 95

Verborgen in einer kleinen Straße hinter dem Museum der Naturwissenschaften liegt mit dem Wiertz-Museum eines der außergewöhnlichsten Museen der Stadt. Es widmet sich im früheren Atelier des belgischen Malers Antoine Wiertz (1806–1865) den monumentalen Gemälden des Künstlers. Trotz seiner imposanten Größe herrscht in dem Hauptatelier eine intime Stimmung, die den Besuch zu einem besonderen Erlebnis macht.

Antoine Wiertz war schon in jungen Jahren außerordentlich hochmütig, was ihm in der Kunstwelt nicht nur Freunde einbrachte. Als er die berühmte *Kreuzabnahme* von Rubens in Antwerpen erblickte, erlebte er eine wahre Offenbarung. Von diesem Moment an eiferte er dem großen Maler des Barocks nach („Rubens sein oder nichts") und manch ein Kritiker meint, dass sich die Kraft aus den Werken des Antwerpener Meisters teilweise in dessen Gemälden wiederfindet. Durch persönliche Misserfolge entmutigt, wollte Wiertz dennoch eine Spur hinterlassen, davon überzeugt, dass man, „um Maler zu beurteilen, mindestens zwei Jahrhunderte warten" müsse.

Er begann davon zu träumen, aus seinem künftigen und letzten Atelier ein Museum zu machen. Im März 1850 legte er dem damaligen Innenminister Charles Rogier sein Projekt vor. Dieser nahm ihm das Versprechen ab, seine Werke nach seinem Tod dem belgischen Staat zu vermachen, und ließ ihm im Gegenzug auf Regierungskosten ein großes Atelier bauen. Dessen Ausmaße (35 Meter lang, 15 Meter breit, 16 Meter hoch) ermöglichten es Wiertz endlich, sich gebührend seiner monumentalen Kunst zu widmen. Die schiere Größe mancher Gemälde lässt den Betrachter sprachlos zurück, *Der Sturz der rebellierenden Engel* misst z. B. 11,53 auf 7,93 Meter.

1865 starb Wiertz in seinem Atelier. Seine Werke gingen 1866 in staatliches Eigentum über und das Museum wurde noch im selben Jahr eröffnet. Die Wiertz-Sammlung umfasst rund 220 Werke und ist heute Teil der Königlichen Museen der Schönen Künste Belgiens. Der Eintritt ist (auf Wunsch des Künstlers) wie auch im Constantin-Meunier-Museum (s. S. 140) frei. Ein Grund mehr, diesem außergewöhnlichen Ort abseits der traditionellen Pfade einen Besuch abzustatten! Das gilt insbesondere für die Beschäftigten der Europäischen Union, die praktisch nebenan auf der anderen Seite des hübschen Leopold-Parks arbeiten und allzu oft nichts von der Existenz dieses Museums ahnen.

IN DER UMGEBUNG

Rue Wayenberg 12–22

Schöner, gepflasterter Innenhof.

CONCERT NOBLE

⑮

Einstiges Begegnungszentrum für Angehörige des Adels

Rue d'Arlon 82
+32 2 286 41 51
info@concertnoble.com
Täglich von 9–16 Uhr

Die Existenz eines solchen Orts mitten im Europaviertel, umgeben von mehr oder weniger gelungenen modernen Gebäuden, überrascht. Das Concert Noble, ein früheres Begegnungszentrum für Angehörige des Adels, beherbergt heute eine Reihe prestigeträchtiger Empfangssäle für bis zu 650 Personen, die angemietet und daher auch besichtigt werden können.

Im Jahr 1873 ließ die Société du Concert Noble auf Initiative König Leopolds II. die heutigen Festsäle im Leopold-Viertel errichten, in dem sich die Stadtresidenzen des belgischen Adels befanden. Der Architekt Hendrik Beyaert wandte in seinem Entwurf einen ungewöhnlichen Kniff an und ließ die immer größer werdender Säle von der Galerie nach oben hin ansteigen und in einem eindrucksvollen Ballsaal kulminieren. Im majestätischen Louis-seize-Stil wechseln sich Tapisserien, ein Porträt von Leopold II. und Königin Marie-Louise sowie Einrichtungsobjekte im Directoire-Stil ab.

© Zinneke

KONZERTE IM ATELIER DES MALERS MARCEL HASTIR ⑯

Hastirix gegen die Invasoren!

Rue du Commerce 51
Zeichenkurse jeden Montagnachmittag – +32 486 107 167
Häufige Konzerte – +32 2 281 78 85 (tagsüber)
ateliermarcelhastir.eu
ateliermarcelhastir@gmail.com
Metrostation Trône

Das auf wundersame Weise durch die Hartnäckigkeit eines Mannes bis heute erhaltene Atelier, nämlich des Malers Marcel Hastir war eine wahre Zeitmaschine. Wer hierherkommt, taucht ein in die Zeit, in der das Leopold-Viertel noch nicht von Bürotürmen und Autoverkehr zerfressen, sondern ein Ort war, an dem sich die Herrenhäuser von Adel und Bürgertum aneinanderreihten – eines prächtiger als das andere.

1860 für einen Offizier am Hof von König Leopold I. erbaut und um 1900 um einen Fecht-, Tanz- und Sportsaal erweitert, übernahm 1935 ein junger Porträt-, Akt- und Landschaftsmaler mit klassischer Ausbildung an der Brüsseler Akademie der Schönen Künste das Gebäude. Marcel Hastir dürstete es seinerzeit nach Humanismus und Spiritualität und er war Anhänger der Theosophie. Nach Ausbruch des Zweiten Weltkriegs wählte er schnell sein Lager. Unter dem Deckmantel einer Malschule diente sein Atelier dazu, junge Menschen aus Deutschland vor der Zwangsarbeit und Juden vor dem Holocaust zu retten. Hastir selbst nutzte sein Talent, um Papiere zu fälschen. Doch der humanistische Maler war nicht nur eine bedeutende Figur des Widerstands, sondern war auch als Kulturveranstalter außergewöhnlich aktiv: Über 70 Jahren organisierte er hier Konzerte (seinen Angaben nach über 2000). Bei ihm feierten u. a. Barbara und Jacques Brel ihre Debüts und auch der berühmte Concours Reine Élisabeth hat hier seinen Ursprung. Der Königin gab er Zeichenunterricht.

In fortgeschrittenem Alter traf er Vorkehrungen, um sein Erbe für die Nachwelt zu bewahren. Durch eine gemeinnützige Stiftung und eine Vereinigung ohne Gewinnerzielungsabsicht gelang es ihm, sein Haus vor gierigen Bauinvestoren zu retten. Und so gibt es hier weiterhin Zeichenkurse und Konzerte, die im Atelier des Malers für bis zu 70 Personen inmitten der monumentalen Porträts und Aktbilder des alten Meisters stattfinden. Ein besonderer Moment, in dem die Zeit in den Hintergrund rückt und die Kunst ihrer ureigenen Bestimmung zugeführt wird: Epochen zu überwinden und Künstler und Betrachter an einem Ort um ein Werk zu versammeln.

CAMILLE-LEMONNIER-MUSEUM ⑰

Wie Ernest Hemingway, Victor Hugo oder Erasmus schrieb auch Lemonnier im Stehen

Chaussée du Wavre 150
+32 2 512 29 68
Täglich 10–12 Uhr und 14–16 Uhr oder auf Anfrage
Metrostation Porte de Namur

Ein Besuch im Camille-Lemonnier-Museum ist etwas Besonderes – was vor allem dem Kurator Émile Kesteman zu verdanken ist, der darauf besteht, alle Gäste persönlich durch sein Reich zu führen. Vermutlich weil er verstanden hat, dass ein Besuch in einem Schriftstellermuseum ohne Begleitung nicht einfach ist. Kesteman indes ist hier in seinem Element: Mit Leidenschaft und Enthusiasmus gelingt es ihm, die Besucher für jedes noch so kleine Detail aus dem Leben von Camille Lemonnier (1844–1913) zu begeistern.

Das im ersten Stock des Hauses untergebrachte Museum wurde 1946 auf Grundlage des Vermächtnisses von Marie Lemonnier, der ältesten Tochter des Meisters, gegründet. Noch heute herrscht hier ein sehr angenehmes, ruhiges Ambiente. Mit enzyklopädischem Wissen geleitet der Kurator die Besucher durch die drei Räume, die voller Erinnerungen an den Schriftsteller sind: Gemälde von Freunden und Bekannten (Constantin Meunier, Van Rysselberghe …), einige eigene Bilder, sein rekonstruiertes Arbeitszimmer, eine Bibliothek mit 53 großartigen Bänden mit Illustrationen mehrerer belgischer Künstler (Claus, Ensor, Knopf …), dazu eine Statue von Rodin sowie ein Porträt des Schriftstellers, dem zu entnehmen ist, dass dieser wie Hemingway, Victor Hugo oder Erasmus von Rotterdam im Stehen schrieb.

ÉTABLISSEMENTS DEMEULDRE

(18)

Eines der schönsten Schaufenster Brüssels

Chaussée de Wavre 141–143 – +32 2 511 51 44
Dienstag bis Samstag 9:30–18:30 Uhr

Die Établissements Demeuldre besitzen eines der schönsten Schaufenster im Großraum Brüssel. 1904 von dem Architekten Maurice Bisschops, einem Schüler Hortas, gestaltet, zieht es unweigerlich die Blicke auf sich und lädt dazu ein, das Geschäft zu betreten. Im Inneren erwarten den Besucher ein eleganter Holztresen und am Treppenaufgang wunderschöne Keramiktafeln von Isidore de Rudder aus dem Jahr 1880 mit Allegorien der Musik, der Farbe und der Architektur. Die Établissements Demeuldre wurden 1830 von dem lothringischen Porzellankünstler Charles-Christophe Windisch gegründet und genossen

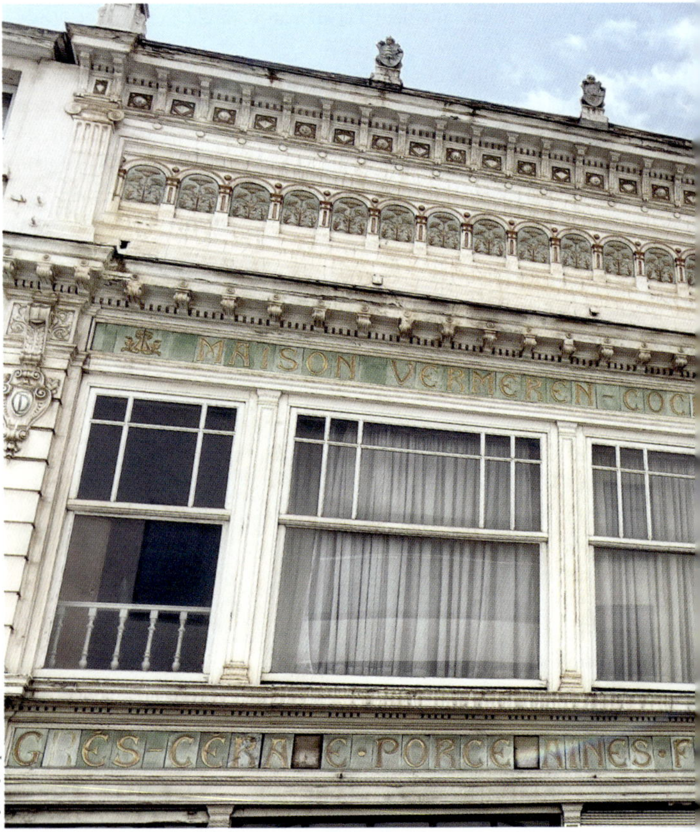

© Jean-Jacques Evrard

über ein Jahrhundert lang großes Renommee als Keramikhersteller. 1842 übernahm M. A. Caillet die Geschäfte, 1852 ging das Unternehmen in den Besitz der Eheleute Vermeren-Coché über. Im Jahr 1900 schließlich erwarb die Familie Demeuldre-Coché die Fabrik. Seit Ende des 19. Jahrhunderts beherbergen diese mehrfach erweiterten Räumlichkeiten das Einzelhandelsgeschäft des Unternehmens. Die Produktion wurde 1953 eingestellt, das Werk, in dem die Keramik hergestellt wurde, 1960 abgerissen. Zu den Arbeiten der Établissements zählen u. a. die Außengestaltung des früheren Ladengeschäfts Old England am Mont des Arts sowie die Dekoration des „Haus des Volkes“ (Maison du Peuple) von Victor Horta, das ebenfalls in den 1960er-Jahren abgerissen wurde. Seit Einstellung der Produktion sind in dem Geschäft in der Rue de Wavre nur noch Porzellan, Kristall, Goldschmiedearbeiten und Tischkunst erhältlich.

ART-NOUVEAU-FASSADEN IM VIERTEL SAINT-BONIFACE

(19)

Ein unvergessliches Art-nouveau-Festival

Rue Solvay und Rue Saint-Boniface
Metrostation Porte de Namur

Das kosmopolitische Stadtviertel Saint-Boniface verfügt über eine außergewöhnliche Häufung sehenswerter Art-nouveau-Fassaden.

Am 15. Juli 1898 schrieb die Gemeinde Ixelles einen mit 15.000 belgischen Francs dotierten Fassadenwettbewerb aus, in der Hoffnung, auf diese Weise die Bautätigkeit in dem im Entstehen begriffenen Viertel besser steuern zu können. Zahlreiche Art-nouveau-Gebäude von Ernest Blérot und einiger seiner Kollegen in der Rue Saint-Boniface und der Rue Solvay entstanden in diesem Kontext.

Blérot erbaute seine Häuser 1900, in dem Jahr, in dem auch das bemerkenswerte Ensemble in der Rue Vanderschrik in Saint-Gilles errichtet wurde. Zwei Standorte mit 28 Gebäuden, für deren Planung der Architekt dank seiner relativ straffen methodischen Standardisierung ausreichend Zeit fand. Der zugrundeliegende Plan war dabei stets gleich und stützte sich – abgesehen von den vielfältigen Gestaltungsmöglichkeiten durch Sgraffiti – auf fünf mögliche Fassadentypen.

In dem Viertel stehen elf Gebäude von Blérot: das Haus in der Rue Solvay 12, in dem er lange Zeit selbst lebte und das noch heute im Besitz eines seiner Nachfahren ist, die Nr. 14, 16, 18, 20 und 22 sowie die Nr. 19, deren Sgraffito leider zu grell (vermutlich mit Acrylfarben) renoviert wurde. In der Rue Saint-Boniface 17 finden sich schöne Balkone sowie zwei unter weißer Farbe verborgene Sgraffiti, die Romeo und Julia in mittelalterlicher Kleidung zeigen, und die Nr. 19, 20 und 22, zieren ebenfalls schöne, wenngleich in der Nr. 20 stark beschädigte Sgraffiti. Ebenso sehenswert sind die Balkone der Nr. 22.

Weitere Art-nouveau-Gebäude des Viertels finden sich in der Rue Solvay 33, 35 und 37, an der Ecke Rue Longue Vie. Sie wurden 1900 von Antoine Dujardin gestaltet und weisen im ersten Stock 13 unter dunkelgrauer Farbe verborgene Sgraffiti auf, die Géo Ponchon zugeschrieben werden.

Abschließend sei noch das Haus des Architekten Victor Taelemans in der Rue Solvay 32 erwähnt. Dieses 1904 errichtete Gebäude ist das fünfte und letzte Haus des Architekten und unterscheidet sich von den anderen Art-nouveau-Bauten des Viertels durch seine geometrische Tendenz, die es näher an Arbeiten von Hankar oder den Meistern der Wiener Secession heranrückt.

SGRAFFITI AN DER MAISON DRICOT

20

Kunstvoller Kratzputz mit Darstellungen von Bauarbeitern

Rue Malibran 47

Das Haus in der Rue Malibran 47 wurde im Jahr 1900 von dem Architekten Edmond Pelseneer für den Bauunternehmer Pierre Dricot erbaut und ist ein wunderbares Beispiel der bürgerlichen Art nouveau. Was besonders auffällt, sind die schönen Sgraffiti von Paul Cauchie. Sie zeigen die Gewerke, in denen das Unternehmen des Eigentümers tätig war: Zu sehen sind sieben Bauarbeiter bei der Arbeit; sie sind in für ihre jeweiligen Tätigkeiten typischen Haltungen mit Werkzeug und Material dargestellt. Wie die berühmte Fassade, die Cauchie für sich selbst und seine Gattin in der Rue des Francs in Etterbeek realisierte, lässt sich auch diese als eine Art Werbeanzeige, eine Visitenkarte des Unternehmers Dricot, betrachten.

Die Sgraffiti wurden 2017 mit finanzieller Unterstützung der Region Brüssel behutsam gemäß den Originalentwürfen restauriert. An den Rest der Fassade hatte man bereits in den 1980er-Jahren in destruktiver Weise Hand angelegt und u. a. die ursprünglichen Loggien ersetzt. Heute hat die Fassade nahezu vollständig ihr früheres Antlitz zurückerhalten.

IN DER UMGEBUNG

Rue Souveraine 52 (21)

Schönes Art-nouveau-Gebäude von Gustave Strauven aus dem Jahr 1902. Einer der wenigen Entwürfe des Architekten außerhalb von Schaerbeek und dem Quartier des Squares. Die Originalkonstruktion wurde um ein Stockwerk erweitert. Liebhaber der Kunst Strauvens sollten auf keinen Fall die berühmte Maison Saint-Cyr (Square Ambiorix 11) sowie das Gebäude am Boulevard Clovis 85 verpassen (s. S. 106 und 108).

Atelier von Géo Ponchon (22)

Rue de la Croix 25

Die Fassade dieses alten neoklassischen Gebäudes zieren drei schöne Sgraffiti-Tafeln. Ponchon, der selbst Sgraffiti gestaltete, hatte sich überlegt, wie das unweigerliche Verwittern dieser Gestaltungselemente verhindert werden könnte, und bot seinen Kunden, die sich über die hohen Kosten der nach einigen Jahren stets erforderlichen Komplettsanierungen ärgerten, eine regelmäßige Wartung im Rahmen eines Jahresabonnements an.

© Rebexho

DREI GEBÄUDE VON PAUL HANKAR IN DER RUE DEFACQZ

23

Ein großer Architekt der Art nouveau

Rue Defacqz 48, 50 und 71
Tramlinien 92 und 93

© Trougnouf (Benoit Brummer)

In der Rue Defacqz, nur wenige Schritte von der Avenue Louise entfernt, können Passanten drei Art-nouveau-Arbeiten des Architekten Paul Hankar bewundern. Am eindrücklichsten ist zweifelsohne das Haus Ciamberlani in der Nr. 48. Dieses 1897 errichtete und 1983 unter Denkmalschutz gestellte Gebäude wurde von dem Maler Albert Ciamberlani (1894–1956), Nachfahre einer italienischen Adelsfamilie aus Bologna, in Auftrag gegeben. In Brüssel war er an der Ausgestaltung des Justizpalastes beteiligt, einige Mosaiken unter den Arkaden des Cinquantenaire stammen ebenfalls von ihm und sechs seiner Gemälde befinden sich heute im Museum der Schönen Künste.

Auf einer ungewöhnlichen Breite von zwölf Metern präsentiert Hankar hier sein gelungenstes Werk. Betrachten Sie die beiden großen, hufeisenförmigen Fenster – eine kühne Innovation zu jener Zeit. Die Sgraffiti wurden nach Entwürfen von Ciamberlani von Adolphe Crespin, dem gewohnten Mitarbeiter Hankars, gearbeitet. Ganz oben an der Fassade sind in sieben Medaillons, vor einem dekorativen Hintergrund mit aus sechs Vasen emporragenden Sonnenblumen, die Aufgaben des Herkules dargestellt. In der ersten Etage ist eine paradiesische Szene zu sehen, in der nackte Körper mit einer natürlichen Umgebung aus stilisierten Bäumen, Blätterwerk und Früchten verschmelzen. Auf einem Baum sitzen Pfauen, Symbole der Schönheit. Die Nr. 50 gleich nebenan geht ebenfalls auf Hankar zurück. Es ist das Haus des im Museum der Schönen Künste ausgestellten Malers René Janssens (1870–1936) und deutlich schlichter als das Nachbargebäude.

Ein Stück weiter stehen Sie an der Nr. 71 vor Hankars Wohnhaus. Dieses 1893 erbaute und 1975 unter Denkmalschutz gestellte Gebäude ist sein erstes bedeutendes Werk, denn es bricht erstmals deutlich mit den Regeln der klassischen Baukunst. Seine Originalität, vor allem der Einsatz von Eisen an der Fassade, brachte ihm einen Besuch von Hector Guimard ein, der später zu einer Referenz der französischen Art nouveau werden sollte. Die farbig gestalteten Sgraffiti zeigen die verschiedenen Tageszeiten: das Morgengrauen (Hahn), der Tag (Taube), die Abenddämmerung (Nachtigall) und die Nacht (Fledermaus vor Sternenhimmel).

Paul Hankar (1859–1901)

Der Art-nouveau-Architekt Paul Hankar, Sohn eines Steinmetzes, machte vor allem durch die auffallenden Dekors seiner Arbeiten auf sich aufmerksam. Er kümmerte sich nicht darum, die traditionelle Innenarchitektur neu zu erfinden, sondern beschränkte sich auf die Fassaden und machte seine Kunst damit der breiten Öffentlichkeit zugänglich, die die Sgraffiti und Skulpturen seiner bevorzugten Mitarbeiter Adolphe Crespin und Alfred Crick liebte. Anders als Horta mit seiner organischen Linienführung war Hankar Anhänger der geometrischen Art nouveau – und das schon bevor sich der schottische Architekt Mackintosh in Europa einen Namen machte. Hankar zählte zu den Architekten, die in ihren Konstruktionen auf den sogenannten Japonismus setzten, eine Strömung, deren Ursprünge auf die Öffnung Japans gegenüber der westlichen Welt in den 1860er-Jahren zurückgehen. Seine Kennzeichen sind stilisierte Darstellungen von Bäumen, Pflanzen und Blumen und die Reduzierung der menschlichen Gestalt auf ein dekoratives Motiv, womit diese Darstellungsform den sich entwickelnden Geist der Art nouveau perfekt traf. Trotz seines frühen Todes im Alter von nur 42 Jahren zählt Hankar zu den bedeutendsten Architekten der Art nouveau. Gebäude von Hankar, die in diesem Buch Erwähnung finden: Rue Defacqz 48, 50 und 71 sowie die Fassade der Rue Royale 13.

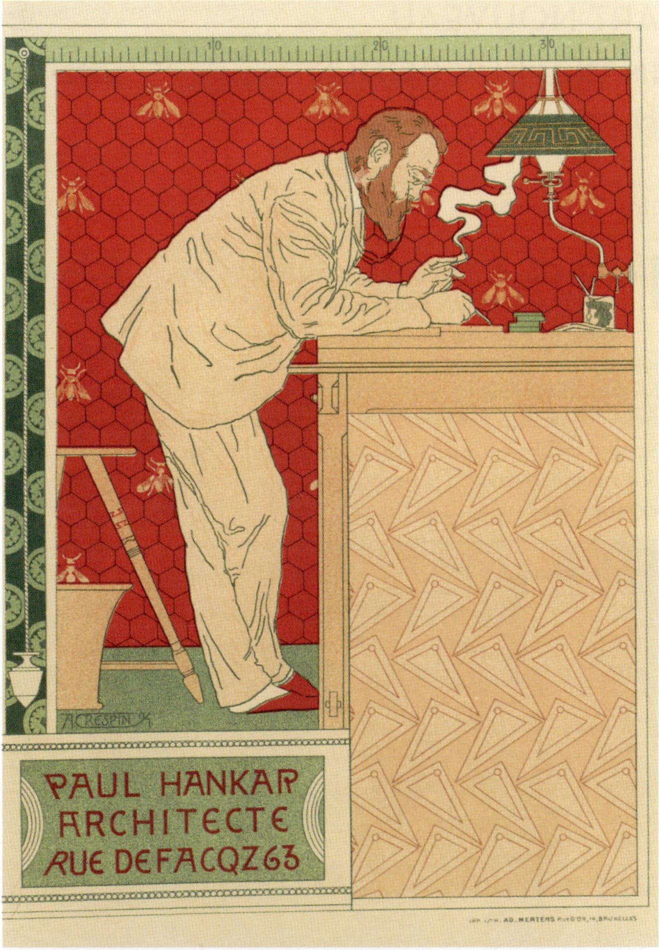

A. CRESPIN 94

PAUL HANKAR
ARCHITECTE
RUE DEFACQZ 63

ART NOUVEAU IN DER RUE FAIDER

(24)

Eine Allegorie des Schlafes

Rue Faider 10 und 83
Tramlinien 92 und 93

In der Rue Faider 83 steht ein wunderschönes Stadthaus, erbaut im Jahr 1900 von Albert Roosenboom (1871–1941). 1896 als Zeichner im Atelier von Victor Horta tätig, ließ sich Roosenboom bei seinem Entwurf für dieses Art-nouveau-Gebäude stark von der Kunst des Meisters inspirieren. Besonders bemerkenswert sind das Original-Bowwindow im ersten Stock sowie die Privat-Livemont zugeschriebenen Sgraffiti im oberen Bereich der Fassade. Sie umrahmen das Fenster eines Schlafzimmers und zeigen vermutlich eine Allegorie des Schlafes. Im Zentrum der Komposition legt eine Frau ihren Finger an den Mund, als

wolle sie um Ruhe bitten. Sterne symbolisieren die Nacht und zwischen mit den Haaren der Frau verflochtenen Pflanzenranken finden sich Mohnblüten, bekannt für ihre schlaffördernde Wirkung.

Ein Stück weiter befindet sich mit der Nr. 10 ein sehr schönes klassisches Gebäude von Octave van Rysselberghe, dem Architekten der Königlichen Sternwarte von Uccle. Es wurde 1882/83 für Graf Goblet d'Alviella erbaut, bis 1888 lebte jedoch der Architekt selbst darin. Umrahmt von griechisch-römischer Ornamentik ist auf einem von Julien Dillens gearbeiteten Medaillon die Göttin Minerva zu sehen. Oberhalb des Medaillons ist auf einem nach Zeichnungen desselben Künstlers als Sgraffito gearbeiteten Fries Neptun als Herrscher über das aufgewühlte Meer dargestellt. Ausgeführt wurde dieses Werk im Stil der italienischen Renaissance in nüchterner, schwarz-weißer Farbgebung von Jean Baes.

Im zweiten Stock zeigt ein weiteres Sgraffito in der Mitte der Kolonnade eine junge Frau mit einem Senkblei in Händen, das in der Baukunst den Grundsatz der Geradheit symbolisiert.

PRIVATMUSEUM DER FAMILIE D'IETEREN

(25)

Die Erfolgsgeschichte des Automobils, gezeigt am unaufhaltsamen Aufstieg einer Familie

D'Ieteren Gallery – Rue du Mail 50
+32 2 536 56 80
Gruppenführungen Montag bis Samstag nach Vereinbarung
Buslinie 60, Haltestelle Washington, oder Tramlinie 94, Haltestelle Bailli

Unter Autoliebhabern ist das Logo des Unternehmens D'Ieteren weithin bekannt: eine Kutsche mit der Jahreszahl 1805 darunter. Es ist das Symbol eines einzigartigen Industrie- und Geschäftsabenteuers eines Unternehmens im Dienst des Automobils, das zu Beginn des 19. Jahrhunderts mit dem Bau von Pferdewagen seinen Anfang nahm und seit sechs Generationen von derselben Familie geführt wird. In dem sehr modernen Firmensitz an der Ecke Rue du Mail und Rue Américaine, der 1962 von dem Architekten René Stapels entworfen wurde und nach wie vor in jugendlichem Glanz erstrahlt, ist heute ein Privatmuseum untergebracht. Hier erhalten Interessierte nach vorheriger Terminvereinbarung und veranschaulicht durch eine faszinierende Oldtimer-Ausstellung sowie seltene ikonografische Dokumente Einblick in den ungewöhnlichen Aufstieg dieser Familie, die ihre Geschäfte im Laufe der Zeit kontinuierlich diversifizierte und dabei Höhen – richtige Entscheidungen zum richtigen Zeitpunkt – und Tiefen – unglückliche Entscheidungen, gute Ideen, die sich später als falsch erwiesen – erlebte.

D'Ieteren vereint in sich die gesamte Entwicklung des Transportwesens samt all seiner Unterbereiche. Das ursprünglich handwerkliche Geschäft erfuhr über die Jahre eine zunehmende Industrialisierung. Zu Beginn des 20. Jahrhunderts wagte das Unternehmen als Hoflieferant den Schritt in den Bau von Karosserien, von denen ein Großteil für den Export bestimmt war. Später kamen der Import und die Montage von Pkw und Lkw hinzu. Nach dem Zweiten Weltkrieg wurde das Unternehmen Exklusivhändler der Marken Studebaker (1945), Volkswagen (1948) und Porsche (1950). 1956 wagte es den Schritt in einen neuen Sektor und bot auf dem belgischen Markt den VW Käfer als Mietfahrzeug an. In der Folge übernahm D'Ieteren das belgische Import- und Vertriebsgeschäft weiterer Marken der Volkswagen-Gruppe – Audi (1974), Seat (1984), Škoda (1992), Bentley (2000) und Lamborghini (2001) – sowie von Zweirädern der Marke Yamaha (1975). Zeitgleich baute das Unternehmen sein Mietwagenangebot weiter aus.

IN DER UMGEBUNG

Parc Faider (26)

Rue Faider 86

1. April bis 31. August 9–20 Uhr, 1. September bis 31. Oktober 9–18 Uhr, 1. November bis 31. März 9–17 Uhr

Zwei Schritte von der quirligen Avenue Louise entfernt liegt mit dem Parc Faider eine in dem Geschäftsviertel willkommene Oase der Ruhe. Der Eingang ist gut versteckt, sodass teilweise selbst Anwohner nicht um die Existenz dieses Parks wissen. Es ist ein Geschenk des Himmels, seine Kinder hier spielen zu lassen oder in aller Ruhe auf einer Bank ein Sandwich zu essen.

Umzug einer Fassade

Die Dreifaltigkeitskirche am Parvis de la Trinité wurde Ende des 19. Jahrhunderts im Zuge der Urbanisierung des Viertels erbaut. Ihre barocke Fassade indes stammt aus dem 17. Jahrhundert. Sie wurde mit Entstehen der großen Boulevards im Stadtzentrum Stein für Stein an ihrem ursprünglichen Standort (Place De Brouckère) abgetragen. Besonders gut fügte sich die Dreifaltigkeitskirche jedoch nie in ihre neue Umgebung ein, sodass sie trotz zahlreicher Stützpfeiler und Stahlträger unter Stabilitätsproblemen leidet.

CONSTANTIN-MEUNIER-MUSEUM 

Mehr als 150 Gemälde und Skulpturen in angenehmer Atmosphäre

Rue de l'Abbaye 59
+32 2 648 44 49
Dienstag bis Freitag 10–12 Uhr und 13–17 Uhr sowie jeden zweiten Sonntag
Eintritt frei
Tramlinien 92 und 93

Das kleine Constantin-Meunier-Museum ist, wie der Name schon sagt, dem Werk des Malers und Bildhauers Constantin Meunier (1831–1905) gewidmet. Nachdem er in fortgeschrittenem Alter internationale Anerkennung erhielt, ließ er sich hier ein Atelier und Wohnhaus errichten, in dem er die letzten fünf Jahre seines Lebens verbrachte. 1936 kaufte es der Staat, 1939 öffnete es für Besucher, 1986 wurde es renoviert. Heute werden hier in angenehmer Atmosphäre mehr als 150 Gemälde und Skulpturen des Künstlers präsentiert.

Das Besondere an dem von einem schönen Garten umgebenen Haus sind die beiden Ateliers: ein kleineres, nach Süden ausgerichtetes, ein größeres gen Norden für die monumentalen Skulpturen. Meunier gilt mit seinen Darstellungen aus der Welt der Industrie, allem voran der Stahlindustrie im Belgien gegen Ende des letzten Jahrhunderts, als einer der größten belgischen Bildhauer jener Zeit.

Der Eintritt in das Museum ist frei. Allem Anschein nach erschien den Verantwortlichen der Königlichen Museen der Schönen Künste der Aufwand, Eintrittskarten zu verkaufen, angesichts der geringen Größe des Museums und der wenigen Besucher schlicht zu groß.

IN DER UMGEBUNG

Parc Buchholtz

Drei Eingänge: zwischen Rue Buchholtz 1 und 15, zwischen Rue Forestière 22 und 24 sowie zwischen Rue Américaine 186 und 188
1. April bis 31. August 9–20 Uhr, 1. September bis 31. Oktober 9–18 Uhr, 1. November bis 31. März 9–16 Uhr

Nur wenige Schritte vom Parc Tenbosch entfernt liegt der Parc Buchholtz. Er ist kleiner und weniger bekannt als sein Nachbar – und das aus gutem Grund, denn die drei Eingänge sind von der Straße aus kaum zu erkennen. Der Park ist zwar von gesichtslosen Gebäuden umgeben, bietet jedoch eine gute Gelegenheit, eingehüllt in sanften Vogelgesang eine kleine Pause vom Alltag einzulegen.

Art-déco-Fenster

Avenue Molière 256

Das schöne Art-déco-Fenster von Armand Paulis ziert ein 1927 errichtetes Gebäude des Architekten F. Petit.

STATUE VON JEAN DE SELYS LONGCHAMPS

31

Ein in Vergessenheit geratener Pilot, der den Brüsseler Sitz der Gestapo bombardierte

Avenue Louise 453
Tramlinien 94 oder 93, Haltestelle Legrand

Inmitten des Verkehrsstroms auf der Avenue Louise ruht auf einem Sockel aus Blaustein eine goldene Büste, für die sich kaum jemand zu interessieren scheint. Doch es lohnt sich, genauer hinzuschauen, denn sie erinnert an die Heldentat eines belgischen Piloten im Zweiten Weltkrieg.

Jean de Selys Longchamps, Pilot der belgischen Luftwaffe, schaffte es, nach der belgischen Kapitulation nach London zu gelangen, wo er sich der Royal Air Force anschloss. Im Rahmen seiner Missionen war er regelmäßig über Belgien in der Luft. 1943 beschloss er, ohne die Zustimmung seiner Vorgesetzten von seiner vorgegebenen Route abzuweichen, und steuerte in geringer Höhe die Avenue Louise an, die er aus seiner Zeit in Brüssel noch gut kannte. Sein Ziel war nicht zufällig gewählt, denn in der Nr. 453 befand sich das Hauptquartier der Gestapo. Er bombardierte das Gebäude und wurde für diese tollkühne Tat wegen Disziplinlosigkeit degradiert – und zugleich mit dem Flying Cross der Royal Air Force ausgezeichnet. Einige Monate später wurde seine Maschine auf einem anderen Flug getroffen. De Selys Longchamps stürzte ab und kam dabei ums Leben.

Wer mehr über diese Heldentat erfahren möchte, dem sei das Abenteuer *Operation Fledermaus* von Spirou und Fantasio ans Herz gelegt. In dem Band, der während der Besetzung der Stadt durch die Wehrmacht spielt, verarbeiten die beiden Macher des Comics (Yann und Olivier Schwartz) die Geschichte, die vermutlich nur noch den älteren Einwohnern der belgischen Hauptstadt bekannt ist.

Neben der Büste von De Selys Longchamps erinnert eine Gedenktafel an dem Gebäude der Avenue Louise 453 daran, dass sich hier einst das Hauptquartier der Gestapo befand. In den Kellerräumen gab es Zellen, in denen zahlreiche Widerstandskämpfer gefangen gehalten wurden. Sie kratzten während ihrer Gefangenschaft Botschaften in die Mauern, die noch heute existieren, jedoch nicht öffentlich zugänglich sind.

ART-NOUVEAU-SPAZIERGANG RUND UM DIE ÉTANGS D'IXELLES

32

Prachtvolle Zeugnisse der Art nouveau

Avenue Louise 346 – Rue de Belle-Vue 30, 32, 42, 44, 46 – Avenue du Général de Gaulle 38–39 – Rue Vilain XIIII 9 und 11 – Rue du Lac 6
Tramlinien 92 und 93

In dem Viertel rund um die Teiche von Ixelles finden sich einige Art-nouveau-Gebäude, die in ihrer Bedeutung für Laien kaum zu unterscheiden sind. Wir haben für Sie einen Spaziergang zusammengestellt, der Sie zu den interessantesten führt.

In der Avenue Louise 346 liegt das Hôtel Max Hallet. Das 1903 von Victor Horta errichtete Gebäude ist vermutlich nicht das spektakulärste Werk des Meisters der Art nouveau. Nichtsdestoweniger ist die Qualität des Entwurfs und der verwendeten Materialien bemerkenswert. Ab und an öffnet es im Rahmen von Führungen (asbl-arkadia.be, 02 563 61 53) oder Veranstaltungen (events-at-horta.be) seine Türen. Gehen Sie auf der Avenue Louise weiter in Richtung Bois de la Cambre und biegen Sie links in die Rue de Belle-Vue ein. Die Häuser mit den Nummern 42, 44 und 46 wurden 1899 von dem Architekten Ernest Blérot erbaut. Sie sind vor allem wegen ihrer ungewöhnlichen Erker, den Stichbögen über den Türen und Fenstern sowie der originellen schmiedeeisernen Gitter vor den Türen sehenswert. An der Fassade von Nr. 42 sind schöne Sgraffiti erhalten geblieben. Ein paar Schritte weiter stehen Sie an Nr. 30 und 32 vor zwei weiteren Bauten von Blérot, deren sehenswerte Sgraffiti die Blicke auf sich ziehen. Am Ende der Straße biegen Sie dann links in die Avenue du Général de Gaulle ein. In der Nr. 38–39 liegt ein weiteres, in einem anderen Stil ausgeführtes Gebäude von Blérot (1904). Die schlichteren Fassaden der beiden Nachbarhäuser stechen vor allem aufgrund der Linienführung der schmiedeeisernen Balustraden sowie der Bodenmosaike im Eingangsbereich hervor. Machen Sie kehrt und wenden Sie sich nach rechts in die Rue Vilain XIIII. Die Häuser mit der Nr. 9 und 11 wurden 1902 von Blérot erbaut und verdienen mit ihren Sgraffiti und Buntglasfenstern sowie aufgrund des kunstfertigen Einsatzes von Schmiedeeisen einen näheren Blick. Folgen Sie von dort nach rechts der Rue du Lac bis zur Nr. 6. Dieses 1904 nach Entwürfen von Léon Delune errichtete Gebäude überrascht mit seiner geometrisch originellen Fassade. Interessant ist auch das Spiel mit dem Familiennamen des Architekten (fr. *lune* = „Mond“): Von Vollmond über Halbmond bis hin zur Mondsichel sind in der Fassade alle Mondphasen erkennbar.

VILAIN XIIII (14)

Die Avenue Vilain XIIII verdankt ihre sonderbare Schreibweise (XIIII statt XIV) dem früheren belgischen Außenminister Vicomte Charles Hippolyte Vilain XIIII. Einer von dessen Vorfahren, Jean-Philippe de Vilain, soll von Ludwig XIV. während der Belagerung von Namur (1692–1695) die Erlaubnis erhalten haben, seinem Namen die Zahl Vierzehn hinzuzufügen, allerdings mit der ausdrücklichen Auflage, diese als „XIIII“ zu schreiben.

KINDERMUSEUM

33

„Ich sehe und vergesse, ich höre und behalte, ich handle und verstehe."

Rue du Bourgmestre 15
+32 2 640 01 07 – museedesenfants.be – childrenmuseum.brussels@skynet.be
Mittwoch, Samstag, Sonntag und während der Schulferien 14:30–17 Uhr, Schulklassen wochentags auf Anfrage
Tramlinien 90, Haltestelle Chaussée de Boondael, oder 80, Haltestelle Place Flagey

Das Musée des Enfants ist ein wahres Paradies für die Kleinsten. Mehr als ein reines Museum ist es vor allem ein interaktiver, lebendiger Ort. Eröffnet wurde das Kindermuseum vor 30 Jahren auf Initiative von Cathy Van der Straeten und Kathleen Lippens, die im US-amerikanischen Boston auf das Konzept gestoßen waren

und dieses erstmalig in Europa umsetzten. Es funktioniert nach dem Prinzip längerer, immer wieder wechselnder Ausstellungen, bei denen es stets um Selbstwahrnehmung durch Austausch und Kommunikation zwischen Betreuern und Kindern geht. Dieser Austausch findet im Rahmen von fünf oder sechs Workshops statt, in denen die Kinder zum Mitmachen aufgefordert sind, getreu dem chinesischen Sprichwort: *„Ich sehe und vergesse, ich höre und behalte, ich handle und verstehe."* Die von einem Betreuer geleiteten Workshops widmen sich unterschiedlichen Themen und bieten den Kindern die Möglichkeit, verschiedene Rollen einzunehmen, etwa eine Straßenbahn oder ein Floß zu lenken, auf einer echten Theaterbühne zu stehen, Teig zu kneten oder eine Fernsehreportage zu machen, ganz nach dem Motto „Lernen mit Spaß".

Das Museum befindet sich in einem schönen Herrenhaus. Dieses wurde 1901 im Neo-Louis-quinze-Stil für den Hutmacher Edmond Canonne errichtet und ging 1923 in den Besitz von Lambert Jadot über, den Bruder von Jean Jadot, Eisenbahnpionier in China, Ägypten und Belgisch-Kongo. 1967 übernahm die Stadt das Gebäude und seit 1986 ist hier das Kindermuseum untergebracht. Der Parc Jadot, in dem das Museum liegt, ist das ganze Jahr über öffentlich zugänglich und bietet natürlich auch verschiedene Spielmöglichkeiten für Kinder.

IN DER UMGEBUNG

Relikte der Jardins de la Couronne (34)

Avenue de la Couronne – Avenue Auguste-Rodin 8 – Rue Adolphe-Mathieu 1
Buslinie 95, Haltestelle Rodin

Die rund sechs Hektar großen Jardins de la Couronne („Gärten der Krone") liegen auf dem Gelände des ehemaligen Militärkrankenhauses von Ixelles. Von dem monumentalen Hauptgebäude, das sich über 244 m entlang der Avenue de la Couronne erstreckte, sind heute nur noch die Eckpavillons vorhanden, in denen einst der Oberarzt und sein Team ihre Räume hatten. Alle übrigen Gebäude des mächtigen Komplexes wurden nach mehr als 25 Jahren Verwahrlosung abgerissen. An ihrer Stelle finden sich heute an der Avenue de la Couronne Bürogebäude sowie dahinter ein großer Wohnkomplex. Beim Spaziergang durch den öffentlichen Park, der im Zentrum des Häuserblocks angelegt wurde, trifft man hier und da auf altertümlich anmutende Relikte. Das Krankenhaus war in der zweiten Hälfte des 19. Jahrhunderts im damals typischen neoklassischen Stil erbaut worden und wies zahlreiche Anleihen aus der Antike auf. Zentrales Objekt dieses Freilichtmuseums ist ein imposanter Ziergiebel aus Blaustein mit der lateinischen Inschrift „Domus mea domus orationis", was übersetzt so viel bedeutet wie „Mein Haus ist ein Haus des Gebets". Sie stammt aus der alten Kapelle des früheren Militärkrankenhauses.

ZOOLOGIEMUSEUM DER ULB 

Mit dem Auto von Antwerpen nach Brüssel – mit einem Löwen als Beifahrer

ULB Campus du Solbosch, Avenue Franklin Roosevelt 50, Gebäude U, Tür B (Eingang Square Servais), Niveau 1 (Untergeschoss), Raum UAL-319
+32 2 650 36 78 – ulb.ac.be/musees
Montag bis Freitag 13–17 Uhr (im Sommer am besten telefonisch anfragen)
Eintritt frei
Führungen (1,5 Stunden) ab 10 Personen
Buslinie 71 oder Tramlinie 94

Das Zoologiemuseum auf dem Campus der Université Libre de Bruxelles („Freie Universität von Brüssel") ist schwer zu finden. Doch die Mühe lohnt sich, denn die mehr als 3000 Exponate umfassende Sammlung ist absolut sehenswert! Angesichts der vielen faszinierenden Anekdoten empfiehlt es sich, das Museum im Rahmen einer Führung zu besuchen. Dabei wird vor allem das Problem der Klassifizierung von Arten, die sich im Laufe der Zeit weiterentwickeln, sowie neuer wissenschaftlicher Funde erörtert. Angesichts der nach steigender Komplexität angeordneten Objekte fürchtet die Kuratorin, Madame Desmet, eine allzu anthropozentristische Sichtweise und betont: „*Nur weil der Mensch Teil des komplexesten Systems ist, ist er nicht unbedingt auch das am weitesten entwickelte oder das beste Lebewesen!*"

Der Ton ist gesetzt und die Besucher lernen, das infrage zu stellen, was ihnen evident erscheint. Gemäß DNA-Analyse zählt die Spitzmaus demnach zu den nahen Verwandten des Elefanten und Krokodile gehören in dieselbe Klasse wie Vögel, nämlich zu den Archosauriern. Mit ihrer Komplexität und biologischen Seltenheit entziehen sich manche Tiere jedoch einer strengen Klassifizierung. So werden das Schnabeltier und der Echidna den Säugertieren zugeordnet, legen aber wie Reptilien Eier. Auch Zähne sind eine wertvolle Erkenntnisquelle: So sind z. B. Hasen als Duplicidentata gezwungen, beständig zu nagen, damit ihre zeitlebens wachsenden Zähne nicht endlos lang werden und sie irgendwann an der Nahrungsaufnahme hindern. Auch Elefantenzähne wachsen ungefähr 65 Jahre lang kontinuierlich weiter. Wenn die letzten Zähne verschlissen sind, verhungert das Tier.

Höhepunkt des Museums ist der Quastenflosser, ein Fisch, der schon vor 350 Millionen Jahren lebte und als ausgestorben galt. Ein in den 1980er-Jahren gefangenes Exemplar kann hier konserviert in Alkohol bewundert werden. Der Quastenflosser verfügte über Kiemen und Lunge, seine Flossen enthielten wie unsere Gliedmaßen Knochen und sein Schwimmstil ähnelte unserem Gang.

Viele der ausgestellten Tiere stammen aus dem Antwerpener Zoo, weswegen der Vorgänger der heutigen Kuratorin auf ein Erlebnis der besonderen Art zurückblicken kann: Er transportierte in seinem Auto einen Löwen auf dem Beifahrersitz, weil dieser nicht in den Kofferraum passte.

GRAB VON GENERAL BOULANGER

(36)

„Er starb, wie er lebte, als Unterleutnant"

Cimetière d'Ixelles – Chaussée de Boondael 478, Avenue 3
Täglich 9–16:30 Uhr
Buslinien 71, 72 und 95, Haltestelle Cimetière d'Ixelles

Friedhöfe sind ein ganz eigener Kosmos, ein Ort, an dem neben vielen kleinen oft auch große Namen zu finden sind. Der Friedhof von Ixelles bildet diesbezüglich keine Ausnahme. Fragen Sie am Eingang nach dem Informationsblatt, das Ihnen die berühmten Persönlichkeiten näherbringt, die hier ihre letzte Ruhestätte gefunden haben, von Antoine Wiertz, Ernest Solvay und Victor Horta über Camille Lemonnier und Charles De Coster bis hin zu Marcel Broothaers und Paul Nougé.

Besondere Erwähnung verdienen dabei das Schicksal und der Tod von General Boulanger. Der 1837 im französischen Rennes geborene Offizier und Politiker ist vor allem als der Mann bekannt, der mit seiner sozialistisch-revisionistischen Bewegung, bezeichnet als „Boulangismus", die Dritte Französische Republik ins Wanken brachte. Zunächst machte sich Boulanger als Leiter der Infanterie durch zahlreiche kleine, aber populäre Reformen wie die Aufnahme von Kabeljau in den Speiseplan oder die Erlaubnis für Unteroffiziere, einen Bart zu tragen, einen Namen. Als Kriegsminister verfolgte er diesen Weg ab 1886 weiter: Er ließ Blechnäpfe durch Teller und Strohsäcke durch Betten ersetzen und gestattete Soldaten den Besitz von Gabeln. Die Befreiung Geistlicher vom Militärdienst ließ er abschaffen. 1889 lehnte er es ab, durch einen Staatsstreich an die Macht zu gelangen, und wurde dennoch wegen „Verschwörung und Attentats auf die Sicherheit des Staates" angeklagt. Gemeinsam mit seiner Geliebten Marguerite de Bonnemains floh Boulanger nach Belgien. Am 15. Juli 1891 starb sie an Tuberkulose und er nahm sich zweieinhalb Monate später an ihrem Grab auf dem Friedhof von Ixelles mit seinem Revolver das Leben.

Auf dem Grab ist eine gebrochene Säule zu sehen, ein Symbol für Marguerites verfrühten Tod. Die Gedenktafel mit Angaben zur näheren Identität der Verstorbenen wurde gestohlen. Auf dem Grabstein ist so heute nur noch folgender Dialog zu lesen: „Marguerite: bis bald/Georges: zweieinhalb

Monate konnte ich ohne dich leben“. Verständlich, dass die Brüsseler Surrealisten diesen Ort liebten und hier Zeremonien zum Gedenken an den liebestollen General abhielten. Georges Clémenceau indes zeigte sich angesichts des romantischen Todes seines früheren Schulkameraden weniger enthusiastisch und beantwortete die Nachricht lakonisch mit den Worten: „Er starb, wie er lebte, als Unterleutnant.“

IN DER UMGEBUNG

Der erste denkmalgeschützte Baum von Brüssel 

Der Legende nach soll Karl V. höchstpersönlich vor der nächtlichen Jagd im Sonienwald an der Linde hinter der Kapelle von Boondael gestanden haben. In Wahrheit jedoch ist die hochbetagte Linde, die zu Beginn des 17. Jahrhunderts gepflanzt wurde, „nur“ 400 Jahre alt. Aufgrund ihres hohen Alters sowie des nahezu vollkommen ausgehöhlten unteren Teils wurde sie durch Betoneingüsse stabilisiert. Seit 1936 steht sie als erster Baum der Stadt unter Denkmalschutz.

Anderlecht
Ixelles
Saint-Gilles
Forest
Uccle
LOUISE
HÔTEL DES MONNAIES
MIDI
Gare du Midi
PORTE DE HAL
PARVIS ST-GILLES
HORTA
PL. ALBERT
St-Gilles
Ste-Trinité
St-Antoine
Ste-Alène
Maison Communale
Prison de St-Gilles
Prison de Forest
Eglise des Barnabites
Parc de Forest
Parc Duden
Hôpital Molière Longchamp
Ste-Marie-M. de Dieu
St-Augustin
Sacré-Cœur
St-Pie X
Forest National
St-Pierre
Maison Communale
St-Denis
Ancienne Abbaye de Forest
0 100 200

Saint-Gilles und Forest

ART-NOUVEAU-ENSEMBLE IN DER RUE VANDERSCHRICK

①

Ein Werk des großen Blérot

Rue Vanderschrick 1–25
Chaussée de Waterloo 13–15
Rue Jean Volders 42–48

Das in den Jahren 1900 bis 1903 von Ernest Blérot erbaute Ensemble in der Rue Vanderschrick steht seit 1988 unter Denkmalschutz. Es ist aufgrund seiner Ausmaße – 16 nebeneinanderliegende Gebäude und damit ein ganzer Straßenzug – ein einzigartiges Beispiel für die Brüsseler Art nouveau. Seine Entstehung hat das Ensemble einem Gemeindebeschluss aus dem Jahr 1898 zu verdanken, der die Verlängerung der Rue Vanderschrick vorsah. Die Witwe Elsom erwarb eine gesamte Seite und zwei Jahre später begannen die Bauarbeiten: Nr. 1 bis 13 (erster Bauabschnitt) unterscheiden sich von Nr. 15 bis 25 (zweiter Bauabschnitt) durch Geschäftsräume im Erdgeschoss. Der Charme des Gebäudekomplexes blieb auch nach seiner Sanierung erhalten. Die Sgraffiti greifen Blérots bevorzugte Themen Sonnenauf- und Sonnenuntergang sowie einige weniger häufige Sujets wie Gewässer mit Seerosen oder Vögel auf himmelblauem Hintergrund auf. Das Restaurant in der Nr. 25 stammt aus den 1890er-Jahren und befindet sich in einem eher uninteressanten Art-nouveau-Gebäude, in dem einzig die original erhaltenen Toiletten sehenswert sind. In der Chaussée de Waterloo 13 sind schöne Sgraffiti zu sehen. Das Gebäude stammt ebenso wie die Häuser in der Rue Jean Volders 42 und 48 von Blérot.

Ernest Blérot

Ernest Blérot war zu Beginn des 20. Jahrhunderts neben Victor Horta der bedeutendste Brüsseler Architekt. Weit entfernt vom Genius seines berühmten Kollegen, der ein völlig neues Gesamtkonzept für die Baukunst erdachte, blieb Blérot Zeit seines Lebens ein Meister der dekorativen Kunst. Beruhend auf einer standardisierten Grundplanung konzentrierte er sich in seiner Arbeit ohne großen architektonischen Anspruch auf die individuelle Dekoration der Fassaden. Dieses Vorgehen ermöglichte es ihm, Aufwand und Kosten zu senken und den Wünschen einer kleinbürgerlichen Klientel zu entsprechen, der die ästhetische Wirkung der Fassade wichtiger war als ausgewiesener Komfort. Innerhalb eines Jahrzehnts zeichnete Blérot in Brüssel für rund 60 Häuser verantwortlich, von denen drei Ensembles besondere Erwähnung verdienen: in der Rue Vanderschrick in Saint-Gilles (16 in Reihenhausart nebeneinanderliegende Gebäude) sowie im Viertel Saint-Boniface in Ixelles und rund um die Étangs d'Ixelles, wo jeweils elf Gebäude des Architekten zu finden sind.

Sgraffiti

Viele Häuserfassaden in Brüssel zieren sogenannte Sgraffiti. Sie sind in erster Linie der Entwicklung der Art nouveau zu verdanken, deren Künstler gerne und häufig, aber nicht ausschließlich auf diese alte Technik der Fassadendekoration zurückgriffen. Der Begriff *sgraffito* geht auf das italienische Verb *sgraffiare* zurück, was so viel bedeutet wie „kratzen“ und eine Wanddekorationstechnik bezeichnet, bei der auf eine Fläche in mehreren Schichten farbiger Putz aufgetragen wird, der anschließend noch feucht wieder abgekratzt wird, um die darunterliegenden Schichten zum Vorschein zu bringen. In der italienischen Renaissance entstanden so vorrangig zweifarbige Sgraffiti. Hauptvertreter dieser Kunst war der Maler und Architekt Giorgio Vasari. Im 19. Jahrhundert erlebten Sgraffiti in Westeuropa unter dem Einfluss Gottfried Sempers (1803–1879) eine Renaissance. Im Zuge dessen kam es zu einer farblichen Weiterentwicklung der normalerweise mono- bzw. bichromen Sgraffiti und auch die Technik wurde durch das Auskratzen feiner Linien anstelle großflächiger Formen weiter verfeinert. Das Farbspektrum dehnte sich von Schwarz als Grundton auf Grau, Dunkelgrün oder Braun aus. Die oberste Putzschicht entwickelte sich von einfachem Weiß mit Kalkmilch hin zu gelben Farbtönen. Um der Darstellung noch mehr Tiefe zu verleihen und eine breitere Farbpalette nutzen zu können, kam schließlich die Technik der Freskenmalerei zum Einsatz (Auftrag von Farbe auf die noch feuchte Putzschicht). Das erste größere mit Sgraffiti dekorierte Gebäude in Brüssel war vermutlich das 1882 erbaute Hôtel Goblet d'Alviella in der Rue Faider 10 in Saint-Gilles. Einen echten Wendepunkt markierte jedoch das Wohnhaus von Paul Hankar in der Rue Defacqz 71. Ohne sich dessen bewusst zu sein, schufen der Architekt Paul Hankar und der Dekorateur Adolphe Crespin hierbei die Basis für das fruchtbare Zusammenwirken beider Kunstformen. In Brüssel scheinen Art nouveau und Sgraffiti praktisch untrennbar miteinander verbunden zu sein, wenngleich Victor Horta und Paul Vizzavona sich weigerten, bei ihren Art-nouveau-Gebäuden auf diese Form der Fassadengestaltung zurückzugreifen. In Brüssel gelten die Architekten Adolphe B (u. a. Rue Defacqz 48 und 71, Rue de Parme 26), Henri Baes (Rue Van Moer 12), Henri Privat-Livemont (Rue Vogler 17, Place des Bienfaiteurs 6, Rue Locquenghien 16, Rue Faider 83, Rue des Capucins 58, Schulgebäude in der Rue Josaphat 229 und Rue Roodebeek 103), Paul Cauchie (u. a. Rue des Francs 5, Rue Malibran 47, Avenue d'Auderghem 297), Gabriel Van Divoet sowie Ernest Blérot und Gustave Strauven als Hauptvertreter der Sgraffiti-Kunst.

PAR NOUS
POUR NOUS

MAISON PELGRIMS

②

Art déco und Renaissance: ein schönes Beispiel eklektischer Architektur

Rue de Parme 69
+32 2 534 56 05
Metrostation Hôtel des Monnaies

Die Maison Pelgrims in Saint-Gilles ist ein einzigartiges Gebäude in einem Park, der einst der Privatgarten des Herrenhauses war. Wenn Sie das Gebäude besichtigen möchten, haben Sie zwei Möglichkeiten: Entweder besuchen Sie eine der Veranstaltungen (Konzerte, Vernissagen usw.), die hier regelmäßig stattfinden und in verschiedenen Veranstaltungskalendern zu finden sind oder telefonisch erfragt werden können, oder Sie klingeln ganz einfach während der Bürozeiten beim Kulturservice (Service de la culture), der hier seit seinem Umzug aus dem zu klein gewordenen Gemeindehaus im Jahr 2001 seinen Sitz hat. Wenn Sie freundlich fragen und die Mitarbeiter gerade Zeit haben, führen sie Sie meist gerne durch die schönsten Räume des Gebäudes. Da eine Besichtigung offiziell nicht möglich ist, handelt es sich um einen reinen Freundschaftsdienst. Haben Sie daher bitte Verständnis, falls es aus dem einen oder anderen Grund einmal nicht klappen sollte.

Die 1963 von der Gemeinde gekaufte und im Juni 2001 unter Denkmalschutz gestellte Maison Pelgrims ist ein schönes Beispiel des für Brüssel gegen Ende des 19. Jahrhunderts typischen eklektischen Stils. Der Wintergarten nimmt mit seiner bläulichen Verglasung die gestalterische Sprache der Art déco vorweg. Der zentrale Brunnen und die schönen Mosaiken sowie die gartenseitige Loggia im Parterre knüpfen an die Architektur italienischer Renaissance-Villen an. 1927 kaufte der wohlhabende Architekt Pelgrims das 1905 von dem Architekten Adolphe Pirenne für die Familie Colson errichtete Gebäude und beauftragte den Architekten Fernand Petit (der sich rund zehn Jahre später mit dem Bau der Gare du Midi sowie des Hauptpostamts einen Namen machen sollte), mit dem Umbau.

Die Maison Pelgrims liegt wunderschön am Rand eines Parks, der sich in weiten Teilen über das Gebiet der alten Gärten des Klosters Notre-Dame-du-Cénacle erstreckt. Der kleine Teich, der sich in der als englischer Landschaftspark gestalteten Grünanlage verbirgt, wird durch den Elsbeek gespeist und ist einer der letzten Zeugen der einstigen Quellen und Wasserläufe von Saint-Gilles. Die falschen Ruinen verweisen auf die Antike und die Vergänglichkeit und verleihen dem Park einen malerischen Charme. Zu Ehren des Malers und Graveurs sowie ersten Präsidenten der Saint-Gilloiser Kunstgruppe trägt die seit 1997 denkmalgeschützte Anlage den Namen Pierre-Paulus-Park.

SGRAFFITI IN DER CHAUSSÉE DE WATERLOO 248

③

Wenn sich Sonne und Mond zum Stelldichein treffen

Chaussée de Waterloo 248

Die 1901 von dem Architekten Jean-Pierre van Oostveen erbaute Häuserreihe an der Chaussée de Waterloo 246–256 weist einige Besonderheiten auf, die eine nähere Betrachtung lohnen. Signierte er aus Bescheidenheit nur eines der Gebäude? Oder weil er nicht zu den bekanntesten Architekten der Brüsseler Art nouveau zählte?

Die Nr. 250 ist das schönste der Häuser. Es wurde kürzlich saniert und weist eine ausgewogene Fassade auf. Auf einem Fries ruhen

zwei Fenster, darüber sieben kleine Nischen mit einem kunstvollen Buntglasfenster mit geometrischen Formen.

Der Balkon ist im oberen Bereich von einem Sgraffito eingerahmt, auf dem Tag und Nacht dargestellt sind. Dieses Sgraffito war in der Vergangenheit, als die Art nouveau außer Mode gekommen war, ebenso wie die gesamte Fassade weiß übermalt worden.

Zahlreiche weitere großartige Gebäude in Brüssel von Baukünstlern wie Horta, Blérot oder Hankar wurden unwiederbringlich zerstört und durch triviale Bauten von Projektentwicklern aus den 1960er-Jahren ersetzt.

Einzig das Erdgeschoss und die Tür des Gebäudes der Nr. 254 sind noch im Original erhalten. Die fünf anderen Gebäude wurden in den 1930er- bis 1950er-Jahren umgebaut und beherbergen heute Einzelhandelsgeschäfte mit Schaufenstern.

RATHAUS VON SAINT-GILLES

④

Als Renaissance-Palast erbaut und von mehr als 107 Künstlern dekoriert

Place Van Meenen 39
+32 2 536 02 11
Führungen auf Anfrage
Tramlinien 81 und 82, Haltestelle Horta

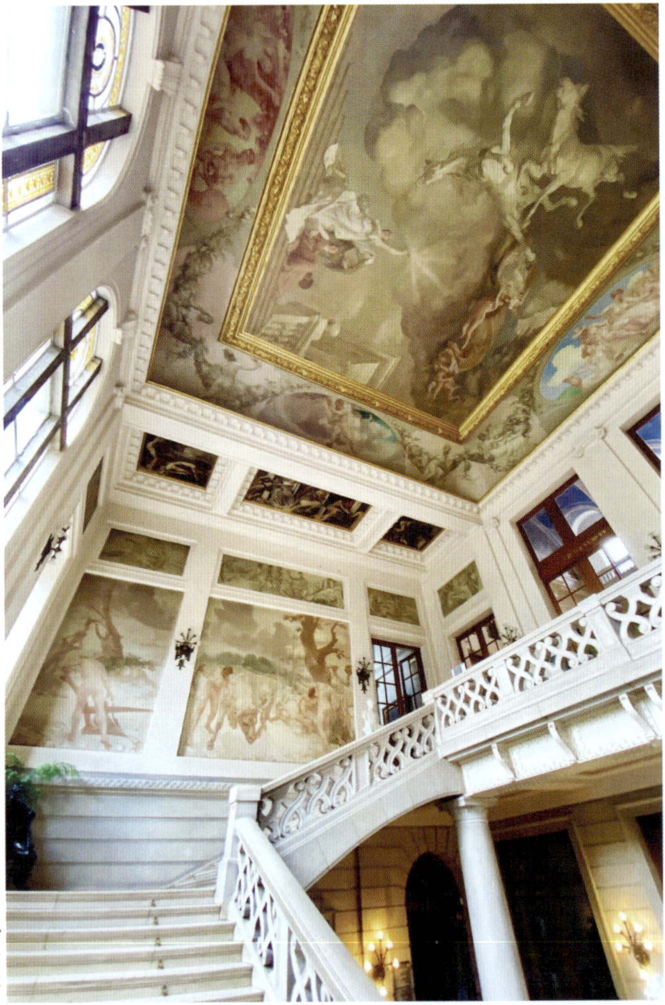

© Jean-Jacques Evrard

Das Rathaus von Saint-Gilles ist ein wahres Museum für Kunst aus den Anfängen des 20. Jahrhunderts. Da es sich um ein Verwaltungsgebäude handelt, steht es Besuchern offen.

Der Bürgermeister und spätere Namensgeber des Platzes vor dem Gebäude, Van Meenen, ließ es angesichts einer kontinuierlich wachsenden Bevölkerung errichten. Die Einweihung erfolgte 1904. Die Entwürfe für den Bau mit einem 42 Meter hohen Glockenturm gehen auf den Architektur-Autodidakten Albert Dumont (1853–1920) zurück, der 1895 auch für die Urbanisierung von De Panne und Hardelot-Plage in Frankreich verantwortlich zeichnete.

Auf Wunsch des Gemeinderats waren mehr als 107 Künstler an der Dekoration des Gebäudes beteiligt. Die Außenhülle zieren zahlreiche Statuen: Am Eingang zum Ehrenhof steht eine Skulptur von Jef Lambeaux, *La Déesse du Bocq* („*Die Göttin des Bocq*"), die seinerzeit einen Skandal auslöste. Die Darstellung einer jungen, nackten Frau mit weiblichen Rundungen sollte die Kanalisierung des Bocq-Wassers symbolisieren. Nachdem sie jedoch wie die *Menschlichen Leidenschaften* im Horta-Pavillon des Parc du Cinquantenaire (s. S. 112) einen öffentlichen Aufschrei hervorgerufen hatte, verschwand sie im Keller und wurde erst 1976 wieder aufgestellt.

Die meisten Räume im bemerkenswerten Inneren des Gebäudes sind geöffnet und können meist ohne Weiteres betreten werden. Die große Halle und die Ehrentreppe zieren mehrere Tafeln von Vater und Sohn Cluysenaar, Jacques de Lalaing und Albert Ciamberlani sowie eine Statue aus Carrara-Marmor von Jef Lambeaux (*La Volupté – „Die Wollust"*) und das Original der *Porteuse d'eau* („*Wasserträgerin*") von Julien Dillens. Sie ist das Symbol der Gemeinde und zeigt ein junges Mädchen mit zwei Eimern zum Tränken der Pferde der Fuhrwerke, die einst auf der Chaussée de Waterloo bis zur Endhaltestelle am La-Barrière-Platz verkehrten, wo heute eine Kopie der berühmten Statue steht.

Den Trausaal zieren eine schöne Decke von Fernand Khnopff sowie Tapisserien von Hélène de Rudder. Direkt nebenan ist eine Sammlung alter Fayencen zu sehen. Der prächtigste Saal ist vermutlich die Wandelhalle von Omer Dierickx, der für die Fertigstellung seiner Deckenkomposition *La Liberté descendant sur le monde aux acclamations de l'Humanité* („*Die Freiheit steigt unter dem Beifall der Menschlichkeit auf die Welt hinab*") über vier Jahre benötigte.

ART-NOUVEAU-SPAZIERGANG IN SAINT-GILLES

⑤

Art nouveau in konzentrierter Form

Avenue Jef Lambeaux 12, 35, 36 und 38 – Avenue Paul Dejaer 9
Chaussée de Waterloo 246, 248 und 250 – Rue Antoine Bréart 7
Rue M. Wilmotte 28 – Place Louis Morichar 14 und 41
Rue de Parme 26 – Rue de l'Hôtel des Monnaies 66 – Rue Vanderschrick
Metrostation Porte de Hal, Tramlinien 3, 55 und 92, Haltestelle Horta

Saint-Gilles besitzt ein reiches architektonisches Art-nouveau-Erbe. Wir haben für Sie einen Spaziergang zusammengestellt, der Sie zu den interessantesten Fassaden des Viertels führt.Wir starten an der Avenue Jef Lambeaux 38 mit einem weniger bekannten Sgraffito. Gleich nebenan steht in der Nr. 36 ein schönes Gebäude aus dem Jahr 1900 (Architekt: A. Malchair). Die Nr. 35 gegenüber geht auf Entwürfe von Cl. Verhas zurück (1910). Die Nr. 12 in derselben Straße wurde 1898 von Georges Peereboom für den Vermessungsingenieur und Politiker

Antoine Peereboom erbaut. Folgen Sie der Avenue Jef Lambeaux von dort aus weiter in Richtung Rue de Savoie. Wenden Sie sich dann nach links und legen Sie ggf. in der beliebten Bierbar Moeder Lambic (geöffnet ab 16 Uhr) ein kleines Päuschen ein. Gehen Sie nach rechts und am Rathaus entlang weiter. An der Place Van Meenen führt der Weg gegenüber in die Rue Paul Dejaer. Dort befindet sich mit der Nr. 9 ein sehenswertes Gebäude, das 1902 von G. Strauven errichtet wurde.

An der Barrière angelangt, folgen Sie der Chaussée de Waterloo nach rechts, wo Sie in den Nr. 246, 248 und 250 auf drei sehenswerte Gebäude von J.-P. Van Oostveen stoßen (1901). Die folgenden Gebäude (252–256) stammen von demselben Architekten, sind jedoch nicht ganz so interessant. Biegen Sie ein Stück weiter in die dritte Straße rechts ein. Das Haus in der Rue Antoine Bréart 7 direkt an der Ecke wurde 1898 von Paul Hankar für den Schneider Jean-Baptiste Aglave errichtet; die Sgraffiti stammen von Adolphe Crespin. Machen Sie kehrt und gehen Sie zurück zur Chaussée de Waterloo. Nach links, dann die erste Straße rechts, finden Sie sich in der Rue M. Wilmotte 28 vor einem sehenswerten Gebäude von A. Toisoul wieder. Beachten Sie hier das große Sgraffito einer sitzenden Frau. Gehen Sie ein Stück zurück und biegen Sie rechts in die Rue d'Espagne ein. Schnell gelangen Sie zur Place Louis Morichar, wo Sie in der Verlängerung der Rue d'Espagne mit der Nr. 41 auf ein Gebäude von Blérot stoßen (1900). Schenken Sie hier insbesondere den farblich und gestalterisch bemerkenswerten Mosaiken Ihre Aufmerksamkeit. Gegenüber, auf der anderen Seite des Platzes, steht mit der Nr. 14 die Maison Delcoigne (s. links), die mit schönen Sgraffiti aufwarten kann und 1899 von Georges Delcoigne erbaut wurde.

Gehen Sie über den Platz und biegen Sie nach rechts in die Rue du Lycée ein, die schon bald in die Rue de Parme übergeht. In der Nr. 26 befindet sich ein ehemaliges Fotoatelier. An der Fassade des 1897 von Fernand Symons errichteten Gebäudes sind erneut Sgraffiti von Adolphe Crespin zu bewundern. Gehen Sie einige Meter zurück und biegen Sie rechts in die Rue de la Victoire und erneut rechts in die Rue de l'Hôtel des Monnaies ein. Dort finden Sie mit der Nr. 66 das Hôtel Winssinger von Victor Horta (s. S. 82). Praktisch gegenüber, in der Nr. 81, befindet sich mit dem Salon d'art einer der außergewöhnlichsten und angenehmsten Friseursalons der Stadt. Gehen Sie zurück zur Rue de la Victoire und in Richtung Porte de Hal. In der dritten Straße links, der Rue Vanderschrick, endet unser Spaziergang mit einem der eindrücklichsten Brüsseler Art-nouveau-Ensembles. Wer will, geht noch weiter bis zum Hôtel Hannon (Rue de la Jonction 1), zur Maison Les Hiboux (s. S. 167), zum berühmten Horta-Museum in der Rue Américaine 23–25 (das in diesem Buch keine weitere Erwähnung findet), und zur Rue Defacqz, wo es drei weitere Gebäude von Paul Hankar (s. S. 132) zu bestaunen gibt.

MAISON HANNON

6

Ein kleines Juwel

Avenue de la Jonction 1
Montag und Freitag 11–18 Uhr, Samstag und Sonntag 10–18 Uhr
Reservierung: maisonhannon.be

Die 1902 von dem Architekten Jules Brunfaut für seinen Freund Édouard Hannon und dessen Gattin Marie Debard erbaute Maison Hannon ist ein prachtvolles Gebäude, dessen Treppenaufgang sowie das atemberaubende Wandgemälde, das diesen flankiert, die Blicke auf sich ziehen. Doch auch die Gesamtkomposition der Räume, die hochwertigen Materialien, der Wintergarten mit seinem wunderschönen Erkerfenster und nicht zu vergessen die von Émile Gallé entworfenen Möbel sind ein wahrer Augenschmaus. Édouard Hannon, Ingenieur bei dem Industrieunternehmen Solvay, liebte „neue Technologien" und Fotografie.

Seine Frau Marie interessierte sich leidenschaftlich für Botanik. Der Architekt, der hier sein einziges Art-nouveau-Gebäude konzipierte, tat dies auf ausdrücklichen Wunsch des Ehepaars Hannon in diesem Stil. Er setzte die Eckposition des Gebäudes kunstvoll in Szene und entwarf zwei völlig asymmetrische Fassaden, an der Avenue de la Jonction mit einem schönen, verglasten Bowwindow, an der Ecke mit einem Flachrelief von Victor Rousseau. Die Fenster stammen von dem seinerzeit sehr beliebten Künstler Raphaël Evaldre, der auch für die Fenster der Hotels Tassel, Solvay, Eetvelde und Saintenoy verantwortlich zeichnete. Nach dem Tod des letzten Eigentümers stand das Haus lange Jahre leer, bevor es 1973 von Jules Brunfauts Tochter vor dem Abriss gerettet wurde. Seit 1976 steht es unter Denkmalschutz und ging 1979 mit dem Ziel, darin ein Kulturzentrum einzurichten, in den Besitz der Gemeinde Saint-Gilles über. 2023 wurde das Museum eröffnet.

Ein einfaches Haus, kein Herrenhaus

Obwohl das Gebäude unter dem Namen „Hôtel Hannon“ unter Denkmalschutz gestellt wurde, ist es heute als Maison Hannon bekannt, da es keine Auf- oder Durchfahrt für Fahrzeuge, keinen Dienstbotenaufgang, keine Kellerküche und kein Dienstmädchenzimmer sowie eine relativ schmale Fassade und damit keines der architektonischen Merkmale eines Herrenhauses aufweist. Aus Gründen der Exaktheit sowie aus Respekt vor der Intention des Ehepaars Hannon beschloss man, das Gebäude trotz seiner Größe und Eleganz als Maison Hannon zu bezeichnen, da es allem voran als Wohnhaus und nicht als Prunkresidenz diente.

IN DER UMGEBUNG

Maison Les Hiboux ⑦

Avenue Brugmann 55

Ein weiteres schönes Beispiel der Brüsseler Art-nouveau-Architektur, erbaut 1895 von Édouard Pelseneer (1870–1947). Bemerkenswert sind das Sgraffito mit den zwei namensgebenden Eulen (fr. *hibou* = „Eule“) sowie die kreisrunden Fenster, die einen wie Eulenaugen anzublicken scheinen. Das Haus ist in Privatbesitz.

Maison Fernand Dubois ⑧

Avenue Brugmann 80

Früheres Wohnhaus des Bildhauers Fernand Dubois, erbaut in den Jahren 1901 bis 1903 von Victor Horta, wenngleich er dieses wohl bemerkenswerteste seiner Gebäude nicht signierte.

WOHNHAUS UND ATELIER VON LOUISE DE HEM

⑨

Ein sehenswertes Beispiel der floralen Art nouveau

Rue Darwin 15 und 17

Anfang des 20. Jahrhunderts beauftragte die vor allem als mondäne Porträtmalerin und Bildhauerin erfolgreiche Louise de Hem den Architekten Ernest Blérot, für sie in der Rue Darwin ein Atelier (Nr. 17, 1902) und ein Wohnhaus (Nr. 15, 1905) zu bauen.

Die Fassade des Ateliers, die bisweilen auch ihr selbst zugeschrieben wird, zeigt ein florales Sgraffito, das die Künstlerin bei der Arbeit zeigt. Die schmalere Fassade des Wohnhauses ist reichhaltiger mit Sgraffiti – ein Hahn bei Sonnenaufgang sowie darüber vier fliegende Schwalben – dekoriert.

Eine in Bauweise und Dekor nahezu identische Kopie dieses Hauses, ebenfalls gestaltet von Ernest Blérot, findet sich an der Place Morichar 41 in Saint-Gilles.

Hôtel Philippot ⑩

Avenue Molière 153–155

Erbaut 1908 von dem Architekten Jules Brunfaut (Architekt des Hôtel Hannon), beeindruckt das Gebäude durch seine majestätische Fassade sowie das große Flachrelief von Jef Lambeaux. Die Eulen an der Fassade der Nr. 151 sind ebenfalls sehenswert.

Avenue Molière 172 ⑪

Die Fassade dieses Gebäudes zieren schöne Mosaiken mit Darstellungen von Adlern und stilisierten, ägyptisch inspirierten Motiven, wie sie bei dem Architekten Jean-Baptiste Dewin häufig zu finden sind.

MAISON NELISSEN

⑫

Ein phänomenales Rundfenster

Avenue du Mont Kemmel 5
Forest

Gegenüber des Parc de Forest liegt das 1905 im Stil der Art nouveau errichtete Wohnhaus des Architekten Arthur Nelissen, auch bekannt als Villa Beau-Site.

Besonders auffällig ist das große Rundfenster auf Höhe des ersten Stocks – ein typisches Element der geometrischen Art nouveau, das die Fassade hier buchstäblich in zwei Teile trennt.

Als eklektischer Architekt niederländischer Herkunft war Nelissen vor allem in Brüssel tätig. Mit diesem Haus, das er für sich selbst erbaute, wollte er sein Können als zeitgenössischer Architekt unter Beweis stellen.

Die Einfassung des Rundfensters bilden schwarz-weiß glasierte Steine, die an die Tasten eines Klaviers erinnern.

IN DER UMGEBUNG

Cité Mosselmans (13)

Rue Marconi 32

Die Cité Mosselmans in der Rue Marconi 32 (erbaut 1901–1903) verfügt über ein eindrucksvolles Eingangsportal aus Beton und glattem Zement im ägyptischen Stil, entworfen von dem Architekten Léon Govaerts. In den Nr. 34 bis 42 derselben Straße fallen vier weitere Gebäude durch ihre unterschiedlichen Stile und ihren hervorragenden baulichen Zustand ins Auge. Sie wurden als Sozialwohnungen von jeweils einem anderen Architekten gestaltet. Das eklektische Ensemble aus gelbem und rotem Klinker sowie Blaustein in der benachbarten Rue Rodenbach Nr. 14 bis 31 umfasst zwei große gegenüberliegende Gebäude identischer Bauart.

Villa De Rooster (14)

Avenue Besme 103

Die 1903 von dem Architekten Alphonse Boelens (1877–1936), für einen gewissen Hr. de Rooster erbaute Villa De Rooster ist ein bemerkenswertes Art-nouveau-Gebäude mit drei Fassaden. Die insgesamt eher geometrisch gestaltete straßenseitige Fassade ist mit ihrem Rundbogenfenster mit schönen Steineinfassungen, ihren hölzernen Zierelementen an den Fenstern und Balkonen und ihren feinen Kunstschmiedearbeiten typisch für ihre Zeit. Dazu kommen mehrere kunstvolle Sgraffiti. Die heutigen Eigentümer haben in enger Abstimmung mit der Denkmalschutzbehörde umfassende Sanierungsarbeiten vorgenommen, durch die die Villa heute wieder im Glanz früherer Zeiten erstrahlt.

FÜCHSE AN DER AVENUE VAN VOLXEM

⑮

Füchse, Enten und die kleine Maus

Avenue Van Volxem 268 und 270

Die beiden benachbarten Häuser wurden 1895 von einem weniger bekannten Architekten namens Edgard Fouarge in der Avenue Van Volxem 268 und 270 errichtet und sind in ihrer Bauart charakteristisch für die Brüsseler Art nouveau: gelber Klinker gemischt mit Blaustein, Kunstschmiedearbeiten in fein ausgearbeiteten pflanzlichen Formen, elegante Einbindung rechteckiger Rahmen in rundes Mauerwerk sowie halbkreisförmig gearbeitete Kellerfenster und Mauersockel. Das Besondere an diesen beiden Häusern ist ihr Bestiarium: Den Balkon auf der rechten Seite (Nr. 270) stützen zwei graue Füchse. An den Knäufen der beiden Eingangstüren scheinen kleine Mäuse davonzuhuschen, während einem von der Klingel der Nr. 268 ein Entenkopf entgegenblickt. Die Post steckt der Briefträger in den Schnabel einer weiteren Ente. Die Avenue Van Volxem wurde 1874 in einem bewaldeten und landwirtschaftlich genutzten Gebiet angelegt. Wollte der Architekt mit seinen Bauten den Tieren die Ehre erweisen, die hier seinerzeit lebten?

TÜR IN DER AVENUE VAN VOLXEM 317

Die Tür zum Paradies

Avenue Van Volxem 317

Gleich gegenüber den Füchsen der Avenue Van Volxem (s. links) lohnt sich ein genauerer Blick auf die Eingangstür der Nr. 317 – ein Meisterwerk der Art-déco-Schmiedekunst mit Voluten und stilisierten Blüten sowie einem gen Sonnenuntergang fliegenden Paradiesvogel im Zentrum. Beim Blick auf das Schild weiter oben wird deutlich, dass hier einst ein Kunstschmied lebte, der sich mit dieser Arbeit eine Art Visitenkarte schuf.

AUDI BRUSSELS

17

Ein über 50 Hektar großes Automobilwerk nur 15 Minuten vom Zentrum entfernt

Boulevard de la Deuxième Armée Britannique 201
+32 2 348 26 46 – visit.audibx@audi.de
Besichtigung nach Vereinbarung
Tramlinien 18 und 52

Brüssel ist vermutlich die einzige europäische Hauptstadt, die kaum eine Viertelstunde vom Zentrum entfernt ein riesiges Werksgelände zu bieten hat. Angesichts der gigantischen Ausmaße der auf mehr als 50 Hektar verteilten Gebäude verschlägt es einem zunächst fast die Sprache. Einige Gebäude, etwa die Lackiererei (die aus Sicherheitsgründen nicht besichtigt werden kann), sind bis zu 200 Meter lang und 60 Meter hoch.

Eine Besichtigung von Audi Brussels beginnt mit einem kurzen Film, in dem die Verdienste der Unternehmensgruppe sowie ihre verschiedenen Marken vorgestellt werden. Im Anschluss geht es zunächst in die großen Hallen des Karosseriebaus, wo verschiedene tiefgezogene Bauteile aus dem Wolfsburger Hauptwerk zusammengefügt werden. Der Tanz beginnt und präsentiert sich als wildes Gemenge aus leeren Fahrzeuggerippen, Robotern, Rollkränen und Montagestraßen. Nach und nach wird dem Betrachter bewusst, welche verschlungenen Wege ein Auto durch das Werk nimmt, wie oft es gedreht und gewendet, auf- und abgesenkt wird, um schließlich in den Armen eines hochmodernen Industrieroboters noch einen weiteren Arbeitsschritt über sich ergehen zu lassen. Was überrascht, sind die wenigen Menschen, die einem begegnen: Das Werk wird zu mehr als 90 Prozent von Robotern gesteuert. Dennoch sind hier über 5000 Mitarbeiter beschäftigt.

Nach dem Verlassen des Karosseriewerks geht es weiter zur Montage der verschiedenen Ausstattungen. Noch ist das Fahrzeug nur ein Metallskelett, nun erhält es Motor, Räder, Armaturenbrett und viele andere Einbauten, bevor es in die Endabnahme kommt.

Trotz der Größe des Werksgeländes stößt dieses inzwischen an seine Kapazitätsgrenzen. Der innerstädtische Standort macht Erweiterungen, durch die organisatorische Schwierigkeiten gelöst und die Wettbewerbsfähigkeit gesteigert werden könnten, unmöglich. Deshalb spielte Volkswagen vor einiger Zeit mit dem Gedanken, das Werk zu schließen. Die enormen Proteste, zu denen es kam, als Renault seinen Standort in Vilvoorde schloss, veranlassten die Geschäftsführung jedoch, ihre Pläne zu überdenken.

FENSTER DES GEMEINDEHAUSES VON FOREST ⑱

Die schönsten Art-déco-Fenster der Stadt

Rue du Curé 2
Tramlinien 18 und 52, Haltestelle Forest-Centre

Gegenüber der Abtei liegt das Gemeindehaus von Forest, ein schöner Art-déco-Bau von Jean-Baptiste Dewin aus dem Jahr 1934. Die meisten Besucher kommen nur hierher, um ihre administrativen Angelegenheiten zu erledigen. Doch das Gebäude hat darüber hinaus viel zu bieten und verdient mit seiner reichen Architektur und Innendekoration eine eingehendere Betrachtung, zumal der Eintritt frei und jederzeit während der Öffnungszeiten möglich ist.

Betreten Sie das Gebäude vom Vorhof der Abtei aus, sehen Sie gleich links in der Eingangshalle schöne Fenster, die der Glasermeister Colpaert 1939 nach Zeichnungen von Georges-Marie Baltus anfertigte. Steigen Sie anschließend gegenüber die Ehrentreppe hinauf. Zwei weitere Fenster stammen von denselben Künstlern. Die verschiedenen Räume in reinstem Art déco sind mit ihren Innendekorationen aus edlen Materialien, exotischen Hölzern und Marmor sowie Bronzeskulpturen von Minne und Verbeyst unbedingt sehenswert.

Im Außenbereich finden sich ein mittelalterlicher Glockenturm, verschiedene Dekorationen rund um das Leben als Familie sowie Skulpturen von Victor Rousseau.

CITÉ FOREST-VERT

Ein Paradies am Stadtrand für Besucher, die mit offenen Augen durch die Welt gehen

Rund um die Avenue de Fléron
Tramlinien 18 und 52

Das Viertel zwischen Rue du Général Dumonceau, Rue de la Verrerie und Avenue de Fléron in Forest ist ein erstaunliches Gewirr aus engen, ländlich anmutenden Passagen, in denen sich die Natur teilweise ihren Raum von der Stadt zurückerobert hat.

Mit ihrer Lage am Stadtrand ist die Cité Forest-Vert ein Paradies für Besucher, die mit offenen Augen durch die Welt gehen, denn die Eingänge in dieses Labyrinth aus Gassen und kleinen Plätzen sind nicht immer auf den ersten Blick zu erkennen. Genauer gesagt geht es hier um zwei Häuserblöcke beiderseits der Avenue de Fléron.

Die Seite mit den ungeraden Hausnummern ist nicht nur größer, sondern auch malerischer und interessanter. Nicht weniger als 14 Eingänge bieten Zutritt zur sogenannten Plaine Centrale, einer kleinen, nur fußläufig zu erreichenden Grünanlage mit fünf Bänken. Es ist eine wahre Wonne, sich hier für einen Augenblick niederzulassen und einen Blick in die Zeitung zu werfen oder den Kindern beim Spielen zuzusehen. Eine Frau steht am Fenster und unterhält sich mit einem Mann, der mit dem Rasenmäher aus seinem Garten tritt; eine Mutter fährt ihren Sohn im Kinderwagen. Doch Vorsicht! Abends trifft man hier auf eine andere Klientel, die anderen Tätigkeiten nachgeht … Die Eingänge befinden sich links der Häuser mit den Nr. 51, 69, 75 und 83 der Rue du Général Dumonceau sowie links und rechts von der Nr. 63. Weitere Eingänge liegen jeweils links und rechts im hinteren Teil des Stichwegs Glasblazerij (zwischen Avenue de la Verrerie 42 und 94), links der Rue de la Verrerie 98 und der Avenue de Fléron 45, rechts der Häuser Avenue de Fléron 35 und 37 sowie in der Rue des Bonnes Mères an der hinteren Ecke des einzigen Gebäudes der Straße.

Ein ähnliches Gassenensemble findet sich auf der anderen Seite der Avenue de Fléron: Die Eingänge liegen in der Avenue de Fléron links der Nr. 64 und rechts der Nr. 72, in der Avenue de la Verrerie links der Nr. 120 und rechts der Nr. 128, gegenüber der Avenue des Familles 2–3 sowie an der Ecke Avenue de Fléron und Avenue de la Verrerie jeweils auf der Seite mit den geraden Hausnummern. Dieser Häuserblock ist weniger ausgedehnt und reizvoll als der zuerst beschriebene. Ein Großteil der Fläche ist heute Teil eines Schulgeländes.

Die Cité Forest-Vert wurde 1922 von Henri Montfort als Gartenstadt entworfen. In den 1950er-Jahren musste sie teilweise dem sozialen Wohnungsbau auf dieser Seite der Avenue de Fléron weichen. Nichtsdestotrotz haben sich die Cité-Häuser mit Garten über die Jahre zu beliebten Wohnlagen entwickelt.

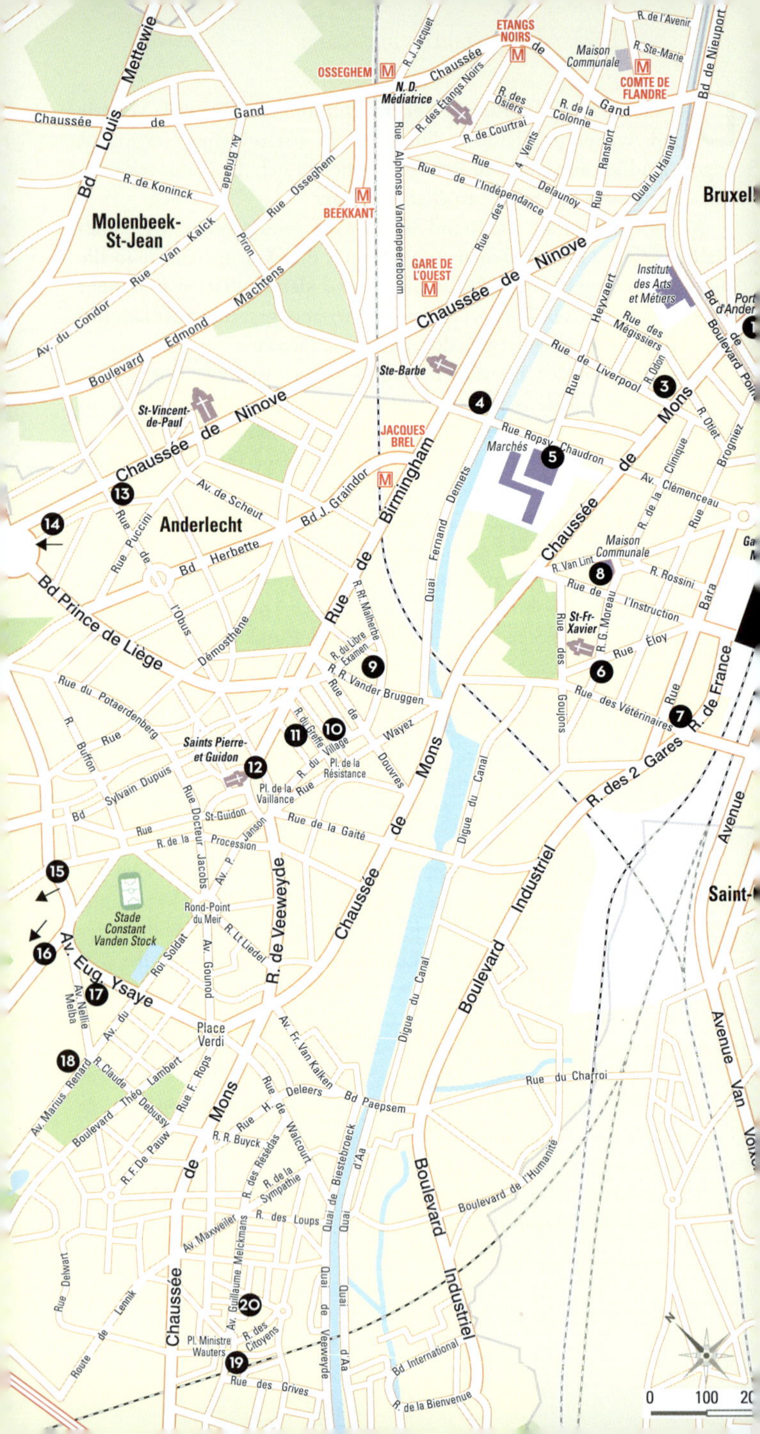

ETANGS NOIRS
OSSEGHEM
N.D. Médiatrice
Maison Communale
COMTE DE FLANDRE
R. de l'Avenir
R. Ste-Marie
Bd de Nieuport
Chaussée de Gand
Bd Louis Mettewie
R. des Etangs Noirs
R. des Osiers
R. de la Colonne
R. de Courtrai
Av. Brigade Piron
Rue Alphonse Vandenpeereboom
Rue de l'Indépendance
Rue des 4 Vents
Rue Delaunoy
Rue Ransfort
Quai du Hainaut
R. de Koninck
Rue Osseghem
BEEKKANT
Molenbeek-St-Jean
Rue Van Kalck
Bruxel
GARE DE L'OUEST
Boulevard Edmond Machtens
Av. du Condor
Chaussée de Ninove
Institut des Arts et Métiers
Port d'Ander
Bd de Boulevard Poin
Rue Heyvaert
Rue des Mégissiers
Rue de Liverpool
R. Odon
Ste-Barbe
St-Vincent-de-Paul
JACQUES BREL
R. Otlet
Rue Brogniez
Rue Ropsy Chaudron
Marchés
Chaussée de Mons
Av. Clémenceau
R. de la Clinique
Quai Fernand Demets
Av. de Scheut
Anderlecht
Bd J. Graindor
Rue de Birmingham
Rue Puccini
Bd Herbette
Maison Communale
R. Van Lint
R. Rossini
Rue de l'Instruction
Rue Bara
Bd Prince de Liège
Rue de l'Obus
Démosthène
R. Rf. Malherbe
R. du Libre Examen
St-Fr-Xavier
R. G. Moreau
Rue des Goujons
Rue Éloy
R. de France
Rue du Potaerdenberg
R. Vander Bruggen
Rue de Douvres
Wayez
R. du Greffe
Village
Rue des Vétérinaires
R. Buffon
Saints Pierre-et Guidon
Pl. de la Résistance
R. du
Pl. de la Vaillance
Rue
Rue Sylvain Dupuis
Bd
Rue Docteur Jacobs
St-Guidon
R. de la Procession
Av. P. Janson
Rue de la Gaité
Digue du Canal
R. des 2 Gares
Avenue
Rond-Point du Meir
Stade Constant Vanden Stock
Roi Soldat
R. Lt Liedel
Av. Gounod
R. de Veeweyde
Chaussée de Mons
Boulevard Industriel
Saint-
Av. Eug. Ysaye
Av. Nellie Melba
Place Verdi
Av. du
Av. Fr. Van Kalken
Digue du Canal
R. Claude Debussy
Théo Lambert
Rue F. Rops
Av. Marius Renard
Boulevard
Rue Deleers
Bd Paepsem
Rue du Charroi
Rue H. de Walcourt
R. R. Buyck
R. F. De Pauw
R. des Résédas
R. de la Sympathie
Quai de Biestebroeck
Quai d'Aa
Boulevard Industriel
Boulevard de l'Humanité
Avenue Van Volx
R. des Loups
Av. Maxweiler
Av. Guillaume Melckmans
Rue Delwart
Route de Lennik
Pl. Ministre Wauters
R. des Citoyens
Quai de Veeweyde
Bd International
Rue des Grives
R. de la Bienvenue
N
0
100
20

Anderlecht

KANALISATIONSMUSEUM ①

Abfallfresser unter der Stadt

Pavillon de l'Octroi – Porte d'Anderlecht
+32 2 279 60 32
sewermuseum.brussels
Täglich 10–17 Uhr, Gruppenführungen nach Vereinbarung auch am Donnerstag und Freitag
Tramlinien 18, 46 und 82, Haltestelle Porte d'Anderlecht

Das Kanalisationsmuseum (Musée des Égouts) ist nur wenig bekannt – zu Unrecht, denn im Rahmen einer Besichtigung (Termin vereinbaren!) erfahren Sie viel Wissenswertes über die Brüsseler Unterwelt. Auf drei Ebenen bietet das Museum in historischen und technischen Räumen Einblick in das Kanalisationsnetz. Spannend ist, dass die Führungen von Mitarbeitern durchgeführt werden, die ansonsten tatsächlich in der Kanalisation arbeiten und damit echte Spezialisten auf dem Gebiet sind, mit dem sich dieses Museum beschäftigt.

Historisch bestand die Kanalisation schlicht aus einer offenen Rinne in der Mitte der Straße. Heute erstreckt sich die Brüsseler Kanalisation über 300 Kilometer unterirdischer Abflüsse. Hinzu kommen Tausende Nebenanlagen, in denen Abwasser aus den Haushalten gesammelt wird, sowie 30 Kilometer Sammelleitungen. Diese sind größer als die „normalen" Leitungen und sammeln, wie der Name sagt, das Abwasser aus mehreren Leitungen, um dieses zur abschließenden Aufbereitung nach außen abzuleiten. Die Reinigung der Sammelleitungen erfolgt mithilfe von speziellen, für die jeweilige Leitung konstruierten Waggons; einer davon ist im zweiten Ausstellungsraum zu sehen.

Ebenfalls eine große Rolle bei der Reinigung der Kanalisation spielen Ratten. Sie fressen ein Drittel der Abfälle, die sich in den unterirdischen Rohren ansammeln, und in Brüssel leben knapp zwei Millionen unter der Stadt, also zwei je Einwohner. Zugegeben, wenn einem plötzlich so ein 50-Zentimeter-Koloss gegenübersteht, kann man es schon mit der Angst zu tun bekommen. Doch die rund 60 Mitarbeiter der städtischen Abwasserbetriebe sind das gewöhnt. Interessanterweise leben Ratten – anders als häufig angenommen – nicht in der Kanalisation, sondern nutzen die Rohre nur als Verkehrswege, um von A nach B zu gelangen. Ihr eigentlicher Lebensraum liegt meist direkt unter unseren Füßen, also in den Hausabwassersystemen oder unter Kellern.

Die Besichtigung endet mit einem Besuch in der echten Kanalisation. Zunächst geht es in einen der Gewölbearme der unter dem Museum fließenden Senne, von dort aus führt der Rundgang in die Sammelleitung unter der Chaussée de Mons. Überraschenderweise besteht zwischen der Kanalisation und dem seit 1863 im Stadtzentrum unter die Erde verlegten Fluss eine wichtige Verbindung: Im Falle eines Hochwassers dient er dem Abwassernetz als Sicherheitsventil. Gäbe es dieses nicht, könnte die Kanalisation bei Starkregen volllaufen, wodurch das Wasser auf der Suche nach einem Ausweg durch die Kanaldeckel nach außen drücken würde – mitsamt allem Inhalt der Kanalisation. Nicht wenige träumen heute davon, die Senne auf einem Teilstück wieder ans Tageslicht zu verlagern, was zweifelsohne einen gewissen Charme hätte. Hierfür müsste jedoch zunächst das Wasser des Flusses gereinigt und eine andere Abflussmöglichkeit für den Fall eines Hochwassers gefunden werden.

Beachten Sie bei der Terminvereinbarung für Ihre Führung, dass auf dem Schlachthof von Cureghem immer dienstags und donnerstags geschlachtet wird. Das Wasser in der Kanalisation unter dem Museum ist dann blutrot gefärbt.

IN DER UMGEBUNG

Früherer Hauptsitz der Sozialen Vorsorgeanstalt ②

Square de l'Aviation 29

Der Lesesaal (02 556 92 11) ist Montag bis Freitag (9–12 Uhr und 13–17 Uhr) geöffnet

Offiziell kann dieses Art-déco-Gebäude nicht besichtigt werden. Doch der Lesesaal des Zentrums für Kriegsstudien und -dokumentation und moderne Gesellschaften (CegeSoma), das hier seinen Sitz hat, ist öffentlich zugänglich und bietet einen schönen Blick auf die von abgerundeten, an eine Schiffsreling erinnernden Formen gekennzeichnete Stromlinien-Architektur des sehr gut erhaltenen Schaltersaals. Dieser beleuchtet in einer eindrucksvollen historischen Dokumentation die politischen, wirtschaftlichen, sozialen sowie kulturellen Krisen und Konflikte, die die Geschichte des 20. Jahrhunderts geprägt haben. Die Glaskuppel, die das Gebäude überspannt, und der Archivturm können im Rahmen der Tage des Kulturerbes besichtigt werden.

© Jean-Jacques Evrard

Schule Nr. 8 ③

Rue Abbé Cuylits 27

Die Fassade der zwischen Rue Odon und Rue Cuylits in einem sozial eher schwachen Viertel gelegenen École n° 8 überrascht mit sehenswerten Sgraffiti. Diese widmen sich verschiedenen Schulfächern: Zeichnen, Geschichte, Musik, Schreiben, Lesen, Geometrie, Naturwissenschaften (mit einem kuriosen Totenschädel), Arithmetik, Geografie und Gymnastik. Zwei weitere schöne Sgraffiti, die eine Frau zeigen, die ein Kind an der Hand hält, sind weniger gut erhalten. Die Schule wurde 1897 nach Plänen des Gemeindearchitekten E. S'Jonghers errichtet.

WERKZEUG AN DER FASSADE DER HUFBESCHLAGSCHULE

④

Hufe von Schlachtpferden aus Cureghem als Lehrmaterial für angehende Schmiede

Rue Léon Delacroix 28 – Metrostation Delacroix
02 410 26 73 – ecoledemarechalerie.be
Tage der offenen Türen, üblicherweise am letzten Wochenende im April

Cureghem ist seit 1888 geprägt von der fleischverarbeitenden Industrie. Zentrum dieser Tätigkeit bildet der *abattoir* („Schlachthof") mit seinem von einer filigranen Eisenkonstruktion überdachten Marktplatz. Als Stadt in der Stadt bestimmte dieser das Geschäftsleben in diesem Teil von Anderlecht, von den zahlreichen Metzgereien über die Gerbereien

und Lederwarenhersteller bis hin zur Veterinärschule, in der heute kein Unterricht mehr stattfindet, deren Gebäude jedoch die Zeit überdauert haben. Angesichts dieser allgemeinen Ausrichtung des Viertels, beschloss das Landwirtschaftsministerium 1931, einige Meter weiter eine Hufbeschlagschule zu gründen. Ein weiser Beschluss, erlaubte er es den Lehrlingen doch, ihre Fähigkeiten in der ersten Ausbildungshälfte an den Hufen geschlachteter Pferde zu erproben. Die straßenseitige Fassade der Schule stammt von dem Architekten A. J. Storrer und zieht mit ihrer verspielt durch rote Verkleidungen hervorgehobenen Linienführung im Stil des Art déco sowie einer Reihe von Attributen des Hufschmieds – Eisen, Hammer, Amboss – die Blicke auf sich.

Das Gebäude umfasst zwei Schulen, eine niederländisch- und eine französischsprachige. In Letzterer üben sich rund 150 belgische und (aufgrund der praktisch einzigartigen Schmiedetechniken, die hier gelehrt werden) französische Lehrlinge in der schwierigen Kunst der Beschlagfertigung. Meist wird die körperlich harte und gefährliche Tätigkeit von Männern ausgeübt, doch immer wieder finden sich auch junge Frauen unter den Auszubildenden. Innerhalb von drei Jahren gilt es, die Fertigung von rund 30 verschiedenen Hufeisen zu erlernen – von einfachen Modellen für gesunde Pferdefüße bis hin zu Spezialanfertigungen für verformte Gliedmaßen. Die Ausbildung ist dabei größtenteils praktisch ausgerichtet, wovon auch die zentrale Lernwerkstatt mit rund einem Dutzend Arbeitsplätzen zeugt. Dazu kommen theoretische Kenntnisse aus den Bereichen Technologie, Anatomie, Physiologie und Pathologie von Pferdefüßen.

Offiziell ist eine Besichtigung nicht möglich, doch fragen kostet bekanntlich nichts und vielleicht haben Sie Glück und dürfen einen Blick in das Atelier werfen. Wer auf Nummer sicher gehen will, wartet auf die Tage der offenen Türen (üblicherweise am letzten Aprilwochenende, Termin siehe Website), an dem diese außergewöhnliche Ausbildungsstätte Besichtigungen sowie Vorführungen des Schmiedehandwerks anbietet.

IN DER UMGEBUNG

Gewächshäuser auf dem Dach des Schlachthofs von Anderlecht ⑤

Rue Ropsy Chaudron 24 – 02 512 03 24

Auf dem Gelände der (noch heute betriebenen) Anderlechter Schlachthöfe befindet sich auf dem Dach des Foodmet ein Aquaponik-Garten, in dem nicht nur Forellen gezüchtet, sondern auch Gemüse, Beeren und Kräuter angebaut werden. Alle Erzeugnisse werden in Läden in Brüssel und Umgebung zum Kauf angeboten. Der Garten kann besichtigt werden – Gewächshäuser, Fischzuchtbecken und dazu ein atemberaubender Blick über die Stadt.

SCHÖNE FASSADEN IN DER RUE GEORGES MOREAU

6

Augen auf bei der Hausnummernsuche

Rue Georges Moreau 148, 162, 164 und 170
Eingang Gare du Midi

© Jean-Jacques Evrard

In der Rue Georges Moreau finden sich etwas abseits der üblichen Wege einige sehenswerte Fassaden. Von der Veterinärschule kommend, stößt man am Haus mit der Nr. 148 auf ein verwittertes Sgraffito. Das frühere Wohnhaus und Atelier des Fabrikanten für emaillierte Metallplatten Victor Delplanque ein Stück weiter rechts wurde 1906 von Arthur Nelissen erbaut und verweist mit seiner Fassadengestaltung auf die Tätigkeit seines einstigen Bewohners. Besondere Beachtung verdienen die Darstellungen eines Schwans und eines Pfaus. Die beiden genannte Gebäude tragen die Nr. 172 und 174. Geht man weiter nach rechts, stößt man auf die Nr. 170 und danach erneut auf die Nr. 172. Was ist da los? Ganz einfach: Die Nummerierung der beiden vorangehenden Gebäude ist falsch. Sie wurden kürzlich saniert und aus unerfindlichen Gründen standen am Ende falsche Hausnummern an den Fassaden. In Wahrheit handelt es sich um die Nr. 162 und 164. Der Briefträger weiß Bescheid, und die Anwohner wissen, wo sie im Falle eines Irrtums nach ihrer Post suchen müssen.

Das schönste Gebäude der Straße ist das Haus mit der Nr. 170. Erbaut 1908 durch den Architekten und Vermessungsingenieur Hector Gérard, verbindet es Einflüsse aus Mittelalter, Renaissance und Art nouveau. Insbesondere das gut erhaltene Sgraffito eines unbekannten Künstlers ist bemerkenswert. Das Gebäude wurde jüngst saniert und ist eine Ode an die Malerei und vor allem die Kunst einiger flämischer Maler, namentlich Rogier van der Weyden, Jan van der Meeren, Memling und David, Blondeel, Lucas van Leyden sowie Hubert und Jan van Eyck. Das Sgraffito rund um den hölzernen Erker im ersten Stock zeigt vier von Blumengirlanden und Arabesken umrankte Frauen.

DAS LETZTE OBERIRDISCHE TEILSTÜCK DER SENNE

⑦

Wo die Senne unter der Erde verschwindet

Rue des Vétérinaires
Eingang Gare du Midi

Ganz am Anfang der Rue des Vétérinaires, gleich vor der Eisenbahnbrücke der Strecke Brüssel – Paris, befinden sich auf einer Industriebrache eine Tankstelle und eine Autowaschanlage. Dazwischen, hinter dem kleinen Parkplatz, führt eine Straße zu den Schienen hinauf und rechts, am Rande des Backsteinbaus, ein schmaler Pfad ins Grüne hinein. Dahinter eröffnet sich der Blick auf das letzte oberirdische Teilstück der Senne. Doch die grüne Umgebung ist trügerisch, denn die Senne ist trotz einiger Bemühungen in jüngerer Vergangenheit alles andere als sauber. Im Herbst 2000 wurde flussaufwärts, nahe der Firma Viangro, die Kläranlage Brüssel-Süd eingeweiht. Diese allein ist jedoch nicht ausreichend, was von der Rue Bollinckx aus beim Blick auf den Fluss deutlich wird, der, obwohl er an dieser Stelle noch nicht einmal den Ballungsraum Brüssel durchquert hat, schon stark verschmutzt ist. Ganz zu schweigen von seinem Zustand auf der anderen Seite …

In Brüssel gibt es noch weitere Spuren der Senne zu entdecken: In der anderen Richtung, also flussabwärts, ist im Kanalisationsmuseum (Musée des Égouts, s. S. 182) von Anderlecht ein Blick auf die eingehauste Senne möglich. Noch ein Stück weiter flussabwärts liegt das Restaurant La Grande Écluse, dessen Name an die alte Schleuse erinnert, durch die der Wasserstand der Senne innerhalb der Stadt reguliert werden konnte. Es handelt sich hier um die erste Einhausung der Senne. Ein weiteres Stück flussabwärts ist in der Rue Saint-Géry 23 ein wiederhergestellter Seitenarm des Flusses zu sehen.

IN DER UMGEBUNG

Rathaus von Anderlecht ⑧

Place du Conseil 1
+32 2 558 08 00

Das Rathaus von Anderlecht ist ein architektonisches Juwel, dessen kulturhistorische Bedeutung bei der Erledigung administrativer Vorgänge nur allzu oft übersehen wird. Eine (kostenlose) Besichtigung ist auf freundliche Nachfrage meist möglich. Eine andere Möglichkeit besteht darin, an einer (öffentlichen) Ratssitzung teilzunehmen oder, etwas radikaler, in dem Gebäude zu heiraten, denn der Ratssaal dient gleichzeitig als Trausaal. Das Gemeindehaus wurde von dem Architekten van Ysendijck im Stil der Neorenaissance erbaut und 1879 von König Leopold II. in Anwesenheit des damaligen Bürgermeisters Jérôme van Lint eingeweiht. Sein 48 Meter hoher Turm ist weithin sichtbar. Besonders sehenswert ist der Ratssaal mit seinen schönen Buntglasfenstern und Skulpturen von Constantin Meunier.

HAUPTGEBÄUDE DER BRASSERIE ATLAS

9

Ein soziales Experiment in einer ehemaligen Brauerei

Rue du Libre Examen 15
+32 2 523 80 45 – lapoudriere.org
Depot Montag, Dienstag und Freitag 14–18 Uhr
Metrostation Aumale

Wer am Kanal und der Place de la Vaillance vorbeikommt, sollte gleich um die Ecke einen Blick auf die Gebäude der ehemaligen

Brasserie Atlas werfen. Der 1912 im Auftrag der Brauerei Saint-Guidon begonnene Bau wurde erst 1926 finalisiert. Während das Sudhaus, die Gärkammer und der Lagerraum gleich zu Beginn entstanden, wurden die Stallungen, Büroräume und Reinigungsanlagen erst 1924 fertiggestellt. 1926 kam schließlich der 30 Meter hohe Art-déco-Turm hinzu und markierte damit den Übergang zu einer neuen Herstellungstechnik. 1925 wurde die Brasserie Saint-Guidon zur Brasserie Atlas, die dort bis 1952 Bier braute. Anschließend übernahm die Brasserie Haecht die Anlagen, nutzte die Gebäude aber nur noch zu Lagerzwecken. 1980 gab die Brauerei den Standort auf. Heute werden die Gebäude von der Communauté de la Poudrière, einer „selbstverwalteten Gemeinschaft, die nach Alternativen zu Kapitalismus und Individualismus sucht und den Menschen wieder in den Mittelpunkt stellt", als Lagerfläche genutzt.

GERICHTSGEBÄUDE DER JUSTICE DE PAIX

⑩

Öffentliche Verhandlungen in den Gewölbesälen des Friedensgerichts

Place de la Résistance 3
Zutritt möglich bei öffentlichen Verhandlungen: Dienstag- und Donnerstagvormittag sowie jeden zweiten Montag und Mittwoch um 9 Uhr
Metrostation Saint-Guidon

Das Gebäude der Friedensgerichts wurde 1893 nach Plänen des Architekten S'Jonghers errichtet und zeichnet sich durch seinen kunstvollen Neorenaissance-Stil aus. Das Gebäude selbst ist in Anderlecht weithin bekannt, dennoch nutzen nur wenige die Gelegenheit, es zu besichtigen oder einer Gerichtsverhandlung beizuwohnen.

Gegen Ende des 19. Jahrhunderts erlangte Anderlecht zunehmend wirtschaftliche Bedeutung und wurde 1890 zum Kantonalsitz der Friedensgerichtsbarkeit ernannt. Seither werden alle geringfügigen Konflikte, die sich in Anderlecht zutragen, in diesem Gebäude verhandelt.

Oberhalb der Rundbogenfenster des ersten Stockwerks sind an der Fassade die Gemeindewappen zu sehen. Im Sitzungssaal im ersten Stock werden jeweils am Donnerstagvormittag Angelegenheiten des ersten Kantons, am Dienstagvormittag des zweiten Kantons verhandelt. Meist geht es um einfache Zivilsachen wie Miete, Unterhalt, Versicherungsprämien oder Rechnungen. Eine hervorragende Gelegenheit, um den Saal mit seiner von Stahlträgern durchzogenen Einschubdecke zu bewundern! Wer einen genaueren Einblick in die Funktionsweise der Justiz erhalten möchte, sollte sich einen schwierigeren Fall aussuchen. Diese werden jeden zweiten Mittwoch um 9 Uhr für den ersten Kanton und jeden zweiten Montag um 9 Uhr für den zweiten Kanton verhandelt. Alle Verhandlungen sind öffentlich.

IN DER UMGEBUNG

Häuser in der Rue du Greffe 26 bis 32 ⑪

Bei diesen vier von 1899 bis 1900 errichteten Gebäuden handelt es sich um Art-nouveau-Einfamilienhäuser für Arbeiter – das einzige größere Projekt des Anderlechter Architekten E. Fouarge. Sehenswert sind vor allem die Terrakotta-Medaillons am Haus mit der Nr. 26. Sie zeigen eine auffliegende Eule und einen Hahn. Die floralen Motive an Haus Nr. 28 sowie die Balkone verdienen ebenfalls einen näheren Blick. An der Ecke Rue du Greffe und Rue du Village befindet sich ein schönes Flachrelief, das Rabe und Fuchs aus der Fabel von Jean de la Fontaine zeigt.

KRYPTA UND GRAB DES HEILIGEN GUIDO ⑫

Unter dem Kenotaph des Heiligen werden Gebete erhört

Stiftskirche Saint-Pierre et Guidon
Place de la Vaillance
Täglich 9:30–12 Uhr und 14–16:30 Uhr (außer Mittwoch)
Für den Zugang zur Krypta Schlüssel beim Küster erfragen
Metrostation Saint Guidon

An der Place de la Vaillance steht die berühmte gotische Stiftskirche zu Ehren der Heiligen Peter und Guido, seit Jahrhunderten neuralgisches Zentrum von Anderlecht und Schauplatz einer lebendigen Pilgerkultur. Im Inneren des bekannten Bauwerks befindet sich eine außergewöhnliche Krypta, die besichtigt werden kann. Rechts des Hauptaltars führt eine Treppe den Besucher direkt hinein in die Romanik des ausgehenden 11. Jahrhunderts. Die relativ große Krypta verfügt über ein schönes Kreuzgewölbe und kleine Fenster, durch die schwaches Licht einfällt, was manche zu der Annahme veranlasst, es habe sich hier ursprünglich nicht um eine Krypta, sondern um eine Kirche gehandelt, die später in dem aktuellen Gotikbau aufging.

Einige Säulen bestehen aus einem Stück, sie stammen vermutlich aus einem älteren Gebäude und fanden hier erneut Verwendung. Bei dem (leeren) Grab soll es sich um die letzte Ruhestätte des Heiligen Guido handeln. Es besteht aus einer trapezförmigen Platte, zwischen deren Stützen sich ein schmaler Durchgang für Pilger bot, damit diese im Inneren ihre Bitten formulieren konnten. Die sichtbaren Spuren am Stein zeugen bis heute von dieser Praxis. Falls Sie also etwas auf dem Herzen haben sollten, treten Sie gerne ein …

Der Heilige Guido

Geboren um 950 als Kind einer armen Anderlechter Familie, erlangte der spätere Schutzpatron der Gemeinde Anderlecht durch die Wunder, die er bewirkte, und seine Pilgerreise ins Heilige Land Berühmtheit. Bei seinem Tod am 12. September 1012 war die Kirche von Anderlecht noch ein bescheidenes Oratorium. Im Laufe der Zeit verbreitete sich die Kunde von den Wundern, die dem Heiligen zugeschrieben wurden, sodass immer mehr Menschen nach Anderlecht pilgerten, um diesen um seine schützende Hand gegen die Ruhr (an der er nach seiner Rückkehr aus Jerusalem selbst verstarb), andere Infektionskrankheiten und Tierseuchen anzuflehen. Durch die vielen Pilger erlangte die Gemeinde nicht nur Ansehen, sondern auch Wohlstand, was den Bau einer Stiftskirche ermöglichte, die jenen der größten Diözesen würdig war. In der Kirche selbst finden sich verschiedene Darstellungen des Heiligen.

MUSÉE DE CHINE

Authentische Objekte aus China zur Ausbildung von Missionaren

Chaussée de Ninove 548
+32 2 526 14 00
Terminvereinbarung erforderlich
Eintritt frei
Buslinie F, Haltestelle Scheut; Buslinie M oder R, Haltestelle Obus

In dem modernen, architektonisch wenig interessanten Gebäude des Ordens der Scheut-Missionare befindet sich das China-Museum, das aufgrund seiner wertvollen Sammlung zumindest einen kurzen Besuch verdient. Es verdankt sein Bestehen den Scheut-Missionaren, die es sich einst zum Ziel gesetzt hatten, China zu evangelisieren.

Der Name des 1862 von Pater Théophile Verbist als Kongregation vom Unbefleckten Herzen Mariens gegründeten Ordens geht auf das Scheutveld zurück, das Viertel von Anderlecht, in dem einst das erste Haus des Ordens errichtet worden war. Vor ihrer Entsendung nach China erhielten die Missionare gemäß den Vorgaben des Ordensgründers, für den Sprachkenntnisse ebenso wie der Respekt vor der Identität und eine gewisse Akkulturation von elementarer Bedeutung waren, eine Einweisung in die chinesische Kultur und Sprache. Er legte großen Wert darauf, dass jeder Missionar von seinem Einsatzort Gegenstände in die Heimat schickte, um dort eine angemessene Ausbildung künftiger Missionare zu ermöglichen.

Diese Gegenstände bilden die Grundlage des Museums, das in vier Bereiche unterteilt ist: „Sprache und Schrift“, „Alltag“, „Lokaler religiöser Glauben“ und „Evangelisierung“. Die Sammlung ist von hoher Qualität. Einige Exponate stammen aus der Zeit um 2500 v. Chr. In einer Vitrine ist der berühmte Brauch des Füßebindens erklärt. Die sogenannten Lotusfüße galten als Schönheitsideal höherer Schichten und erforderten besonderes Schuhwerk, von dem ebenfalls mehrere Modelle ausgestellt sind. Gegenüber zeugt eine Elfenbeinkugel von virtuoser Kunstfertigkeit. Besondere Erwähnung verdienen auch die wunderschönen Porzellanarbeiten und Statuen, darunter ein Bronzebuddha aus dem Jahr 1457. In dem an das Museum angrenzenden Raum sind Porträts von mehr als 3000 Missionaren zu sehen, die für den Scheut-Orden tätig waren. Beeindruckend!

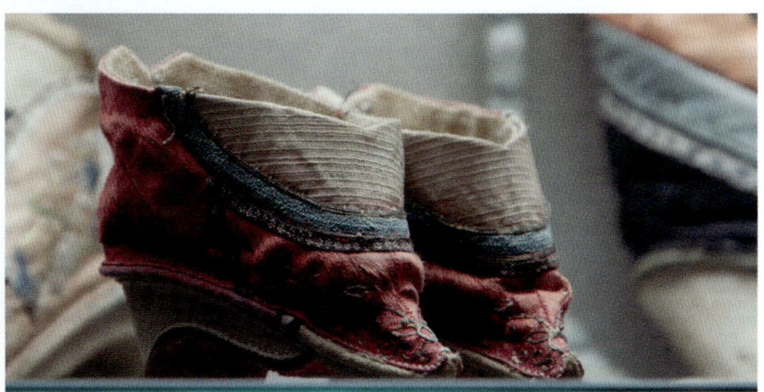

GARTENSTADT VON MOORTEBEEK ⑭

Ein Hauch von Landluft

Rund um den Boulevard Shakespeare
Buslinie 46

Die 1922 in einem Randviertel von Anderlecht erbaute Gartenstadt von Moortebeek ist heute ein nettes Wohnviertel, allerdings nach wie vor mit wenigen Einkaufsmöglichkeiten. Das Straßenbild ist geprägt von gelben Reihenhäusern mit Garten – Anfang und Ende der Siedlung sind somit gut auszumachen. Nachdem Jean-François Hoeben einen Wettbewerb gewonnen hatte, wurde die Umsetzung der Siedlung auf sieben Architekten aufgeteilt, um eine allzu einförmige Gestaltung zu vermeiden: Hoeben übernahm die Rue de l'Agronome, den Anfang der Rue Sévigné, den unteren Teil der Rue Horace und die östliche Seite des Boulevard Shakespeare. Bragard zeichnete für die Rue Horace, Mouton für die Rue Virgile und den mittleren Bereich des Boulevard Shakespeare, Verlant und De Paepe für die Rue Homère, die Rue de Lamartine und die Rue de Sévigné bis zum La Tourelle verantwortlich. Diongre war für die Rue Corneille und den westlichen Teil des Boulevard Shakespeare und Brunfaut für die Rues Ronsard, Rabelais und Tolstoï sowie den

südlichen Bereich des Boulevard Shakespeare zuständig. Die nach denselben Vorgaben errichteten 330 Häuser sind identisch aufgebaut: Untergeschoss mit zwei Kellerräumen, Erdgeschoss mit einem kleinen Wohnraum von gerade einmal 16 Quadratmetern, Wäscheraum, Küche, WC und Abstellraum. Da im Grundriss kein Badezimmer vorgesehen war, befand sich im Wäscheraum eine Dusche. Die Küche durfte nicht zu groß sein. Die Gartenstadt von Moortebeek, die 124 Wohnungen umfasst, wurde in den 1970er-Jahren in die Stadt eingegliedert.

IN DER UMGEBUNG

Cité Bon Air

Hinter dem Ring und entlang der Avenue d'Itterbeek, rund um die Place Séverine
Buslinie 46, Haltestelle Sibelius

Die von dem Architekten Voets entworfene Cité Bon Air entstand in mehreren Etappen. Im Rahmen der ersten und größten Maßnahme entstand 1923 ein Komplex mit 208 Häusern. Fortsetzungen des Programms folgten in den Jahren 1930 (122 Häuser), 1938 (36 Häuser), 1945 bis 1950 (40 Häuser) sowie 1953 (33 Häuser). Ursprünglich wurde die Anlage für Menschen gebaut, die ihre Häuser im Zuge des Baus der Brüsseler Nord-Süd-Verbindungsbahn hatten verlassen müssen.

© Ben2

Die Gartenstadtbewegung

Die Gartenstadtbewegung entstand Ende des 19. Jahrhunderts in England nach einem Modell von Ebenezer Howard. Die erste belgische Gartenstadt wurde von Adrien Blomme 1912 in Winterslag erbaut. Einen wirklichen Aufschwung erfuhr die Bewegung in Belgien und insbesondere in der Region Brüssel jedoch erst zwischen 1918 und 1930. Infolge der Zerstörungen des Ersten Weltkriegs und der damit einhergehenden Wohnungsnot wurden rund 200.000 Wohnungen benötigt. Der damalige Arbeitsminister Joseph Wauters erklärte 1920: *„Ideal wäre es, jedem Menschen eine Wohnung, ein Zuhause in einem besonders ansprechenden Umfeld bieten zu können, umgeben von Bäumen, Licht und Grün."* Die Gartenstädte dienten also nicht nur dazu, günstigen Wohnraum zu schaffen, sondern waren zugleich ein Mittel, um Einfluss auf die soziale Struktur zu nehmen, indem sie Arbeitern ein Lebensumfeld boten, das es diesen ermöglichte, sich zu emanzipieren. Unter dem Einfluss des Stadtplaners und

Landschaftsarchitekten Louis Van der Swaelmen sowie der Architekten Eggerickx, Hoste, De Ligne, Hoeben, Rubbers und Pompe entstanden rund um Brüssel 25 Gartenstädte und zahlreiche von diesem Trend inspirierte Wohnsiedlungen. An dieser Stelle ist nicht genügend Raum, um sie alle zu nennen; bekannte Anlagen wie die Cité Floréal und die Cité Le Logis bleiben daher unerwähnt. Mehrere Gartenstädte sind, wie auch die beiden soeben genannten Anlagen, auf Initiative von Mietergenossenschaften in Watermael-Boitsfort entstanden. Andere wurden von den jeweiligen Gemeinden im Rahmen des sozialen Wohnungsbaus errichtet. Alle Gartenstädte folgten den Grundsätzen der Einfachheit und Wirtschaftlichkeit. Darüber hinaus boten sie den Architekten ein weites Feld für technische Experimente und verlangten diesen, ausgehend von einem geringen Budget, einiges an Kreativität ab, um den Innenraum und die Ausstattung möglichst zweckmäßig zu gestalten und einen guten Kompromiss zwischen Individualität und Gemeinschaft zu finden.

LOURDES-GROTTE

Bernadette und Marie am Rande des Stadtrings

Rue de la Floraison
Buslinie 46, Haltestelle Pommier

Die von einer eleganten Lindenallee gesäumte Rue de la Floraison war Ende des 19. Jahrhunderts wesentlicher Teil des Vorhabens, rund um Brüssel einen Boulevardgürtel anzulegen, der in dieser Form jedoch nie realisiert wurde. So endet die Straße heute als Sackgasse am Stadtring, der anno 1978 rund 100 Meter weiter unten gebaut wurde. 1914 entstand für den bis dato kirchengemeindelosen Stadtteil Neerpede ein dem Heiligen Gérard Magella geweihtes Gotteshaus. Dieses wurde 1952 in seiner heutigen Form wiederaufgebaut und beherbergt seitdem eine niederländischsprachige Kirchengemeinde. 1916 entstand zudem eine Schule, die von den nebenan lebenden Nonnen geführt wurde. Aus dieser Zeit stammt vermutlich auch die ein Stück vor diesen Gebäuden auf einer kleinen Lichtung gelegene Lourdes-Grotte. Diese künstliche Grotte, vor der schmale Steinbänke zum Verweilen einladen, ist nach dem Original in Lourdes gestaltet und erinnert an die Marienerscheinungen der jungen Bernadette Soubirous im Jahr 1858. Der Bau ist erfrischend dilettantisch ausgeführt, unter viel Zement ist hier und da die gemauerte Konstruktion zu erkennen. Brennende Kerzen und der insgesamt gepflegte Zustand zeugen dennoch davon, dass die Grotte nach wie vor von Gläubigen besucht wird.

Anderlecht jenseits des Stadtrings

Anderlecht ist der einzige Brüsseler Stadtteil, der über den westlichen Ring bis hin zu den Hügeln des Pajottenlands hinausreicht. Das insgesamt rund 450 Hektar große Gebiet an den Grenzen von Leeuw-Saint-Pierre und Dilbeek ist nach wie vor eher ländlich geprägt und fungiert als riesiges Freilichtmuseum, das zeigt, wie es im Westen und Norden der Region Brüssel vor der Industrialisierung und Urbanisierung aussah. Hier gewinnt die Hügellandschaft des Pajottenlands mit ihren zwei Tälern, dem Vogelenzangbeek im Süden und dem Pede-Tal mit dem Anderlechter Ortsteil Neerpede weiter nördlich, die Oberhand über die Stadt. Die Landschaft zeigt sich bis auf einige wenige Ausnahmen noch so, wie sie im 16. Jahrhundert Breughel verzauberte – mittlerweile ist jedoch eine Anreise mit der Métro möglich (Linie 5 Haltestelle Erasme). Für den Ausflug empfiehlt sich gutes Schuhwerk oder ein Fahrrad.

MAURICE-CARÊME-MUSEUM

(17)

Zum Gedenken an den „Prince en poésie"

Avenue Nellie Melba 14B
mauricecareme.be
Besichtigung nach telefonischer Terminvereinbarung unter +32 2 521 67 75
(Frau Jeannine Burny) – Eintritt frei
Metrostation Veeweyde

Geboren 1899 als Sohn eines Gebäudemalers und einer Krämerladeninhaberin, war der kleine Maurice nicht gerade für das Schreiben prädestiniert. Doch bereits im zarten Alter von 15 Jahren verfasste der hervorragende Schüler erste Gedichte – und schrieb bis ans Ende seiner Tage. Heute ist Maurice Carême international für seine Schriften und Gedichte über die Jugend, aber auch für seine Texte über die Größe und das Leid des Menschen bekannt. 1972 wurde er im Pariser Café Procope zum *„Prince en poésie"* gewählt, wovon eine Gedenktafel an der Fassade des berühmten Cafés (s. unten) zeugt. Er starb 1978 und hinterließ neben seinem großartigen Werk sein Wohnhaus, das heute nahezu unverändert als Museum besichtigt werden kann. Kurz vor seinem Tod gründete er mit seinen engsten Freunden eine Stiftung zur Verbreitung seiner Schriften und zum Erhalt seiner Archive. Er wünschte sich sein Haus als offenen Ort des Lebens vor allem für Kinder, die er dadurch zu inspirieren und für die Dichtung empfänglich zu machen hoffte.

Das Weiße Haus wie es heute genannt wird, wurde nach dem Vorbild alter Häuser aus Brabant, der Geburtsregion des Dichters, erbaut. Zu sehen sind darin stilechte Möbel, allerlei Krimskrams und altes Geschirr sowie zahlreiche Porträts des Poeten, die größtenteils von großen belgischen Künstlern stammen, die er zu seinen Freunden zählte, u. a. De Boeck, Delvaux oder Wolvens. Neben einem Einblick in das Leben des Dichters besitzt das Museum ein Archiv, eine Fachbibliothek für Lyrik aus aller Welt, Tondokumente und audiovisuelle Medien sowie zahlreiche Manuskripte.

INSTITUT REDOUTÉ-PEIFFER

Gartenkunst

Avenue Marius Renard 1
+32 2 526 75 00
Geöffnet in der Regel am zweiten Wochenende im Mai
Metrostation Veeweyde – Tramlinie 56, Haltestelle Debussy

Zwei Gehminuten vom Stadion von Anderlecht entfernt liegt das Institut Redouté-Peiffer, eine Gartenbauschule, die, ganz ihrem Sinn und Zweck gemäß, über wunderschöne Gärten verfügt. Offiziell ist die Gartenanlage nur an den Tagen der offenen Tür für Besucher zugänglich, doch mit ein wenig Glück erhält man auch auf freundliche Nachfrage Einlass. Lassen Sie sich von der abweisenden straßenseitigen Fassade nicht abschrecken. Das Paradies liegt dahinter, auf einer Fläche von rund vier Hektar. Der Rundgang führt links durch die Gewächshäuser, rechts durch schön angelegte Beete. Vermutlich werden Ihnen hier nicht viele andere Besucher begegnen, sodass Sie ganz in Ruhe zwischen Blumen, Sträuchern und anderen Pflanzen flanieren und den feinen Duft, der von ihnen ausgeht, genießen können. Auf seinen Steingarten ist das Institut besonders stolz. Dieser wurde 1960 von dem Architekten de Witte in einer Mischung aus Felsen, Rasenflächen, Zedern, Rhododendren, Lärchen und Ginkgos angelegt.

Das Institut wurde 1913 als „Schule für die Söhne der Gemüsebauern" gegründet. Der erste Unterricht fand jedoch erst 1922 in dem Gebäude La Laiterie im Astrid-Park statt. Die Schüler setzten ihre Kenntnisse auf einem zwei Hektar großen Feld an der Avenue de Neerpede in die Praxis um. Seit 1995 liegt die Zuständigkeit für das Institut bei der Französischen Gemeinschaftskommission.

Pierre-Joseph Redouté

Pierre-Joseph Redouté (1759–1840) gilt als einer der berühmtesten Blumenmaler des 19. Jahrhunderts. 1804 wurde er zu Kaiserin Joséphines Blumenmaler ernannt, von der er 1813 den Auftrag erhielt, die vergängliche Schönheit der berühmten Rosen von Schloss Malmaison, der Lieblingsresidenz der früheren Ehefrau von Napoléon Bonaparte, zu verewigen. Es ist bis heute das bekannteste Werk des Trägers des Ordens der Ehrenlegion und Ritters des Leopoldsordens.

GARTENSTADT CITÉ-JARDIN LA ROUE

19

Im Freilauf

Einige Straßen rund um die Place du Ministre Wauters – Metrostation La Roue

Die Gartenstadt Cité-Jardin La Roue ist für ihre Art-déco-Häuser und ihre Gassen bekannt und zeugt von der städtebaulichen Forschungstätigkeit zu Beginn des 20. Jahrhunderts. Sie entstand ab 1920 nach Plänen der Architekten Pompe, Meckmans, Jonghers und Voets auf einer Fläche von 18 Hektar. Ihren Namen verdankt sie einer gleichnamigen Herberge, die im 18. Jahrhundert an der Ecke Chaussée de Mons und Route de Lennick gegenüber einer Windmühle stand.

Die Cité stand für die Emanzipation der Arbeiterklasse und beruhte auf den Theorien des führenden Vertreters der Bewegung, Louis Van der Swaelmen. Die durchweg nach demselben Prinzip aufgebauten 688 Einfamilienhäuser der Cité – Wohnraum, drei Schlafzimmer und 50 Quadratmeter Garten – bildeten ein homogenes Ensemble in Straßen mit klangvollen Namen des damaligen Klassenkampfs: Rue des Droits de l'Homme, Rue de la Solidarité, Rue des Plébéiens.

Beginnen Sie Ihren Rundgang in der Rue des Colombophiles 101, wo schöne Nutzgärten den Blick auf den Kanal freigeben. Ein Stück weiter südlich herrschen teils weniger gepflegte Straßenzüge vor, von denen nichtsdestoweniger (oder vielleicht gerade deshalb) ein gewisser Charme ausgeht. Die Eingänge liegen links der Rue des Citoyens 50, links der Rue des Plébéiens 43 sowie an der Rue des Colombophiles, praktisch an der Ecke der Rue des Plébéiens gleich vor der Eisenbahnbrücke. Hinter den Gleisen zweigt gleich links neben der Rue de la Tranquilité 10 ein schmaler Weg ab. Der Name „Straße der Ruhe" ist nicht ganz passend: Manch einer dürfte angesichts des laut bellenden Hundes von diesem Teil des Spaziergangs Abstand nehmen. Der Weg endet an der Rue des Grives 28 direkt vor den Gebäuden des Lebensmittel- und Chemie-Ausbildungs- und Forschungsinstituts Ceria. Ein paar Schritte weiter beginnt in der Rue de la Solidarité 21 eine weitere kleine Straße, die an der Rue Hoorickx 19 endet. Rund um die Plaine des Loisirs finden sich weitere ähnliche Straßen.

IN DER UMGEBUNG

Schule von La Roue ⑳

Rue Van Winghen 1

Die 1938 nach Plänen des Architekten Henri Wildenblanck erbaute, in das Gesamtkonzept der Gartenstadt La Roue einbezogene École de La Roue ist ein schönes Beispiel für einen Schulbau im Art-déco-Stil. In der Vorhalle, die auf Nachfrage meist gerne geöffnet wird, sind auf einem kunstvollen Buntglasfenster von F. Crickx verschiedene Kinderspiele dargestellt. Auf der rechten Seite der Eingangstür ist mit einem Aushang aus dem Jahr 1960 zur Information über die bestehende Schulpflicht ein interessantes Zeitdokument zu sehen.

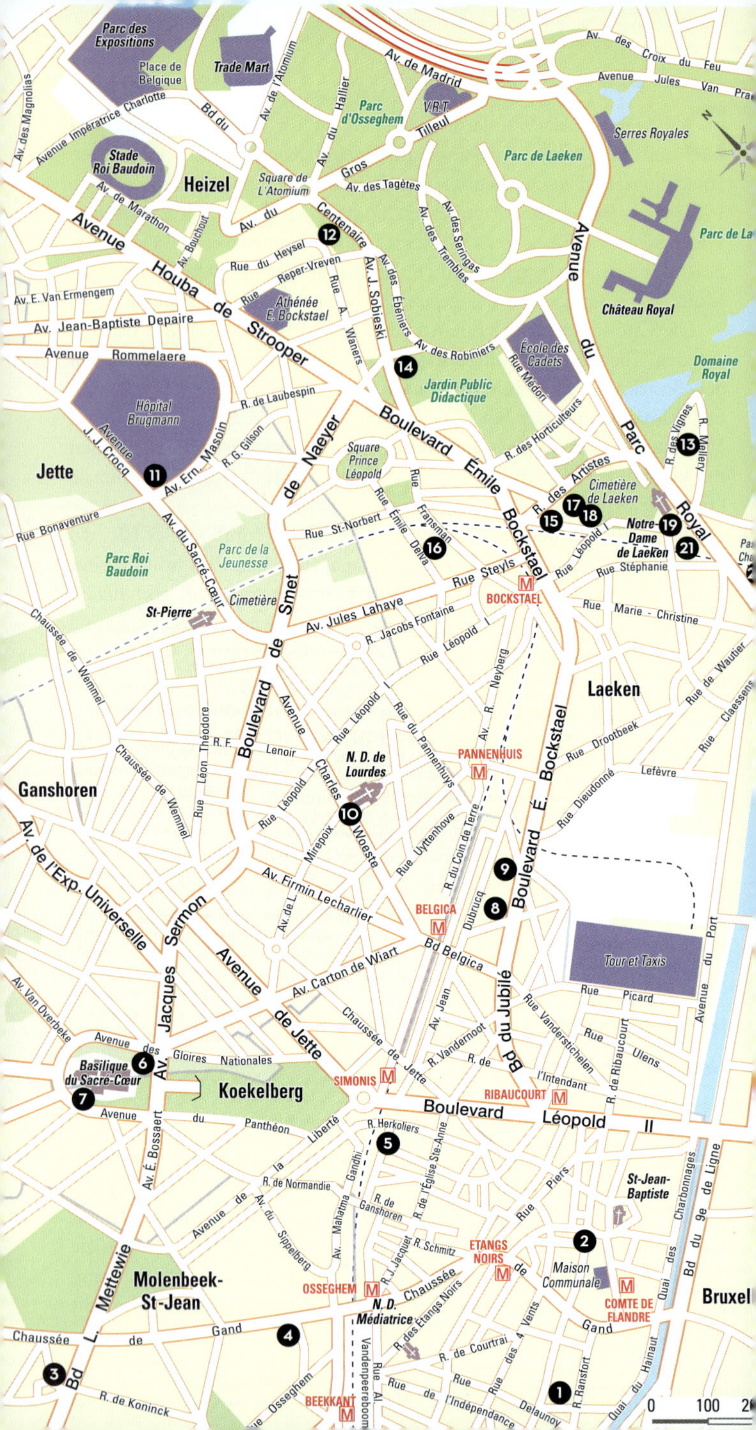

Parc des Expositions
Place de Belgique
Trade Mart
Av. de l'Atomium
Av. de Madrid
V.R.T.
Av. des Croix du Feu
Avenue Jules Van Pra
Parc d'Osseghem
Av. du Hallier
Gros Tilleul
Serres Royales
Parc de Laeken
Av. des Magnolias
Avenue Impératrice Charlotte
Bd du
Stade Roi Baudoin
Heizel
Square de L'Atomium
Av. des Tagètes
Av. des Seringas
Av. des Trembles
Av. de Marathon
Avenue Houba de Strooper
Av. Bouchout
Av. du Centenaire
12
Rue du Heysel
Rue Reper-Vreven
Avenue du Parc Royal
Parc de La
Av. E. Van Ermengem
Rue Athénée E. Bockstael
Av. J. Sobieski
Av. des Ebéniers
Château Royal
Av. Jean-Baptiste Depaire
Rue A. Wanters
Av. des Robiniers
École des Cadets
Rue Médori
Domaine Royal
Avenue Rommelaere
14
Jardin Public Didactique
Hôpital Brugmann
R. de Laubespin
Boulevard Emile Bockstael
R. des Horticulteurs
R. des Vignes
R. Mellery
13
Avenue J.J. Crocq
Av. Ern. Masoin
R. G. Gilson
Boulevard de Smet de Naeyer
Square Prince Léopold
Rue Fransman
R. des Artistes
Jette
11
Rue Emile Delva
Cimetière de Laeken
R. des 17 18
15
Notre-Dame de Laeken
19
21
Rue Bonaventure
Rue St-Norbert
16
Rue Léopold I
Rue Stéphanie
Parc Roi Baudoin
Parc de la Jeunesse
Av. du Sacré-Cœur
Rue Steyls
BOCKSTAEL
Cimetière
St-Pierre
Av. Jules Lahaye
R. Jacobs Fontaine
Rue Marie - Christine
Chaussée de Wemmel
Rue Léopold I
Av. R. Neyberg
Laeken
Rue de Wautier
Rue Claessens
Boulevard de Smet de Naeyer
Avenue Charles Woeste
Rue du Pannenhuys
Rue Léopold I
R. F. Lenoir
Rue Léon Théodore
PANNENHUIS
Rue Drootbeek
Rue Lefèvre
N. D. de Lourdes
Boulevard E. Bockstael
Ganshoren
Rue Léopold I
10
Rue Dieudonné
Av. de l'Exp. Universelle
Mirepoix
Rue Uyttenhove
R. du Coin de Terre
9
Av. Firmin Lecharlier
Dubrucq
8
BELGICA
Av. de L.
Bd Belgica
Tour et Taxis
Avenue Jacques Sermon
Avenue de Jette
Av. Carton de Wiart
Avenue du Port
Bd du Jubilé
Rue Picard
Av. Van Overbeke
Chaussée de Jette
Av. Jean
R. Vandernoot
Rue Vanderstichelen
Rue Ulens
R. de Ribaucourt
Avenue des Gloires Nationales
6
Basilique du Sacré-Cœur
7
Koekelberg
SIMONIS
R. de l'Intendant
RIBAUCOURT
Boulevard Léopold II
Avenue du Panthéon
Av. de la Liberté
R. Herkoliers
5
Av. É. Bossaert
R. de Normandie
Av. Mahatma Gandhi
R. de Ganshoren
R. de l'Église Ste-Anne
Rue Piers
St-Jean-Baptiste
Quai des Charbonnages
Bd du 9e de Ligne
Av. du Sippelberg
R. Schmitz
ETANGS NOIRS
2
Maison Communale
Bd L. Mettewie
Molenbeek-St-Jean
OSSEGHEM
R. J. Jacquet
Chaussée de Gand
N.D. Médiatrice
R. des Etangs Noirs
COMTE DE FLANDRE
Bruxel
4
R. de Courtrai
Rue des 4 Vents
Rue Al. Vandenpeereboom
Quai du Hainaut
3
R. de Koninck
Rue Osseghem
BEEKKANT
Rue de l'Indépendance
Delaunoy
R. Ransfort
1
0
100

Molenbeek, Koekelberg, Laeken

BRÜSSELER MUSEUM FÜR INDUSTRIE UND ARBEIT

①

Molenbeek, das Viertel der Gastarbeiter

Rue de Ransfort 27
+32 2 410 99 50 – lafonderie.be
Im Rahmen von Ausstellungen: Dienstag bis Freitag 10–17 Uhr, Samstag und Sonntag 14–17 Uhr, montags geschlossen
Zugang zum Außenbereich: Montag bis Freitag 9–17 Uhr
Eintritt frei, außer bei Ausstellungen
Tramlinien 81 und 82, Buslinie 88, 89 – Metrostation Comte de Flandre

Das Brüsseler Museum für Industrie und Arbeit verdankt seine Existenz dem rührigen Kulturverein La Fonderie, der 1983 die Anlagen der ehemaligen Gießerei La Compagnie des Bronzes übernahm. Lassen Sie sich nicht täuschen, falls sie den Eindruck haben, das Museum sei geschlossen. Der Empfang befindet sich hinter dem Eingangstor am Ende des Hofs auf der rechten Seite. Neben der Dreherhalle ziert heute ein schöner Garten in einer Art industrieromantischem Stil das Museumsgelände. Einige verfallene Gebäude erinnern an die einstige Industrietätigkeit. Hinter zerbrochenen Platten trotzt das Modell einer vor Ort gegossenen Statue von Lincoln der Zeit. Zwischen wildem Grün scheinen immer wieder wie auf einem wilden Industriefriedhof alte Maschinen durch. Näheres zu den wechselnden Ausstellungen erfahren Sie im Internet. Die fundierten Kenntnisse der Kuratorin sind eine absolute Bereicherung bei Besichtigungen.

Molenbeek trug 1890 den Spitznamen „kleines belgisches Manchester" und hatte seit Entstehen des Kanals von Charleroi 1832 viele Einwanderer aus Flandern und Wallonien, aber auch aus Frankreich, Italien oder Spanien aufgenommen. Die Compagnie des Bronzes, die 1862 an diesen Standort umzog, war auf die Herstellung von Kunstobjekten sowie Einrichtungsgegenständen aus Bronze, Zink und anderen Metallen spezialisiert, fertigte jedoch auch Komponenten für den Heizungsbau, Gasbeleuchtungen und Elektroinstallationen an. Ab 1870 erweiterte das Unternehmen sein Tätigkeitsfeld auf das Gießen monumentaler Statuen für Künstler wie Jef Lambeaux und Constantin Meunier. Auch die Tore des Justizpalasts, die Löwen der Kongress-Säule, die Reiterstandbilder von König Albert I. auf dem Mont des Arts und von Leopold II. an der Place du Trône sowie die Skulpturen am Square du Petit Sablon stammen aus dieser Gießerei. Zu den Kunden aus dem Ausland zählte u. a. der New Yorker Bronx Zoo, dessen 28 Tonnen schweres Eingangstor die Compagnie fertigte. Nach dem Ersten Weltkrieg brach die Auftragslage stark ein, sodass das Unternehmen 1979 schließen musste.

IN DER UMGEBUNG

Hemdenfabrik Aux 100.000 Chemises ②

Rue Comte de Flandre 38

Hinter der schönen Fassade dieser alten Hemdenfabrik ist die Inneneinrichtung noch teilweise erhalten.

CITÉ DIONGRE/CITÉ SAULNIER 

Ein malerisches Ensemble im Cottage-Stil

Rue Joseph Diongre Place Leroy – Rue de Bruges
Metrostation Beekkant

Die Cité Diongre an der Kreuzung von Boulevard Mettewie und Chaussée de Gand wurde 1922 vom Gemeindearchitekten von Molenbeek, Joseph Diongre (1878–1963), erbaut, der sich vor allem als Architekt des Nationalen Rundfunkinstituts von Ixelles sowie der Kirche St. Johannes der Täufer in Molenbeek einen Namen machte. Nach dem Ersten Weltkrieg herrschte in der Stadt große Wohnungsnot.

Die Cité sollte mit dazu beitragen, diesem Problem Abhilfe zu schaffen. So kreierte Diongre ein hübsches Ensemble von Sozialwohnungen und -häusern in einem harmonischen Cottage-Stil. Besonders sehenswert sind die naiven Basreliefs neben den Türen, die Sportarten, Planeten und verschiedenen Tätigkeiten gewidmet sind.

Nachdem bei einem Sturm 1930 ein Großteil der Bäume in der Anlage umstürzte, gilt die Cité heute nicht mehr als Gartenstadt im eigentlichen Sinne.

Die angrenzende Cité de Saulnier ist – in einem anderen, etwas einförmigeren und weniger interessanten Stil – ebenfalls als Gartenstadt konzipiert.

Die große Vorhalle am Eingang zu einem der Häuserblöcke lohnt einen näheren Blick.

IN DER UMGEBUNG

Rue Jules Delhaize 

Ensemble von Arbeiterhäusern des Architekten Vereecke. Die Fassaden zieren schöne, teilweise jedoch wenig fachgerecht restaurierte Sgraffiti. Die Häuser wurden 1904 für Mitarbeiter der Hemdenfabrik Coster et Clément gebaut, deren Werksgebäude im Zentrum des Häuserblocks stand. Der Stil ist an die Bäderarchitektur angelehnt und wurde von Vereecke nach Vorbild der Gebäude entworfen, die er früher in dem belgischen Küstenort Middelkerke errichtet hatte. Die Hemdenfabrik stellte ihren Betrieb 1946 endgültig ein. Bereits ab 1940 befand sich die Druckerei der Générale de Banque in dem Gebäude.

FRÜHERE MÄDCHENSCHULE VON KOEKELBERG

⑤

Sehenswerte Sgraffiti

Rue Herkoliers 35 und 37
Koekelberg

Die Mädchenschule von Koekelberg, die seit 2008 unter Denkmalschutz steht, wurde von Henri Jacobs zur selben Zeit im Stil der Art nouveau erbaut wie die Gemeindeschule in der Schaerbeeker Rue Josaphat. Die ehemalige Schule erstreckte sich über zwei Gebäude: In der Nr. 35 befanden sich der Eingang und die Hausmeisterwohnung, in der Nr. 37 die Wohnung der Direktorin. Die Fassade der Nr. 35 ziert ein schönes Sgraffito, das eine Eule mit ausgebreiteten Flügeln (Symbol der Erkenntnis), darunter einen fünfzackigen Stern (Pentagramm,

Symbol des spirituellen Erwachens, hier vermutlich der [Selbst-] Erkenntnis) sowie rundherum stilisierte florale und pflanzliche Motive zeigt. Unter dem Oberlicht der Nr. 37 ist ebenfalls eine Eule dargestellt, jedoch mit geschlossenen Augen und angelegten Flügeln. Anders als an der anderen Fassade ist diese Darstellung möglicherweise als Symbol dafür zu verstehen, dass die Selbsterkenntnis, die zum spirituellen Erwachen führt (und den Weg zum „Davonfliegen" ebnet), nur durch Beobachtung seiner selbst (Introspektion) sowie seiner Umgebung (gefaltete Flügel) möglich ist.

Heute beherbergt die Schule verschiedene Organisationen und Vereine, sodass es meist möglich ist, den früheren Schulhof zu betreten und den eindrucksvollen Sgraffiti-Fries von Adolphe Crespin (1909) zu bewundern. Anhand von Tieren aller Kontinente ist hier die ganze Welt dargestellt: Ozeanien (Kängurus, Leierschwänze, Büffel, Strauße), Amerika (Bisons, Murmeltiere, Mustangs, Schafe, Kondor), Europa (Bären, Wölfe, Hirsche, Hase, Bienen), Asien (Tiger, Kobra, Krokodil,

Nashorn, Flamingos, Pfau) und Afrika (Elefanten, Strauße, Löwen, Affen, Papageien).

Rechts des Asien-Sgraffito ist ein von einer Schlange, die sich in den Schwanz beißt (Ouroboros), umschlungenes Hakenkreuz (Swastika) zu sehen. Bevor die Nazis das Hakenkreuz für sich beanspruchten, war es in Asien bereits seit Jahrtausenden als Symbol bekannt. Der Ouroboros ist ein geheimnisvolles, faszinierendes Symbol, das auf die ewige Wiederkehr und die spirituelle Erleuchtung verweist.

Nähere Informationen über die Swastika und den Ouroboros finden Sie auf der folgenden Doppelseite.

Das Hakenkreuz: Symbol des Lebens

Das Hakenkreuz wird auch als Swastika bezeichnet, ein Wort aus dem Sanskrit, das übersetzt so viel bedeutet wie „Glücksbringer". Es ist eines der ältesten und am weitesten verbreiteten Symbole der Welt. Man findet es auf mesopotamischen Münzen ebenso wie in der christlichen und byzantinischen Kunst, wo aufgrund seiner an den vierten griechischen Buchstaben (Gamma) erinnernden Form auch die Bezeichnung (*gammadion*) entstand. Das Motiv ist u. a. bei den Kelten und Etruskern, in Nordeuropa, in Mittelamerika (Maya) und Nordamerika (Navajo), in China und in Indien zu finden. Sein eigentlicher (natürlicher) Ursprung liegt nach Meinung vieler indes in Tibet.

Dort soll das Kreuz in die Hänge des mythischen Berges Kailash in Westtibet, der den Hindus und Buddhisten heilig ist und als Energiezentrum der Welt gilt, eingraviert sein.

Die Symbolik des Motivs geht meist mit der Vorstellung einer Drehung um einen Fixpunkt im Zentrum des Kreuzes einher. In dieser Lesart steht das Ich, der Pol, das Rad bzw. die Sonne im Vordergrund sowie das Dynamische einer Form, die Rotation, Bewegung und damit Aktivität und Regeneration suggeriert und auf die Kreisläufe des Lebens und der Natur verweist.

Ein weiteres zentrales Merkmal des Symbols liegt in seiner Zweiwertigkeit (Bivalenz), je nach Ausrichtung seiner Arme. Zeigen diese nach links, dreht das Kreuz sich von links nach rechts, also von Ost nach West. Das Kreuz ist dann „rechtsdrehend" und in umgekehrter Richtung entsprechend „linksdrehend". In ersterem Fall begleitet die Swastika wohlgesonnene Götter und positive Phänomene wie den Tag oder die Schöpfung. Ist sie linksdrehend dargestellt, steht sie für das Unheilvolle, die Göttin Kali des Hinduismus, und verkündet das Anbrechen der Nacht.

Die Swastika als Nazi-Symbol

Der führende Ideologe des Nationalsozialismus, Alfred Rosenberg (1893–1946), führte die Germanen auf die Arier zurück (Angehörige der indoiranischen Sprachgruppe, die um das 3. Jahrtausend v. Chr. in Vorderasien lebten) und legte damit die Grundlage für die Wahl der Swastika als Nazi-Symbol. Auch für den Orientalisten Émile Burnouf war die Swastika Symbol der Arier, die er als „Herrenrasse" mit pantheistischen Tendenzen im Gegensatz zur „Rasse" der monotheistischen Semiten beschrieb. Hitler sah in der Swastika, dem Hakenkreuz, ein „Symbol des Kampfes für den Sieg des arischen Menschen".

Der Ouroboros: Symbol der Göttlichen Erleuchtung

Stellenweise findet man in der Ikonologie und der Literatur die Figur einer Schlange, die sich in den Schwanz beißt. Dieses Symbol wird gemeinhin Ouroboros genannt, ein Wort aus dem Griechischen, das ursprünglich aus dem Koptischen und Hebräischen hervorgegangen ist. *Ouro* bedeutet im Koptischen „König" und *ob* heißt „Schlange" auf Hebräisch, woraus sich der Begriff „königliche Schlange" ergibt. Das Reptil, das seinen Kopf über seinen Körper hebt, dient so der mystischen Erleuchtung: Für die Orientalen steht es für das göttliche Feuer, das sie *kundalini* nennen. Nach dem Vorbild der östlichen Techniken der spirituellen Erkenntnis Dzogchen und Mahmudra, die offenbaren, wie der Meditierende lernen muss, „sich wie die Schlange selbst in den Schwanz zu beißen", erinnert das Thema des Ouroboros und des aufgenommenen Giftes daran, dass die geistige Verwirklichung nur aus einem Leben im Zeichen der Spiritualität entstehen kann. Hierfür erhebt man das eigene Bewusstsein in einen geistigen Zustand über den gewöhnlichen Formen, indem man versucht, in sich selbst hineinzublicken, um sich selbst als unvergängliches Wesen zu verstehen. Die Griechen haben das Wort Ouroboros mit seiner wörtlichen Bedeutung „Schlange, die sich in den Schwanz beißt" popularisiert. Sie haben diese Darstellung von den Phöniziern im Kontakt mit den Hebräern erhalten, die sie wiederum aus Ägypten hatten, wo der Ouroboros bereits auf einer Stele aus dem Jahr 1600 v. Chr. zu sehen ist. Dort stellt er den Gott Rá (Gott des Lichts) dar, der aus den Schatten der Nacht – Synonym für den Tod – wieder aufersteht. Dies wiederum verweist auf das Thema der ewigen Wiederkehr des Lebens, des Todes und des Neubeginns der Existenz, sowie auf die Wiedergeburt der Seelen in menschlichen Körpern. Dies geschieht solange, bis sie ihre höchste Entwicklungsstufe erreicht haben, die sie in körperlicher und geistiger Hinsicht perfekt macht – ein seit jeher beliebtes Thema bei den Völkern des Mittleren und Fernen Ostens. Auf diese Weise kann die Schlange, die sich selbst verzehrt, auch als Unterbrechung des menschlichen Entwicklungszyklus interpretiert werden (dargestellt durch die Schlange), um in den Kreis der spirituellen Entwicklung einzutreten (dargestellt durch den Kreis). Pythagoras verlieh der Darstellung den mathematischen Sinn der Unendlichkeit, da die

Anordnung der Schlange an die Zahl Null erinnert. Die abstrakte Ziffer zur Bestimmung der Unendlichkeit konkretisiert sich, wenn der Ouroboros dargestellt wird, wie er sich um sich selbst dreht. Die Gnostiker identifizierten sie mit dem Heiligen Geist, der sich durch seine Weisheit als Schöpfer aller sichtbaren und unsichtbaren Dinge offenbart, und dessen höchster Ausdruck auf Erden Christus ist. Daher findet man das Symbol auch in der gnostischen Literatur der Griechen im Zusammenhang mit dem Satz *„Hen to pan"*, d. h. „Das Ganze", „Das Einzige" und übernahm es ab dem 4. und 5. Jahrhundert als Schutzamulett gegen böse Geister und giftige Schlangenbisse. Das Amulett trug den Namen *abraxas*, nach dem gleichnamigen Gott aus dem gnostischen Pantheon, den die Ägypter als Serapis identifizierten. Das Amulett wurde zu einem der bekanntesten magischen Talismane des Mittelalters. Die griechische Alchemie nahm sehr schnell die Figur des Ouroboros auf, die so zu den Hermetikern aus Alexandrien gelangte. Die arabischen Denker verbreiteten dieses Bild in ihren Schulen des Hermetismus und der Alchemie, die im Mittelalter bei den Christen bekannt und gefragt waren. Es gibt sogar historische Belege, dass sich Mitglieder des Templerordens sowie andere mystische Christen nach Kairo, Syrien und sogar nach Jerusalem begeben haben, um sich mit den hermetischen Lehren vertraut zu machen.

UNTERGESCHOSS DER BASILIKA DES HEILIGEN HERZENS ⑥

Auf Höhlenforschung in der Basilika

Parvis de la Basilique 1
Täglich 8–18 Uhr (im Winter bis 17 Uhr)
ASBL Groupe Spéléo Redan: +32 2 414 45 59
gs-redan.net
Höhlenforschung an allen ungeraden Montagen des Monats
Raumvermietung: +32 2 425 88 22
Bibliothek: Sonntag 9:45–11:30 Uhr und 16–17 Uhr
Kleiderkammer: Donnerstag 14–15:30 Uhr
Messe täglich um 9 Uhr in der kleinen Kapelle (Tür 1)
Metrostation Simonis oder Tramlinie 19

Im Untergeschoss der Koekelberg-Basilika, der fünfgrößten Kirche der Welt (nach St. Peter in Rom, Notre-Dame-de la Paix in Yamoussoukro

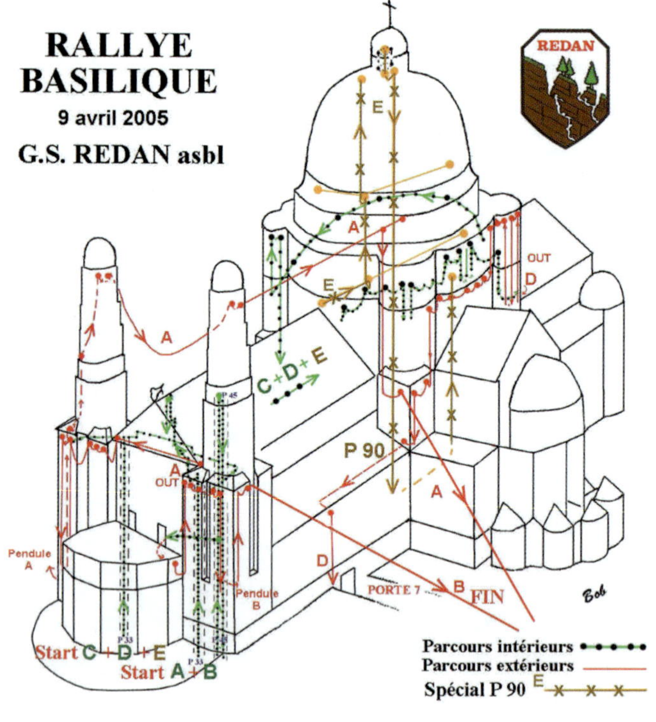

in der Republik Côte-d'Ivoire, Saint-Paul in London und Santa-Maria in Florenz), verbirgt sich eine ganz eigene, unerwartete Welt mit Theater- und Sitzungssälen, einer Bar, Büros, einer Wäscherei, einer Bibliothek, dem Dekanatsbüro (zur Reservierung von Messfeiern), einem Bridge-Club, einem freien katholischen Radiosender und sogar einem surrealistischen Höhlenforscherverein!

In einem Raum, in dem einst Heizkohle gelagert wurde, hat hinter einer schweren Metalltür die Groupe Spéléo Redan ihren Sitz (Eingang Tür 7). Dort erwartet die Besucher eine faustdicke Überraschung: Die Speläologen machen sich alte Abwasserleitungen, schmale Treppen zur Wartung von Betriebsanlagen und einen Schornstein von gerade einmal einem Meter Durchmesser zunutze, um wie Mäuse durch den Käse 30 Meter nach oben zu klettern. Die Mitglieder des Vereins treffen sich hier immer an den ungeraden Montagen des Monats. Alle drei Jahre findet eine große Rallye durch die gesamte Basilika statt. Außerhalb dieser Veranstaltungen bieten die Speläologen gerne bei Renovierungsarbeiten an engen und schwer zugänglichen Orten ihre Hilfe und ihr Know-how an.

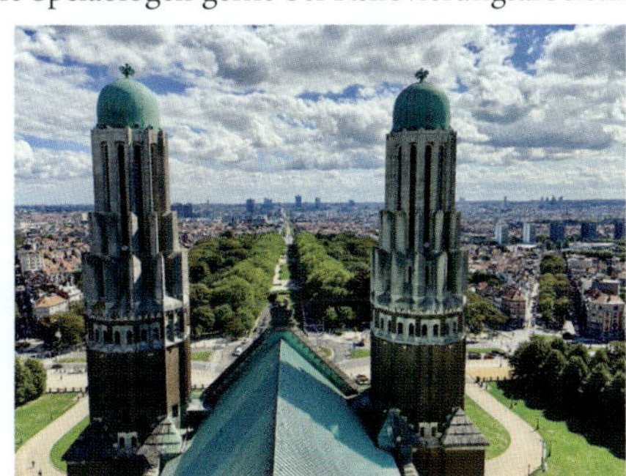

Wer einfach nur so einen Blick in die Gewölbe unter dem Gotteshaus werfen will, besucht am besten einen Gottesdienst in der kleinen Kapelle hinter Tür 1.

IN DER UMGEBUNG

Museum der Schwarzen Schwestern ⑦

Im Sommer: Mittwoch 14–16 Uhr sowie nach telefonischer Vereinbarung unter 02 425 88 22

Das kleine Museum, das gerade einmal einen Raum umfasst, liegt im ersten Stock der Koekelberg-Basilika. Zu sehen ist eine Sammlung mit Geschirr, Küchenutensilien, Porzellan, Reliquien, Spitzen, Schmuck, Zeptern, Gemälden und Möbeln aus dem Kloster der Schwarzen Schwestern in Brüssel. Als Anerkennung für ihre Hilfe bei der Behandlung von Pestkranken durften sie während der Französischen Revolution ihre Schätze bewahren. Das im 14. Jahrhundert gegründete Kloster wurde 1998 angesichts der schwindenden Anzahl dort lebender Nonnen geschlossen und beherbergt heute ein Seniorenheim. Eine Besichtigung dort ist wie eine Zeitreise.

SCHÖNE FASSADEN AN DER AVENUE JEAN DUBRUCQ ⑧

Verborgene Mosaiken und Keramiktafeln

Avenue Jean Dubrucq 23, 75 und 206
Boulevard du Jubilé 157
Metrostation Belgica oder Pannenhuis

Die Avenue Jean Dubrucq führt abseits der Touristenströme durch ein heute eher sozial schwaches Viertel an der Grenze zwischen Molenbeek und Jette. Dennoch finden sich an den Häusern teils wunderschöne Fassaden, die einen näheren Blick lohnen. In der Nr. 23 sind auf Keramiktafeln eine Bogenschützin im Wald sowie Vögel dargestellt. Ein Stück weiter, in der Nr. 75, ist an der Fassade der Villa Cléo auf Art-nouveau-Keramiktafeln ein Frauenporträt zu sehen. Etwas weiter östlich ist die Straße zunehmend industriell geprägt und wenig einladend. In der Nr. 206 steht man dann jedoch überrascht vor einem Art-nouveau-Gebäude mit Mosaiken – eine Spinne in ihrem Netz über der Tür, darüber mehrere Schmetterlinge. Geht man von dort aus noch ein Stück weiter in Richtung Laeken, steht kurz vor der Brücke ein gewerblich genutztes Segelboot, das einen schönen Blick auf das Stadtzentrum bietet. Vor dem ehemaligen Industriestandort Tour & Taxis und dem Geschäftsviertel rund um die Gare du Nord liegen Nutzgärten. Nicht weit davon entfernt sind am Boulevard du Jubilé 157 auf Mosaiken Pfauen mit aufgerichtetem Federrad zu sehen.

IN DER UMGEBUNG

Früherer Sitz des Unternehmens Magasins Besse ⑨

Rue de l'Escaut 122

Das schöne Industriegebäude, das einst das Weindepot der Firma Besse père et fils beherbergte, wurde 1908 von dem Architekten J. Rau errichtet. Nach von Jo Crépin 1997 durchgeführten Umbaumaßnahmen befindet sich hier heute die Werbeagentur BBDO. Mit ein wenig Glück ist es möglich, das Gebäude zu betreten und die sorgfältig sanierten Räume zu besichtigen. Am besten geben Sie am Empfang an, sich für das Unternehmen zu interessieren.

WITHUIS

⑩

Architektonische Absonderlichkeiten

Avenue Charles Woeste 183
Jette

Gegenüber der Kirche Notre-Dame-de-Lourdes in Jette liegt mit dem Withuis („Weißes Haus") ein faszinierender Bau im modernistischen Stil, der 1927 von dem Architekten Joseph Diongre (1878–1963) für seinen Freund, den Schriftsteller Jef Mennekens (1877–1943), und dessen Familie errichtet wurde. Seit 1985 steht das Withuis

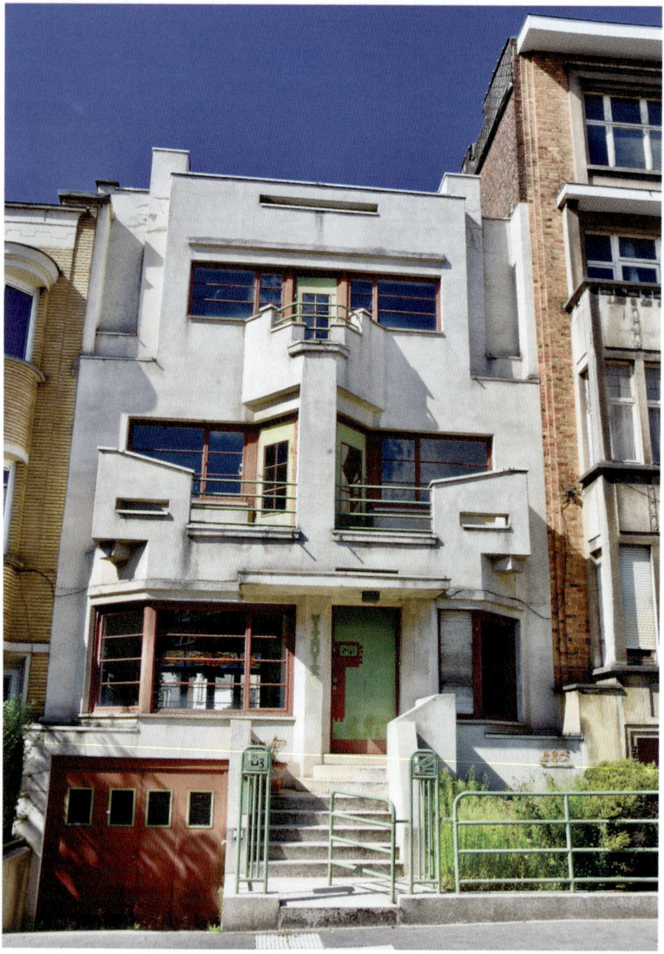

© Jean-Jacques Evrard

unter Denkmalschutz (innen wie außen, was bedeutet, dass die Möbel im Gebäude verbleiben müssen). Mennekens schrieb auf Flämisch und war neben seiner Tätigkeit als Dichter auch der Gemeindesekretär von Molenbeek-Saint-Jean.

Die originelle Fassade überrascht mit ihren vielseitigen Einflüssen aus Modernismus (Dachterrasse und Bandfenster nach der Lehre, die Le Corbusier in seinem Manifest *Fünf Punkte zu einer neuen Architektur* vertrat), Kubismus (stark ausgeprägte Volumina), Art déco und Stromlinien-Architektur. Ebenfalls interessant sind Details wie die Metallelemente von F. Carion an der Eingangstreppe, die links die Hausnummer und rechts, als Verweis auf die Tätigkeit des Bauherrn, ein Tintenfass mit eingetauchter Feder zeigen.

Die Haustür zieren geometrische Motive sowie das Monogramm des Schriftstellers. Auf der linken Seite steht in stark stilisierten Lettern der Name des Hauses. Da Diongre das Gebäude als Gesamtkunstwerk entwarf, stammt auch das Interieur (das leider nicht besichtigt werden kann) von ihm, vom Dekor über das Mobiliar bis hin zu den Fenstern (ausgeführt von dem Jetter Glaser Fernand Crickx nach Entwürfen von Diongre), Leuchtern und Keramikelementen.

© EmDee

Joseph Diongre

Nach dem Krieg war Diongre aktives Mitglied der sozialen Wohnungsbaubewegung, die für zahlreiche Gebäude in Laeken (1920 und 1923), Saint-Gilles (1922), Anderlecht (1922), Molenbeek (1924 und 1927) sowie die nach ihm benannte Gartenstadt in Molenbeek (1922) verantwortlich zeichnete. Ab 1925 erbaute er in einem gemäßigten modernistischen Stil einige der charakteristischsten Brüsseler Gebäude der Zwischenkriegszeit: das Withuis in Jette (1927), die Kirche St. Johannes der Täufer in Molenbeek (1930) und das berühmte Nationale Rundfunkinstitut in Ixelles (1933–1938).

Der Name Withuis ist eine Anspielung auf das Zwart Huis („Schwarzes Haus“), das der Architekt Huib Hoste, ein Zeitgenosse Diongres, in Knokke erbaute.

KÖNIGIN-ELISABETH-STIFTUNG FÜR MEDIZIN

11

Sehen Sie, es geht Ihnen schon besser!

Avenue J. J. Crocq 1–3 – Buslinie 53 oder 88, Haltestelle Crocq
fmre-gske.be
Wochentags während der Bürozeiten

Die auf dem Gelände des von Victor Horta ab 1912 entworfenen Brugmann-Krankenhauses untergebrachte und heute durch zahlreiche moderne Bauten stark veränderte Königin-Elisabeth-Stiftung für Medizin war ursprünglich der wissenschaftlichen Forschung gewidmet. Mit ihren vielen Labors war es ihr erklärtes Ziel, innerhalb des großen Krankenhauses als Bindeglied zwischen Wissenschaft und Praxis zu fungieren. Das originelle Gebäude, erbaut ab 1926 von Henri Lacoste, einem der führenden Art-déco-Architekten Belgiens, ist bis heute nur wenigen als Baudenkmal bekannt.

Die Goldenen Zwanziger – die Bezeichnung für die Atmosphäre des Aufschwungs nach dem Ersten Weltkrieg – finden hier auf besondere Weise Ausdruck. Nur wenigen Künstlern ist es gelungen, ihre Träume derart poetisch zu verwirklichen, noch dazu im Rahmen eines Krankenhauslabors. Schon die langen, dunkelroten Backsteinfassaden

mit ihren bunten, spindelförmigen Keramikelementen zeugen von überschäumender Fantasie. Sie sind dennoch nicht mehr als ein leiser Vorgeschmack auf die Magie im Inneren, wo Lacoste die Möglichkeiten eines seinerzeit völlig neuartigen Materials – Marbrit – auslotete. Dieses in der Masse gefärbte, undurchsichtige Glas entsprang einer in Hainaut entwickelten Technik und machte in der Zwischenkriegszeit kurz Furore, bevor es von der Bildfläche verschwand. Wie der Name vermuten lässt, handelte es sich bei dem Material um ein Marmorimitat, das in unendlich viel mehr Farbtönen und zu deutlich günstigeren Preisen erhältlich war als der edle Stein. Lacoste nutzte es für Lichtsäulen und Wände, die er mit grünen und weißen Streifen sowie blauen Elementen gestaltete – ein Design, das die Fenster geschickt aufgreifen.

Der Eingang zur Bibliothek im Obergeschoss ist in einem Spiel mit den klassischen Proportionen kunstvoll mit rosa und schwarzem Marbrit gerahmt. Das schwere Geländer aus rotem Granito* festigt die allgemeine Komposition der Eingangshalle. Anders als diese mit kalten, hygienischen Materialien ausgestatteten Räume, besticht die Bibliothek durch ein gedämpftes Ambiente. Die Eingangshalle ist unter der Woche normalerweise geöffnet. Fragen Sie andernfalls einfach höflich nach, ob Sie einen Blick ins Innere werfen dürfen.

** Granito ist ein in der Zwischenkriegszeit häufig verwendeter Zement, dem verschiedenfarbiger Marmorbruch zugesetzt wurde.*

THÉÂTRE DE VERDURE – PARC D'OSSEGHEM

12

Relikte der beiden Brüsseler Weltausstellungen von 1935 und 1958

Boulevard du Centenaire, Avenue de l'Atomium
Metro und Tramlinien 23, 51, 84 und 88, Haltestelle Heysel

Der Parc d'Osseghem zählt nur wenige Besucher, doch ein Abstecher in die malerisch-wilde, in mehrere Ebenen gegliederte Anlage lohnt sich. Neben viel Grün können hier Relikte der beiden Weltausstellungen bewundert werden, die 1935 und 1958 in Brüssel stattfanden, u. a. die Freilichtbühne Théâtre de Verdure, die mit viel Glück gerettet werden konnte. Jules Buyssens gestaltete seinen anlässlich der Weltausstellung von 1935 in einem früheren Sandbruch angelegten Park wie einen englischen Waldgarten. An der Place Louis Steens (an der Kreuzung Boulevard du Centenaire und Avenue du Gros Tilleul) nimmt eine Allee mit vier Reihen zylinderförmig beschnittenen Purpurbuchen ihren Anfang. Im Zentrum des Parks sind bis heute zwei Stege aus den Jahren 1935 und 1958 erhalten geblieben. Ganz im Norden steht das Denkmal für die Belgisch-Granit-Steinbrüche von 1935.

In dem bewaldeten Teil rund um das Atomium ist ein Baum an dem langen, gewundenen Gewässer ganz poetisch dem Landschaftsarchitekten gewidmet. Geht man tiefer in den Wald hinein, stößt man auf eine terrassenförmig in einem Halbkreis angelegte Freilichtbühne, die ebenfalls von Buyssens gestaltet wurde (1935). Kies, Steinmäuerchen und Ligusterhecken verschmelzen harmonisch mit der umgebenden Natur und bilden einen interessanten Kontrast zu den futuristischen Riesenkugeln des nahen Atomiums. Ein Aufeinandertreffen zweier Epochen, Ausstellungen und Ästhetiken. Mit seiner hervorragenden Akustik wurde das Theater, das bis zu 3000 Besuchern Platz bot, im Rahmen beider Ausstellungen vielfach genutzt (Theateraufführungen 1935, Fanfaren und Orchester 1958). Später geriet es für lange Jahre in Vergessenheit. 1977 übernahm die Stadt die Verwaltung und stellte das Theater unter Denkmalschutz. Heute können Besucher die besondere Magie dieses Ortes im Sommer bei verschiedenen Festivals genießen.

Achten Sie an der Avenue de l'Atomium auf den halbkugelförmigen Bau des alten Pavillons des Comptoir tuilier de Courtrai. Es handelt sich hierbei um einen von nur wenigen Pavillons der zweiten Weltausstellung, die bis heute überdauert haben. Im Inneren des von Guy Bontinck entworfenen futuristischen Baus, der heute ein Restaurant beherbergt, befand sich eine Ausstellung über die Ziegelherstellung seit der gallorömischen Zeit.

Rue Mellery und Rue des Vignes ⑬

Die beiden Straßen entlang dem Parc Royal sind ein Relikt des dörflichen Laeken. Zugleich legen sie aber auch Zeugnis ab vom großen Hunger der damaligen Krondomäne nach Landbesitz. Betrachtet man nämlich die Mauern des Parks genauer, so stellt man fest, dass sie sich in ihrem Verlauf verändern, da mit zunehmender Ausdehnung die Mauern früherer Besitztümer in die Mauern der Domäne integriert wurden.

JARDINS DU FLEURISTE

(14)

Frühere Ländereien Leopolds II.

Rue Médori, Avenue des Robiniers und Rue des Horticulteurs
Eingang über den Parc Sobieski, Avenue Sobieski
+32 2 775 75 11 – jardinsdufleuriste.be
Metrostation Stuyvenberg

Jenseits des Sobieski-Parks und des Kolonialgartens, die unter dem nahen Verkehr zu leiden haben, stößt man weiter oben voller Verzückung auf einen einsam gelegenen Garten, der einen schönen Ausblick über die Stadt bietet. Dieser öffentliche Park, der auf historisch bedeutendem Grund geschickt Ziergärten, didaktische Bereiche und kulturelle Aktivitäten vereint, soll „die Gartenkünste und -techniken zum Strahlen zu bringen“. Das Gelände setzt sich aus zwei durch einen starken Höhenunterschied gekennzeichneten Bereichen zusammen. Im unteren Teil liegen Gewächshäuser, deren früherer Glanz unschwer zu erahnen ist. Über eine erneute Nutzung wurde bis heute nicht

abschließend befunden. Der weiter oben gelegene Hauptteil beherbergt die Pflanzungen, verschiedene Gärten mit szenografischen Rundgängen, die einige Facetten der Kartenkunst näher beleuchten. Die zentrale Achse verlängert sich visuell bis ins Zentrum von Brüssel hinein. Das Projekt steht ganz im Zeichen der nachhaltigen Entwicklung. Auf einer Fläche von vier Hektar werden unterschiedliche Pflanzen, verschiedene Techniken des ökologischen Gartenbaus sowie jahreszeitenspezifische und seltene Pflanzen vorgestellt. Das Grundstück befand sich einst im Besitz von Leopold II. (an dessen Besitztümer am Stuyvenberg es angrenzte) und bildete gemeinsam mit dem Sobieski-Park und dem Kolonialgarten ein Gebiet, das ganz dem Gartenbau, den königlichen Obstgärten und der Akklimatisierung kongolesischer Pflanzen gewidmet war. Die Arbeiten für die „Gärten und Gewächshäuser des Floristen" waren 1900 abgeschlossen. Bei der Umgestaltung in einen öffentlichen Park (1950) wurden die vier Hektar der heutigen Gärten nicht einbezogen und gerieten nach und nach in Vergessenheit, bevor sie 2005 eine Renaissance erlebten.

MUSEUM FÜR GRABKUNST

⑮

Drei Generationen von Grabmalkünstlern

Eingang zum Friedhof von Laeken, Parvis Notre-Dame
Besichtigung nach Vereinbarung: M. Celis, Epitaaf ASBL: +32 2 553 16 41
epitaaf.org
Tramlinie 94, Haltestelle Princesse Clémentine

Das frühere Atelier Salu wird von den Mitgliedern des Vereins für Gräberarchäologie (Epitaaf) instandgehalten – ein erstaunlicher Ort. Das einstige Unternehmen wurde von 1876 bis 1983 von drei Generationen von Bildhauern geführt, die alle denselben Vornamen trugen: Ernest. Ernest Salu der Gründer, Absolvent der Königlichen Akademie Brüssel, spezialisierte sich über die Jahre auf die Gestaltung von Grabmonumenten. 1881 entwarf er die Pläne für das Atelier und das angrenzende Haus mit strategischer Lage direkt am Eingang zum Laekener Friedhof, wo zahlreiche seiner Kreationen zu finden sind. Als die Nachfrage nach kunstvollen Grabdenkmälern sank, verlagerte der Enkel des Gründers den Schwerpunkt des Unternehmens stärker auf Restaurationen und Sanierungen.

Der heutige Eingang führt in den gut erhaltenen Wintergarten aus dem Jahr 1913. Seine ursprüngliche Funktion ist augenfällig: Der natürliche Lichteinfall von oben sowie die Spiegel setzen die ausgestellten Skulpturen hervorragend in Szene. In der Modellierwerkstatt, in der einst mit Lehm und Gips gearbeitet wurde, herrscht eine besondere Stimmung, als wäre die Zeit stehen geblieben. Auf den Objekten hat sich eine dicke Staubschicht breitgemacht, die bewusst nicht entfernt wird. Jeder museale Aspekt soll vermieden werden. Die übrigen Räume quellen über vor Grabskulpturen, sehenswerten *bozzetti* (skizzenhafte Grabmodelle), Entwürfen für Füße und Hände sowie Gipsplastiken. Auch eine Büste von Ernest Salu I. sowie zahlreiche Dokumente, Zeichnungen und Fotografien rund um die Grabkunst können hier in Augenschein genommen werden. Im ersten Stock geben große Fensterfronten den Blick auf den Friedhof und das Grab der Familie Salu frei, das seinerzeit bewusst an diesem Ort angelegt wurde. In Wahrheit handelt es sich hierbei jedoch um ein Kenotaph, denn bestattet liegt hier niemand.

IN DER UMGEBUNG

Straßenlaternen-„Museum“ (16)

Rue Delva, zwischen Rue Mabille und Rue Fineau

Vor der Wohnungsbaugesellschaft Foyer Laekenois stehen in chronologischer Reihenfolge 16 Straßenlaternen aus verschiedenen Epochen (die Daten finden sich jeweils an den Laternen). Sie dokumentieren die Geschichte der Straßenbeleuchtung der Stadt, die als erste in Europa über ein öffentliches Beleuchtungssystem verfügte. Leider wurde in der Vergangenheit nur wenig zum Schutz dieses Kulturguts getan, sodass die Laternen, die hier versammelt sind, heute nur noch selten im Straßenbild zu sehen sind. Umso wertvoller ist der Einblick in die verschiedenen Stile und Techniken von Gas- bis hin zu modernen elektrischen Laternen. Das „Museum“ ist Teil eines Projekts zur Integration von Kunst in den sozialen Wohnungsbau.

CHORRAUM DER ALTEN LIEBFRAUENKIRCHE ZU LAEKEN

17

Relikte eines alten Gotteshauses aus dem 13. Jahrhundert

Friedhof von Laeken
Parvis Notre-Dame de Laeken
Dienstag bis Sonntag sowie an Feiertagen 8:30–16:30 Uhr
Tramlinie 94, Haltestelle Princesse Clémentine, Metrostation Bockstael

© EmDee

Dem Gebäude in der Mitte des Laekener Friedhofs, das heute als einfache Kapelle dient, schenkt kaum ein Besucher große Beachtung. Interessanterweise handelt es sich hierbei jedoch um den Chorraum und damit das letzte noch vorhandene Relikt der alten Liebfrauenkirche zu Laeken. Manchen Quellen zufolge soll diese von Papst Leon III. geweiht worden sein, als er mit Kaiser Karl dem Großen im Jahr 803 oder 804 auf der Durchreise hier vorbeikam, andere Quellen geben als Gründungsdatum das Jahr 895 bzw. das 10. Jahrhundert an. Tatsächlich wurde das Gotteshaus erst im 13. Jahrhundert erbaut.

Anno 1850 wurde Louise-Marie d'Orléans (1812–1850), die erste Königin der Belgier und Ehefrau von König Leopold I., in einer Gruft in der an den linken Seitenarm des Querschiffs angrenzenden Kapelle der Hl. Barbara beigesetzt. Der König beschloss jedoch, zum Gedenken an seine verstorbene Gemahlin direkt nebenan eine neue Kirche – die heutige Liebfrauenkirche zu Laeken – erbauen zu lassen. Nach deren Weihe im Jahr 1872 ließ man von der alten Kirche nur noch den Chorraum stehen, der mit einer neugotischen Fassade verschlossen und auf den nahen Friedhof versetzt wurde. 1936 wurde er unter Denkmalschutz gestellt.

Als Maria die Kirchenmauern viermal umstürzte

Der Legende nach fanden die Arbeiter, die die Kirche erbauten, dreimal die am Abend zuvor errichteten Mauern am nächsten Morgen eingestürzt vor. Nachtwächter, die herausfinden sollten, wie es dazu gekommen war, sahen die Jungfrau Maria vom Himmel herabsteigen und die Fundamente der Kirche ein viertes Mal umstürzen. Maria gab daraufhin Anweisungen, wie die Kirche in Form und Größe auszusehen habe, und wünschte sich den Hauptaltar nicht wie gewöhnlich im Osten, sondern im Süden des Gotteshauses. Sie übergab den Männern eine Schnur, die den Grundriss der Kirche markierte – eine Reliquie, die 1633 von drei Deserteuren gestohlen wurde. Ihr Anführer, George Volmaer, wurde verhaftet und gestand die Tat unter Folter. Er wurde vor der Kirche ausgepeitscht und anschließend nach Brüssel gebracht, wo man ihm die rechte Hand verbrannte und ihn schließlich vierteilte.

IN DER UMGEBUNG

Die erste Kopie des Denkers *von Rodin* ⑱

Unter den vielen Berühmtheiten, die hier bestattet liegen – Fernand Khnopff, Josef Poelaert, La Malibran (eine berühmte Opernsängerin), Belliard, Bockstael oder Delhaize – befindet sich auch der Kunstkritiker Josef Dillen, dessen Grab neben dem früheren Eingang die erste Kopie der berühmten Plastik *Der Denker* von Rodin ziert.

Der älteste und romantischste Friedhof der Stadt wurde im 17. Jahrhundert angelegt und war dank der Grabstätte der Königin der Belgier schon bald vor allem bei der Aristokratie und beim Bürgertum beliebt. 1857 schlug Émile Bockstael angesichts des starken Bevölkerungswachstums vor, Grabgalerien anzulegen: Auf anderthalb Hektar entstanden in hohen unterirdischen Mauern Nischen, in die horizontal Särge eingeschoben werden konnten.
Der Zugang zu diesen alten Galerien ist heute aus Sicherheitsgründen leider nicht möglich. Der neuere Abschnitt jedoch vermittelt einen leicht schaurigen. Eindruck.
Den imposanten Eingang aus dem Jahr 1932 finden Sie im hinteren Teil des Friedhofs. Folgen Sie der Treppe ins Souterrain. Eine der Galerien setzt sich ein langes Stück hin zum Zentrum des Friedhofs fort.
Der Zutritt ist durch ein Gitter versperrt, doch allein mit den Augen lässt sich die Weite der Anlage ermessen und man spürt die feierliche Atmosphäre, die hier herrscht.

IN DER UMGEBUNG

Passage Chambon 19

Dort, wo die Avenue de la Reine die Schienen kreuzt, liegt diese kleine Unterführung, die nicht auf allen Stadtplänen verzeichnet ist. Sie führt unter einer im Jahr 1905 von dem Architekten A. Chambon erbauten Brücke hindurch und ermöglicht es Fußgängern, von der Avenue de la Reine unter den Gleisen hindurch zur Rue Stiernet zu gelangen. Mit ihren schmiedeeisernen Laternen, in Deckenkassetten eingebetteten Rosetten, großen Gefäßen und einem Geländer aus Blaustein geht von ihr trotz des nicht besonders gepflegten Zustands ein gewisser Charme aus.

Art déco und royale Porträts in der Brasserie Le Royal

Parvis Notre-Dame de Laeken 11

In dieser alten Art-déco-Bäckerei befindet sich heute eine schöne Brasserie, in der alles perfekt auf die königliche Krypta (s. nächste Doppelseite) abgestimmt ist. An den Wänden sind Porträts der gekrönten Häupter des Landes zu sehen, manche gekünstelt und offiziell, andere überraschend, wie das Bild von Prinz Baudouin als Pfadfinder. Die kunstvollen Holzvertäfelungen der gemütlichen Einrichtung wurden aus Resten alter Art-déco-Betten gefertigt. Die Preise sind trotz des royalen Ambientes absolut human.

KÖNIGLICHE KRYPTA

21

Die hochehrwürdige Begräbnisstätte des Königreichs Belgien

Liebfrauenkirche zu Laeken
Parvis Notre-Dame de Laeken
Sonntag 14–17 Uhr

In der königlichen Krypta der Liebfrauenkirche zu Laeken werden seit 1834 die belgischen Regenten sowie ihre Gattinnen und andere Mitglieder der belgischen Königsfamilie beigesetzt. Der selbst vielen Belgiern unbekannte, an einem Tag pro Woche geöffnete Ort ist feierlich, nüchtern und bedrückend zugleich.

Die Tradition geht auf die erste Königin der Belgier, Louise-Marie d'Orléans, zurück, deren Wunsch, in Laeken bestattet zu werden, nach ihrem Tod 1850 in Ostende hier Erfüllung fand. Ihr Leichnam ruhte daraufhin mehrere Jahre in der alten Kirche von Laeken (von der heute nur noch der Chor auf dem Friedhof von Laeken vorhanden ist, s. vorige Doppelseite).

In der Überzeugung, der Ort sei einer königlichen Familie nicht würdig, ließ ihr Gatte, König Leopold I., in Laeken eine neue, größere Kirche bauen. Dieser von Joseph Poelaert im Stil der Neugotik errichtete Bau wurde 1872 geweiht, jedoch erst 1909 fertiggestellt. 21 royale Persönlichkeiten liegen hier bestattet, darunter fünf Könige (Leopold I., Leopold II., Albert I., Leopold III., Baudouin), fünf Königinnen und eine Kaiserin (Charlotte von Belgien, Tochter von Leopold I., Ehefrau von Maximilian I. und Kaiserin von Mexiko). Im Jahr 1876 wurden die sterblichen Überreste von König Leopold I., Königin Louise-Marie und Prinz Leopold aus der Gruft der alten Laekener Kirche in die Krypta der neuen Kirche überführt (siehe Abbildung unten).

Tour et Taxis
Marché Matinal
Allée Verte
Quai de Willebroek
Av. de la Reine
Rue Masui
Rue Stephenson
Boulevard Lambermont
R. François J. Navez
Ste-Elisabeth
Av. Princesse Elisabeth
Les Récollets
R. Vanderlinden
Pl. Eug. Verboeckhoven
R. Fraiking
Av. Sleeckx
Av. E. Demolder
R. N. de Tière
l'Héliport
d'Anvers
Avenue de
Chaussée
World Trade Center
Boulevard Émile Jacqmain
Rue du Progrès
R. d'Aerschot
YSER
Bd Baudouin
Gare du nord
Rue du Marché
R. du Progrès
Rue de Brabant
Sts-Jean et Nicolas
R. des Palais
Gallait
Vondel
Av. Mal Foch
Rue Renkin
Rue Rubens
Maison Communale
Athénée Royal
St-Servais
Rue E. Laude
Jérusalem
Voltaire
R. Waelhem
Chaussée de Haecht
Athénée Communal
Ste-Marie
Haecht
Bd St-Lazare
Rue Verte
Rue de la Poste
ROGIER
Bruxelles
Av. V. Régina
R. Royale
Gesù
Chaussée de
Avenue Rogier
Josaphat
R. Kessels
Avenue Louis Bertrand
Rue de
Avenue
Parc Josaphat
Boulevard Lambermont
Plaine des Sports
Ste-Suzanne
Avenue Gustave Latinis
Atheneum
R. Philomène
St-Josse-Ten-Noode
Rue Côteaux
R. des
Paul Deschanel
Av. des Azalées
Av. Gal Eisenhower
Cité Administrative
BOTANIQUE
Rue Royale
Rue Potagère
Avenue
R. Monrose
Avenue
Schaerbeek
Rogier
MADOU
Palais de la Nation
R. des Moissons
St-Josse
Chaussée de Louvain
Av. des Arts
ARTS-LOI
Ste-Alice
Av. Clays
Avenue Dailly
Chazal
Rue Verbist
R.T. Vinçotte
Pl. de la Patrie
Avenue
Av. Ernest Cambier
Bd Gal Wahis
Rue des Deux Églises
Rue Joseph II
Chaussée de
R. de la Luzerne
Ste-Thérèse
Louvain
St-Joseph
d'Arlon
Square Marie-Louise
R. W. Wilson
Bd Clovis
R. de Pavie
Rue du Noyer
Rue Victor Hugo
Av. L. Mahillon
Trève
Square Ambiorix
Rue de la Loi
Rue Bellard
MAELBEEK
Berlaymont
R. Archimède
R. des Patriotes
Avenue Eugène Plasky
St-Albert
Bd Auguste Reyers
RTBF
Rue Franklin
Parlement Européen
Conseil de l'Union Européenne
SCHUMAN
Av. de Cortenbergh
Av. de Roodebeek
Parc Léopold
Parc du Cinquantenaire
Av. de la Renaissance
École Royale Militaire
Dominicains
Avenue de Roodebeek
Avenue des Cerisiers
Rue du Cornet
Av. des Nerviens
Musée de L'Armée
Musée du Cinquantenaire
Rue Linthout
Rue Vergote
Avenue Prekelinden
Rue Louis Hap
N. D. Immaculée
Chaussée de Wavre
d'Auderghem
Av. des Gaulois
MERODE
Rue de Linthout
Bd B. Whitlock
Avenue Georges Henri
Woluwe St-Lambert
Rue Champ du Roi
Chasse
Avenue de la
Haie
Avenue de Tervueren
St-Henri
Av. du Couronnement
Av. E. Pirmez
St-Antoine
Avenue
Av. du 11 Nov.
Rue Général Henry
R. de la Grande Haie
Rue Père de Deken
Av. de l'Armée
Square Mal Montgomery
MONTGOMERY
Av. de Broqueville
Av. des Casernes
Chaussée de Wavre
Etterbeek
Sacré-Cœur
Bd St-Michel
Rue de la Cambre
Rue Cdt Ponthier
BOILEAU
Tervueren
Bd Louis Schmidt
N
0 100 200
1 2 3 4 5 6 7 8 9 10 11 12 13 14 15 17 18 19 20 21 22 23 24 25 26 27

Schaerbeek, Saint-Josse-ten-Noode

CLOCKARIUM

①

Ein Sammler, der in zehn Jahren knapp 3200 Keramikuhren erwarb – nahezu eine pro Tag

Boulevard Reyers 163
+32 2 732 08 28 – clockarium.com
Jeden Sonntag geöffnet, Besichtigung nur im Rahmen einer Führung, Beginn um 15:05 Uhr (Dauer: ca. 1:20 Std.)
Tramlinien 23, 24 und 25, Haltestelle Diamant

Das Clockarium ist ein außergewöhnliches Privatmuseum für Keramikuhren aus den Zwischenkriegsjahren. Die in einem schönen Art-déco-Gebäude untergebrachte Sammlung präsentiert mehr als 1300 Exponate. Die übrigen der insgesamt 3200 Objekte sind eingelagert.

Warum Keramikuhren? Ganz einfach, weil der derzeitige Konservator des Museums, Jacques de Selliers, der früher in führender Position bei Solvay tätig war, sich dafür zu interessieren begann und sich auf Floh- und Antiquitätenmärkten auf die Suche begab. Innerhalb rund eines Jahrzehnts baute er seine Sammlung auf – das entspricht etwa einer gekauften Uhr pro Tag. Sein Einkaufsrhythmus ist heutzutage deutlich gemächlicher, doch er lässt es sich nicht nehmen, seine Besucher voller Leidenschaft persönlich durch sein Privatmuseum zu führen, was den besonderen Reiz einer Besichtigung ausmacht.

In den 1920er-Jahren waren Uhren noch ein relatives Luxusobjekt. Eine Uhr auf dem Kamin galt als Zeichen von Erfolg – eine Tradition, die sich vor allem in Frankreich und Belgien findet, da die Menschen in anderen Ländern sich die Hände meist an einem Ofen wärmten und Kamine sehr viel weniger verbreitet waren. Weiter im Süden war die Notwendigkeit, überhaupt einen Kamin zu besitzen, geringer und in England bevorzugte man große Holzuhren. In Frankreich und Belgien indes standen Keramikuhren hoch im Kurs, weil sie sowohl günstig als auch dekorativ waren.

Die Uhren des Museums stehen, wie in allen Uhrengeschäften, auf 10:10 Uhr. Der Grund dafür ist ganz einfach: Zeiger, die nach oben gerichtet sind, wirken positiver als Zeiger, die auf 4:40 Uhr stehen und gewissermaßen die Schultern hängen lassen.

Fayence

„Keramik" ist ein allgemeiner Begriff zur Bezeichnung von Gegenständen aus gebranntem Ton (gr. *keramon*). „Fayence" bezeichnet die einfachste und am weitesten verbreitete Art von Keramik. Dieser Name geht auf die italienische Stadt Faenza zurück, die im 15. Jahrhundert für ihre Keramikproduktion berühmt war. Weiter oben auf der Qualitätsskala in Bezug auf Verarbeitung und Transparenz stehen Feinkeramik sowie Porzellan, das neben Ton als Ausgangsmaterial noch Kaolin (Porzellanerde) enthält.

GEMEINDESCHULE NR. 13 – SCHULKOMPLEX VON LINTHOUT ②

Sinn für das Schöne und bürgerliche Werte

Avenue de Roodebeek 61 und 103
+32 2 734 34 63
Geöffnet während der Unterrichtszeiten
Tramlinien 23, 24 und 25, Haltestelle Diamant

Bei der gegenüber dem Schulkomplex in der Rue Josaphat weniger bekannten Schule von Linthout handelt es sich um einen Art-nouveau-Gebäudekomplex des Architekten Henri Jacobs, der für Haus Nr. 103 in Maurice Langaskens und für Haus Nr. 61 in Henri Privat-Livemont namhafte Unterstützer fand. Auf Nachfrage am Empfang ist während der Unterrichtszeiten eine Besichtigung möglich.

Ursprünglich sollte der Komplex zwei Grundschulen aufnehmen, eine für Jungen in der Nr. 103 (Schule Nr. 13) und eine für Mädchen in der Nr. 61 (Schule Nr. 11). Heute umfasst er die Schule Nr. 13 und die Erweiterung des Gymnasiums Athénée Fernand Blum.

In der 1913 eingeweihten Nr. 103 führt ein schmaler Gang in einen ersten, baumbestandenen Hof. Dahinter ist, von den Bäumen leicht verdeckt, die Fassade der Eingangshalle zu erkennen. Diese präsentiert sich in dezentem Art-nouveau-Dekor, es dominiert ein Gefühl von Leichtigkeit. Ein großer, offener Raum, eine zentrale Verglasung und im hinteren Bereich ein schönes Wandfresko. Den zuständigen Behörden war es seinerzeit ein Anliegen, den Kindern einen Sinn fürs Schöne sowie bürgerliche Werte zu vermitteln.

Das Haus Nr. 61 einige Meter weiter folgt demselben Prinzip und weist eine nahezu identische Raumaufteilung auf. Aufgrund des Ersten Weltkriegs wurde es aber erst 1922 eröffnet. Während der Besatzung hatten die Deutschen Stahl für die Herstellung von Stahlbeton beschlagnahmt. Auch in diesem Gebäude befindet sich eine große Eingangshalle mit einem schönen, raumgreifenden Fresko. Gestaltet von Privat-Livemont, verweist es auf die Werte der Grunderziehung sowie des Studiums und der Arbeit. Gehen Sie von der Halle aus in den Innenhof und öffnen Sie die Tür auf der rechten Seite. Im Gang zur Sporthalle sehen Sie mehrere schöne Sgraffiti, die ebenfalls von Privat-Livemont stammen, allerdings leider in schlechtem Zustand sind. Werfen Sie auch einen Blick in die Sporthalle mit ihrer elegant geschwungenen Art-nouveau-Decke.

IN DER UMGEBUNG

Die Arbeiterstadt von Linthout ③

Zugang über die Rue Général Gratry 84a–88 sowie über die Avenue de Roodebeek

Schönes Ensemble mit kleinen Häusern mit Garten. Der Zugang über die Rue Général Gratry ist vor allem aufgrund des originellen Blickwinkels auf das zentrale Gebäude der Anlage interessanter. Auf der linken Seite des Hauses befindet sich ein hübscher kleiner Nutzgarten.

Rue de Linthout 88 ④

An der Ecke Rue Victor Lefèvre. Gebäude mit schönen Sgraffiti von Gustave Strauven.

LES CONTES DE L'ANCÊTRE

E.
BERGERS ÉTUDIANT LES ÉTOILES

FASSADE DER WOHNUNGSBAUGESELLSCHAFT FOYER SCHAERBEEKOIS

5

„Sei aktiv, sei reinlich, sei sparsam, für alle“

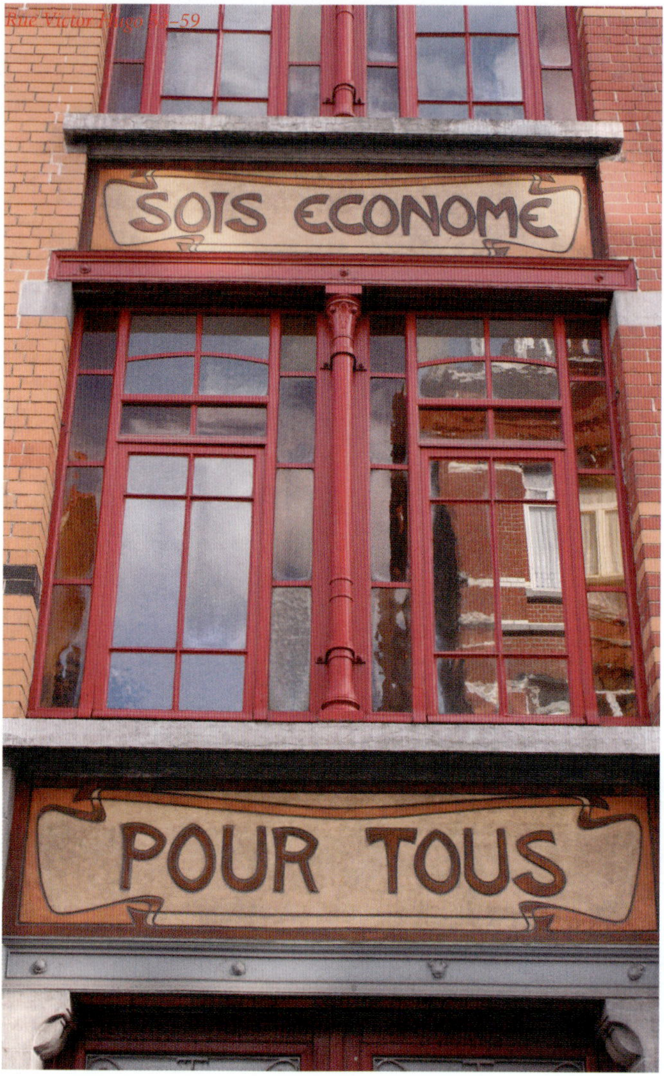

Rue Victor Hugo 53–59

Ende des 19. Jahrhunderts wurden in mehreren Brüsseler Gemeinden weitreichende Wohnungsbauprogramme für sozial schwache Bevölkerungsgruppen aufgelegt. Die öffentliche Hand ließ allenthalben unstrukturiert entstandene Elendsviertel abreißen und kaufte Grundstücke an. In der damals sehr wohlhabenden Gemeinde Schaerbeek entstanden besonders viele dieser Siedlungen, von denen einige heute nicht mehr existieren.

Die beiden Gebäude in der Rue Victor Hugo 55 gehen auf Entwürfe des Architekten Henri Jacobs (der auch für ein gutes Dutzend Schulgebäude verantwortlich zeichnet, s. S. 258) zurück und weisen einen von der Art nouveau inspirierten eklektischen Stil auf. Die 1899 entstandenen Wohnungen verfügten über drei Zimmer, fließend Wasser und Toiletten mit Spülung, was seinerzeit als großer Luxus galt. Sie entgingen 1968 dem Abriss und wurden 2001 saniert, wobei nach neueren Standards für zu klein befundene Wohneinheiten zusammengelegt wurden. Die Fassaden aus gelbem, orangenem, rotem und schwarzem Backstein wurden samt der schönen Sgraffiti, die sich auf Französisch und Niederländisch den Werten des Lebens in der Gemeinschaft, Sauberkeit, Arbeit und Sparsamkeit widmen, behutsam restauriert. Beachten Sie unterhalb der Gesimse die charakteristischen Art-nouveau-Arabesken.

Das zentrale Joch ist mitsamt aller Elemente, Säulen und Farben im Original erhalten. Nach dem Austausch der Eingangstüren wurde das schmiedeeiserne Rundfenster mit den eingearbeiteten Buchstaben F und S für Foyer Schaerbeekois wieder eingesetzt.

Angesichts der behutsamen Sanierung ohne Verwendung unpassender Materialien lässt sich bis heute schön erkennen, wie gut der soziale Wohnungsbau vor über einem Jahrhundert durchdacht war.

HAUS DER KATZEN

⑥

Tags und nachts sind alle Katzen … blau

Avenue Dailly 48

Wenn Sie an der Avenue Dailly 48 die Straßenseite wechseln und den Blick nach oben wenden, erkennen Sie ganz oben an der Fassade einen wunderschönen Keramikfries. Zu sehen sind fünf in perfekter Symmetrie angeordnete blaue Katzen. Die beiden äußeren

machen einen Buckel, den Blick auf das Trio in der Mitte gerichtet, das den Betrachter recht feindselig zu fixieren scheint.

Das 1901 von dem französisch-belgischen Architekten Alban Chambon erbaute Haus ist eine Mischung verschiedener Art-nouveau-Stile. Die Katzen erinnern an das berühmte Plakat zur Tournée der *Schwarzen Katze* von Rodolphe Salis von Théophile-Alexandre Steinlen, das in Frankreich 1896 erschien. Fand Chambon möglicherweise dort seine Inspiration?

ELEKTROMAST

Ein Relikt der Genter Weltausstellung von 1913

Kreisverkehr zwischen den Avenues Louis Bertrand und Paul Deschanel

An dem Kreisverkehr, an dem die Avenues Louis Bertrand und Paul Deschanel zusammenlaufen, zieht ein hoher Metallaufbau im Stil der Art nouveau die Blicke auf sich. Was nur wenige wissen: Der hohe Mast, der ursprünglich aus Gips entworfen wurde, wurde 1887 unter großem Applaus auf dem Salon de Bruxelles gezeigt. Der Künstler, Bildhauer Jacques de Lalaing, wünschte sich, seine Arbeit nach der Ausstellung im öffentlichen Raum zu sehen.

1888 überlegte man zunächst, den Mast auf dem Square Ambiorix aufzustellen, einem der zentralen Orte der Art nouveau (s. S. 110). 1893 kam der Vorschlag, ihn vor der Gare du Midi zu postieren. Im Jahr darauf stand dann die Place de Brouckère zur Debatte. Letztlich wurde die finale Bronzefassung des Kunstwerks 1913 auf der Weltausstellung von Gent gegenüber dem Pavillon von Kongo aufgestellt. Ein Jahr später brach der Erste Weltkrieg aus und der Mast wurde eingelagert. 1926 schenkten ihn die Erben des Bildhauers der Gemeinde Schaerbeek, die ihn am Eingang des Josaphatparks aufstellte, wo er sich lange Jahre stolz in den Himmel erhob, bis dort 1953 aufgrund von Bauarbeiten kein Platz mehr für ihn war. Nach mehrjähriger erneuter Einlagerung fand er 1993, wenngleich ohne Laternen, vor dem majestätischen Gemeindehaus von Schaerbeek an der Place Colignon ein neues Zuhause. Anno 2006 schließlich gelangte er an seinen ursprünglichen Standort zurück, wo er bis heute steht. Im Zuge einer Restaurierung erhielt er 2013 seine verschwundenen Laternen zurück.

Der 15 Meter hohe Mast ruht auf einer dreieckigen Basis und ist am oberen Ende mit Laternen ausgestattet. So ist er Art-nouveau-Kunstwerk und Stadtmöbel zugleich. Gehen Sie ruhig in die Mitte des Kreisverkehrs und betrachten Sie das Werk aus der Nähe. Das dreiseitige Hochrelief am Fuß des Masts zeigt einen Titanenkampf zwischen Tigern und Schlangen. Im Hintergrund sind Bananenblätter zu erkennen.

RESTAURANT DER KÖNIGLICHEN SANKT-SEBASTIANSGILDE ⑧

Bogenschützen, die auf Tontauben an einem 20 Meter hohen Mast schießen

Parc Josaphat – oberer Teil
Mitte März bis Anfang November (je nach Witterung) 11–21/22 Uhr
Schießsaison: Mai bis Oktober, immer freitags um 18:30 Uhr
Buslinie 66, Haltestelle Azalées, oder Tramlinie 23, Haltestelle Héliotropes

Die Sankt-Sebastiansgilde ist der älteste Bogensportverein des Josaphatparks (benannt nach einem Tal in der Nähe von Jerusalem). Das Restaurant vor den Schießstandmasten ist der ideale Ort, um den Schützen beim Training und bei Wettkämpfen zuzusehen. Geschossen wird auf Tontauben, die an rund 20 Meter hohen Masten aufgehängt sind. Der mittlere Teil des Parks wird bei Wettkämpfen geräumt. Beim Training halten sich die Schützen in großen Gitterkäfigen am Fuß des Masts auf, um zu verhindern, dass ihre abgeschossenen Pfeile auf Passanten herunterfallen.

Die Tradition reicht in das 16. Jahrhundert und damit in die Gründungszeit der Gilde zurück. Damals fand jedes Jahr ein Wettkampf statt, bei dem auf einen Vogel auf dem Turm der nahen Kirche St. Servatius geschossen wurde. Der Gewinner wurde zum König der Gilde ernannt und erhielt drei Insignien: eine Schützenkette mit Silberplättchen, einen Zeremonienstab und einen silbernen Ehrenvogel. Bei drei Siegen in Folge wurde der Schütze zum Kaiser ernannt. An der Treppe zum ersten Stock des Gemeindehauses von Schaerbeek hängt ein Banner der Gilde.

Der Heilige Sebastian ist seit dem 4. Jahrhundert Schutzpatron der Bogenschützen. Er ist zudem Patron der Bogensportgilde von Brüssel und in dieser

Funktion auf dem Tympanon der Tür zum Rathausturm abgebildet. Ein Gemälde von Hans Memling im Museum für Alte Kunst zeigt das *Martyrium des Heiligen Sebastian*.

Der Heilige Sebastian

Sebastian wurde vermutlich in Mailand geboren. Um das Jahr 283 wurde er römischer Soldat. Als Hauptmann der Prätorianergarde von Kaiser Diokletian fiel er in der Folge durch seinen christlichen Glauben und seinen Proselytismus auf. Er wurde verhaftet und zum Tode durch die Pfeile seiner eigenen Soldaten verurteilt. Diese schossen zwar auf ihn, waren jedoch darauf bedacht, ihn nicht lebensbedrohlich zu verwunden. Am Fuße des Pfahls, an dem man ihn festgebunden hatte, ließ man ihn in dem Glauben, er sei tot, liegen. Doch Sebastian lebte und wurde von Irene, der Witwe des Heiligen Catull, gesund gepflegt. Nach seiner Genesung kehrte er zu Diokletian zurück und bekannte sich erneut zu seinem Glauben. Dieser ließ ihn, außer sich vor Wut, erneut verhaften und diesmal steinigen. Als der Pest im Jahr 680 in Rom wütete, brachte man seine Reliquien in einer Prozession herbei – und die Pest fand ein Ende.

KIRCHE DER HEILIGEN SUSANNA ⑨

Eine Betonkirche in typischer Art-déco-Farbharmonie von Rosa bis Braun

Avenue Gustave Latinis 66
Messe täglich um 18:30 Uhr, Freitag um 9 Uhr, Samstag um 17 Uhr und Sonntag um 10 Uhr
Tramlinie 23, Haltestelle Louis Bertrand, oder Buslinie 66, Haltestelle Latinis

Ein paar Schritte vom Boulevard Lambermont entfernt liegt die Église Sainte-Suzanne, eine bemerkenswerte Kirche des Art déco, die besonders durch ihre modernen Fenster auffällt. Von den drei Betonkirchen in Brüssel ist sie die älteste, vor Saint-Augustin im Viertel Altitude 100 in Forest und Saint-Jean-Baptiste in Molenbeek.

Der Bau der Kirche wurde in erster Linie von General Maes' Witwe finanziert, die ihre einzige Tochter Suzanne 1914 im Alter von 20 Jahren verloren hatte. Die Gemeinde übernahm den von der Stifterin gewünschten Namen. Am 11. August 1928, dem Gedenktag der Heiligen Susanna, wurde die erste Messe gefeiert.

Das Gotteshaus präsentiert sich als massiver Bau mit einem 49 Meter hohen, sich stufenartig verjüngenden Glockenturm. Im typischen Art-

déco-Stil finden sich verschiedene Farbpaletten in einem harmonischen Verlauf von Rosa bis Ocker und Braun. Der Architekt Jean Combaz ließ sich bei seinem Entwurf von der Kirche von Auguste Perret in Raincy in der Nähe von Paris inspirieren. Der Innenraum überrascht durch seine Größe – mehr als 1000 Menschen finden hier Platz. Erstmals in Belgien konnte durch den Einsatz von Beton ein Kirchenschiff ohne Säulen und Pfeiler gebaut werden. Rechts neben dem Eingang steht das Taufbecken, das 1935 in den Kunstateliers von Maredsous gefertigt wurde. Den Boden zieren Mosaiken in Schwarz, Gelb und Rot, die die Stifterin an die militärische und patriotische Vergangenheit ihres Mannes erinnerten.

Den besonderen künstlerischen Wert der Kirche machen jedoch ihre sechs großen Buntglasfenster aus. Sie sind das gemeinsame Werk des Künstlers Simon Steger und des Glasermeisters Jacques Colpaert. In den Nischen liegen innen jeweils die kunstvollen Fenster und – was neu ist – hell verglaste Fenster außen, was sowohl eine bessere Isolierung ermöglicht als auch besseren Schutz vor Verschmutzung bietet.

Der Innenraum, der sich auch heute als außerordentlich hell präsentiert, war früher noch stärker lichtdurchflutet, da sich ursprünglich hinter dem Altar ein weiteres großes Fenster befand und in die Kassettendecke neun kreuzförmige Oberlichter eingelassen waren. Diese wurden jedoch dem damaligen Zeitgeist gemäß, wonach es zu wahrer Einkehr Halbdunkels bedarf, zugemauert.

GEMEINDESCHULE NR. 1

⑩

„Der nahezu perfekte Typus der idealen Schule“

Rue Josaphat 229–241 und Rue de la Ruche 30
Geöffnet während der Unterrichtszeiten
Tramlinie 92, Haltestelle Saint-Servais

Dieser Schulkomplex in Schaerbeek ist das wohl schönste Beispiel angewandter pädagogischer Art-déco-Architektur der Stadt. Wie bei den meisten Brüsseler Schulen dürfen Sie auf freundliche Nachfrage während der Unterrichtszeiten meist einen diskreten Blick in das Gebäude werfen. Der Zutritt über die Rue de la Ruche ist möglich, doch der Haupteingang liegt an der Rue Josaphat.

Die Grundschule Nr. 1 wurde am 6. Oktober 1907 eröffnet und ist das bekannteste Gebäude des Schaerbeeker Architekten Henri Jacobs. Die Zeitschrift *La Ligue des Architectes* lobte den Bau seinerzeit in höchsten Tönen und sprach von dem „nahezu perfekten Typus der idealen Schule".

Mit anfangs 24 Klassen, einem Kindergarten, einer Knaben- und einer Mädchengrundschule sowie einer technischen Schule beeindruckte das Ensemble durch seine hervorragende Infrastruktur: Sporthalle, Schwimmbecken, Bibliothek, mehrere Schulhöfe – für das mit einem für damalige Zeiten sehr beachtlichen Budget von etwas mehr als 2 Millionen belgischen Francs ausgestattete Projekt war nichts zu schön. Die *Ligue des Architectes* fragte sich gar: „*Wird hier nicht allzu viel Luxus vor den Augen der Kinder ausgebreitet? Wir sind der Meinung, dass Einfachheit für den Urheber eines solchen Werks an erster Stelle stehen sollte*". Neben der außerordentlichen Ausstattung schuf Jacobs, Schüler von Hankar, hier sowohl architektonisch als auch dekorativ ein echtes Kunstwerk. Im Inneren finden sich zahlreiche Sgraffiti von Privat-Livemont. Durch die Mauern vor Witterungseinflüssen geschützt, sind sie besonders gut erhalten und weisen überwiegend nach wie vor ihre ursprünglichen Farben auf. Bei den Motiven ließ er sich zum Teil von Begebenheiten der lokalen Geschichte leiten. So finden sich in den Darstellungen der Esel von Schaerbeek, Bienenstöcke als Verweis auf die gleichnamige Straße und Bienen, die in diesem Zusammenhang wohl auch als Symbol für fleißiges Arbeiten interpretiert werden können.

© Jean-Jacques Evrard

KERAMIK DER ALTEN SANKT-SERVATIUS-KIRCHE ⑪

Das Gefäß der Bacchanalien *am Standort der alten Kirche des verschwundenen Dorfes Schaerbeek*

Avenue Louis Bertrand 53–61

Der 2008 unter Denkmalschutz gestellte Gebäudekomplex der Nr. 53–61 geht auf Entwürfe des Architekten Gustave Strauven zurück. Über seiner Signatur neben dem Eingang zum Restaurant fällt eine schöne, auf Keramikkacheln aufgetragene Darstellung der alten Sankt-Servatius-Kirche ins Auge, die für den Bau der Avenue Louis Bertrand weichen musste. Darüber ist auf einer weiteren Keramiktafel der von Kirschen umgebene Kopf eines Esels zu sehen (Symbol von Schaerbeek). Beide Keramiken tragen den Hinweis „Céramiques Wezel, 16 rue Kessels".

Das Kunstwerk *Le vase des Bacchanales* („*Das Gefäß der Bacchanalien*") von Godefroid Devresse im Zentrum der Avenue Louis Bertrand befindet sich dort, wo früher der Chorraum der alten Kirche lag.

Durch die neue Avenue wurde der Ortskern von Schaerbeek rund um die Sankt-Servatius-Kirche – die seit 1876 nicht mehr genutzt, aber erst 1905 abgerissen wurde und bis dahin das Herz des Ortes bildete – zerstört. Rund 30 Jahre lang standen beide Sankt-Servatius-Kirchen (die alte, die später abgerissen wurde, und die heutige) hier nebeneinander.

In der Avenue Louis Bertrand 10 sind ebenfalls schöne, wenn auch stark verblasste Sgraffiti zu sehen.

IN DER UMGEBUNG

Der Schuhkratzer an der Maison Verhaeghe ⑫

Die Maison Verhaeghe in der Nr. 43, ein weiteres Werk von Gustave Strauven (1906), steht seit 2006 unter Denkmalschutz. An der Fassade befindet sich ein kurioser Schuhkratzer im Stil der Art nouveau.

© Michel Wal

WOHNHAUS UND ATELIER DES MALERS RUYTINX

⑬

Ein bemerkenswertes Sgraffito mit Allegorie der Malerei

Rue Vogler 17

Die Fassade des 1906 von einem unbekannten Architekten für den Maler Alfred Ruytinx errichteten Hauses ziert ein schönes Sgraffito von Privat-Livemont, einem Onkel des Künstlers. Das 1992 überraschend unglücklich von seinem aktuellen Eigentümer, einem früheren Designprofessor, restaurierte Sgraffito hat leider seine ursprüngliche Farbgebung eingebüßt. Die Kontraste treten allzu stark hervor – ein Eindruck, der durch den hellgrauen Fassadenanstrich noch verstärkt wird. Dennoch ist das zauberhafte ursprüngliche Motiv nach

wie vor erkennbar: Zu Ehren des ersten Besitzers zeigt das Sgraffito eine Allegorie der Kunst in Form einer weiblichen Figur mit Palette und Pinsel sowie ein Kind. Ergänzt wird die Szene durch eine reiche Pflanzenwelt, Kastanienblätter und Knospen.

IN DER UMGEBUNG

Boulevard Lambermont 146 und 150 (14)

Zwei schöne Beispiele für Art-nouveau-Häuser mit restaurierten Sgraffiti. Weitere Sgraffiti in der Nr. 168 sind in weniger gutem Zustand.

Avenue Eugène Demolder 

Dies ist eine der elegantesten Achsen von Schaerbeek. Zwischen Place Verboekhoven und Boulevard Lambermont reihen sich zahlreiche, zwischen 1907 und 1920 erbaute Bürgerhäuser als Zeugen des Erfolgs eines befreiten und darüber glücklichen Bürgertums aneinander. Den Formen und Dekors sind hier keine Grenzen gesetzt.

MOERASKE

Eine wild bewachsene Autobahn

Rue de la Perche (Evère)
Eintritt frei, außer für den Parc Walckiers (nur Besichtigung)
Kostenlose Führungen jeden zweiten Sonntag im Monat um 10 Uhr oder nach Vereinbarung unter +32 2 242 50 43
Buslinien 45, 54, 59 und 69, Haltestelle Église Saint-Vincent

Kurioserweise hat der Moeraske-Park seine Form – länglich und knapp zwei Kilometer lang – der Begeisterung des 20. Jahrhunderts für Autobahnen zu verdanken. Das heute von Vögeln, Gewässern und wilder Natur vereinnahmte Gelände war eigentlich für eine neue Autobahntrasse aus Richtung Antwerpen vorgesehen. Das Gebiet wurde mit Abfällen und Erde aufgeschüttet, Enteignungen wurden vollzogen und in einem Becken wurde Quellwasser aufgefangen. Letztlich gab man das Projekt jedoch auf, ebenso wie das dafür vorgesehene Gelände, und nach und nach nahm die Natur das Zepter wieder in die Hand. Das Sammelbecken verwandelte sich in einen Sumpf (nl. *moeraske* = „kleiner Sumpf"), der aufgeschüttete Bereich wurde zum Parc du Bon-Pasteur und der Parc Walckiers erlangte seine wilde Naturbelassenheit wieder. Erstaunlicherweise entstand durch eben diese Umwälzungen eine immense biologische Vielfalt mit Trocken- und Feuchtgebieten, Waldabschnitten, einem Wasserlauf (dem Kerkebeek), Quellen, Sümpfen und landwirtschaftlichen Nutzflächen.

Das Gebiet ist zugleich ein bedeutendes Zeugnis der örtlichen Geschichte. Im Nordosten des 14 Hektar großen Geländes liegt ein alter Wasserturm, dessen Wasser einst die Kessel der Dampflokomotiven am direkt nebenan gelegenen Bahnhof Schaerbeek-Formation speiste. Das riesige Einlassventil ist an den Gleisen ebenfalls zu sehen. Eine alte Fassadenwerbung in der Rue Walckiers 44 erinnert an Gesellschaften, die Versicherungen gegen Kriegsschäden anboten, und an der Kreuzung Rue Carli und Rue du Château steht bis heute ein alter Luftschutzbunker.

Immer wieder versuchen die belgische Eisenbahngesellschaft oder die Gemeinde, das Gelände anderweitig zu nutzen. Doch glücklicherweise ist es den Anwohnern bislang stets gelungen, sich in ausreichender Zahl für ihren lieb gewonnenen Park stark zu machen und seinen Erhalt zu sichern. So nahe am Stadtzentrum ist es für viele, nicht zuletzt für Familien mit Kindern, ein besonderes Vergnügen, es sich im Grünen gemütlich zu machen und den vorbeifahrenden Zügen zuzusehen.

GEMEINDEHAUS VON SCHAERBEEK

(17)

Kaum jemand hat es je betreten

Place Colignon

© Edison McCullen

Das Gemeindehaus von Schaerbeek ist den meisten Einheimischen wohlbekannt, doch kaum jemand hat es je betreten. 1887 von Architekt Jules Jacques van Ysendick mitten auf dem Land errichtet und 1911 nach einem Brand wiederaufgebaut, steht es mit seinem Stil beispielhaft für die flämische Neorenaissance. Beachten Sie im Inneren vor allem die Buntglasfenster an der Ehrentreppe, die beiden Seitenaufgänge, das Fenster im hinteren Bereich sowie die fassadenseitigen Hauptsäle, allen voran den Trausaal und den Ratssaal. In Letzterem befinden sich kunstvolle Tapisserien aus Mechelen, auf denen Kirschbäume abgebildet sind, deren Früchte das Wahrzeichen der Stadt sind.

IN DER UMGEBUNG

Wohnhaus von Henri Jacobs (18)

Avenue Maréchal Foch 9

Einige Meter neben dem Gemeindehaus von Schaerbeek erbaute der Architekt Henri Jacobs 1903 ein Haus, das ihm als Wohnhaus und Büro diente. Sehenswert ist vor allem das Sgraffito über den vier Spitzbogenfenstern. Seinen guten Zustand hat es der geschützten Lage unter dem weit hervorragenden Gesims zu verdanken, das die Fassade im oberen Bereich vor Witterungseinflüssen schützt. Der Nachteil ist, dass zumindest der obere Teil des Sgraffito meist im Schatten liegt. Werfen Sie im Vorbeigehen einen Blick auf das Nachbargebäude mit der Nr. 11, das ebenfalls nach Entwürfen von Henri Jacobs gebaut wurde, der auch für die Schulen in der Rue Josaphat und in der Avenue de Roodebeek sowie das Institut Diderot in den Marollen verantwortlich zeichnet.

FRANS-VAN-OPHEM-HAUS

⑲

Eine unbekannte Schönheit

Rue Renkin 33
Besichtigung nur von der Straße aus möglich
Metrostation Gare du Nord

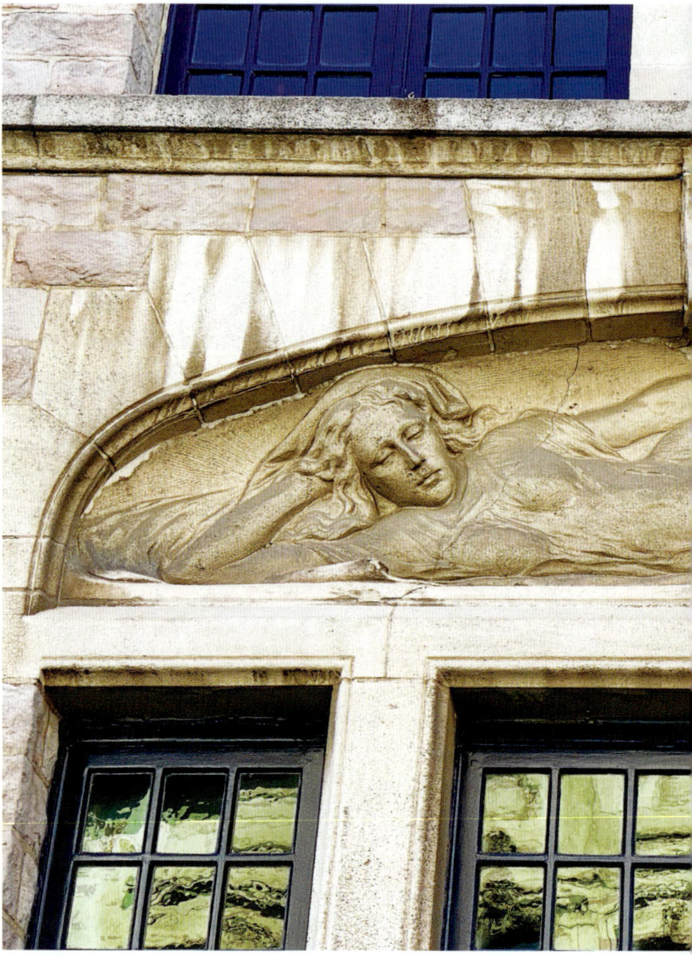

Im Jahr 1897 ließ der Architekt und Unternehmer Frans van Ophem für sich in der Rue Renkin 33 ein privates Wohnhaus errichten. Das eklektische Gebäude umfasst viele Elemente der Art nouveau – wunderschöne Sgraffiti mit Darstellungen von Berufen aus dem Bauwesen auf der rechten Seite, aber auch die stilisierte Signatur des Architekten und die Schrift auf der Metalltafel des Briefkastens. Oberhalb des Erdgeschossfensters auf der linken Seite bleibt der Blick an dem einem eleganten Basrelief (signiert V. de Haen) hängen. Es zeigt eine liegende Frau und im Hintergrund die Kuppel der Schaerbeeker

Marienkirche. Das Haus wurde 2003 behutsam nach Originalentwürfen saniert, kann aber nicht besichtigt werden.

> Renkin ist das Pseudonym von Rennequin, geboren 1645, der unter Ludwig XIV. durch den Bau eines Pumpsystems in Marly-le-Roi Bekanntheit erlangte, mit dem das Wasser der Seine bis in das 119 Meter höher gelegene Versailles geführt werden konnte.

IN DER UMGEBUNG

Ein Stück weiter, in der Nr. 72, aufgrund mangelnder Hinweise nicht leicht zu finden, liegt der Espace Géo de Vlamynck, benannt nach dem belgischen Künstler, dessen Atelier sich ein paar Gehminuten entfernt in der Rue de la Constitution befindet. Eine Besichtigung ist im Rahmen der Géo-de-Vlamynck-Rundgänge jeweils am zweiten Sonntag im Monat möglich. Heute lebt seine Tochter in dem Haus. Mit ein wenig Glück öffnet Sie Ihnen die Tür und zeigt Ihnen die Gemälde ihres Vaters. Gleich nebenan, in der Nr. 74, befindet sich ein herrschaftliches Stadtpalais, dessen Bauweise überraschen mag, wenn man den Namen des Architekten kennt: Paul Saintenoy, der eigentlich für einen ganz anderen Stil bekannt ist und u. a. das frühere Kaufhaus Old England entwarf, in dem heute das Musikinstrumentemuseum untergebracht ist. Das Haus hier entstand 1911 für den Maler und reichen Erben einer Bankiersfamilie aus Namur, Frans Kegeljan. In der Nr. 90 sind an einem weiteren Art-nouveau-Gebäude ebenfalls schöne Sgraffiti zu sehen.

GARTEN DES KUNSTHAUSES GASTON WILLIOT

20

Eine ungeahnte Gartenschönheit

Chaussée de Haecht 147
Tramlinien 92 und 95, Buslinie 65 und 66, Haltestelle Robiano

Die Maison des Arts Gaston Williot ist ein kleines Schaerbeeker Juwel und das einzige Herrenhaus aus der Zeit vor 1830 in der Gemeinde. Besucher bekommen zwei Salons im Louis-quinze- und Louis-seize-Stil zu sehen, mehrere schöne Buntglasfenster sowie eine einmalige Gartenanlage. Diese ist in der Theorie Frauen mit Kleinkindern vorbehalten, in der Praxis jedoch meist für alle Besucher zugänglich. An der rechtwinkligen Grünfläche stehen vereinzelt Statuen. Setzen Sie sich auf eine der Bänke, atmen Sie durch und genießen Sie den Kontrast

zum quirligen Leben der umliegenden Straßen eines Viertels, das mit Grünanlagen nicht gerade reich gesegnet ist.

Bei dem Dach mit einer interessanten Glas- und Metallstruktur auf einer Seite des Gartens handelt es sich um den Kultur- und Veranstaltungsort Les Halles de Schaerbeek. Das 1826 erbaute Kunsthaus verdankt seine Existenz dem wohlhabenden Brüsseler Leinenhändler Charles-Louis Eenens. Später ging das Gebäude in den Besitz seines ältesten Sohnes, General Eenens, über, der viele Jahre lang mit der Gemeinde bezüglich der Enteignung des großen Gartens für den Bau der Rue Royale Sainte-Marie im Streit lag. Heute finden in der 1950 von der Gemeinde angekauften Maison des Arts Kulturveranstaltungen wie die Skulptur-Biennale sowie wechselnde Ausstellungen statt. Der Erfolg ist vor allem Gaston Williot, dem früheren Bürgermeister von Schaerbeek (1963–1971), zu verdanken. Er veranlasste eine umfassende Sanierung und Umgestaltung, wobei besonders die Kamineinfassung aus Delfter Keramik mit schönen Manganverzierungen zu erwähnen ist. Die Fassade wurde 1994 saniert.

Zu den berühmtesten Gästen des Hauses zählen André Maurois, Jean Cocteau, Michel Simon und Jacques Brel, aber auch, etwas früher, Hermann Göring (1917) und der niederländische Erbprinz (1830). Prinz Friedrich von Nassau hatte während der Revolutionsereignisse von 1830 seinen Generalstab in der Bibliothek eingerichtet. Dort beschloss er, seine Truppen angesichts der im Parc de Bruxelles versammelten Patrioten nach Antwerpen zurückzuziehen. Eine Tasse, aus der der Prinz am 26. September 1830 seinen Tee trank, erinnert an dieses Ereignis.

Statten Sie bei Gelegenheit auch dem Estaminet 1900 in der alten Sattlerei des Schlosses einen Besuch ab.

ATELIER UND RUNDGANG GÉO DE VLAMYNCK

(21)

Als hätte der Künstler sein Atelier nur für einen Augenblick verlassen

Rue de la Constitution 7
+32 2 215 01 26
geodevlamynck.be
Besichtigung an jedem zweiten Sonntag des Monats um 14:30 Uhr
Treffpunkt an den Halles de Schaerbeek
Dauer des Rundgangs: 3 Stunden
Tramlinien 92 und 94 oder Zug Gare du Nord

Der dem Künstler Géo de Vlamynck (nicht zu verwechseln mit dem berühmten französischen Maler des Fauvismus, Maurice de Vlaminck) gewidmete Rundgang beginnt in seinem früheren Atelier (nach dem von Antoine Wiertz das zweitälteste in Brüssel). Es ist originalgetreu erhalten und vermittelt einen schönen Eindruck vom Leben und der Arbeit eines Künstlers im 19. Jahrhundert. Im Inneren herrscht eine intime, gemütliche Atmosphäre, als hätte der Künstler sein Atelier nur für einen Augenblick verlassen. Auf dem Arbeitstisch liegen halb fertige Dokumente, auf einem Regal sind Gefäße mit Farbpigmenten aufgereiht und in einer Ecke lehnen Bilderrahmen, die scheinbar nur darauf warten, zum Einsatz zu kommen. In der Mitte des Raumes steht ein alter Ofen mit rußgeschwärztem Rohr.

Die Tochter des Künstlers, Danielle de Vlamynck, lädt Besucher im Anschluss an die Besichtigung des Ateliers zu einem kleinen Rundgang durch Schaerbeek ein, der bis zum Schwimmbad Neptunium an der Place de Houffalize führt, wo Vlamynck 1957 ein monumentales Mosaik schuf, das 2 auf 15 Meter groß ist. In der Rue Rankin 72 hat der Verein der Freunde von Géo de Vlamynck seinen Sitz. Dort zeigt sie Ihnen bei einem Gläschen Wein weitere Arbeiten ihres Vaters, die als Wandgemälde und auf Leinwand die Räume einer gesamten Etage des Hauses zieren.

Géo de Vlamynck (Brugge 1897 – Brüssel 1980)

Der in Brügge geborene Géo de Vlamynck kam 1919 nach Brüssel, um der künstlerischen Enge seiner Heimatstadt, die ihn in seiner Kreativität einschränkte, zu entfliehen. Er wurde Schüler von Constant Montald, der ihn stark beeinflusste. 1921 wurde er für sein Gemälde *Le Repentir après la faute* („*Die Reue nach dem Fehler*") mit dem Prix de Rome ausgezeichnet, drei Jahre später kaufte er das Atelier in der Rue de la Constitution. In der Folge beherbergte dieses 1862 für den Bildhauer De Hane errichtete Haus viele Künstler, u. a. den Schaerbeeker Impressionisten Eugène Smits. Vlamynck, der in seiner künstlerischen Laufbahn Gemälde, Mosaiken, Fenster (z. B. *Marie, mère du Christ au bord du lac – „Maria, Mutter Jesu, am Ufer des Sees"* – in der Koekelberg-Basilika), Fresken (darunter jene, die er gemeinsam mit seinem Schüler Nicolas de Staël für die Brüsseler Weltausstellung 1935 kreierte) und Keramiken schuf, ist vor allem für seine weiblichen Akte berühmt.

© Sylvie Olivier

KINO-THEATER-BUNKER

(22)

Bar und Trash-Konzerte für neugierige Nachtschwärmer

Rue des Plantes 66A
Kontakt über den Eigentümer Patrice unter +32 2 223 34 59
bunker-cine-theatre.wifeo.com
Metrostation Rogier

Inmitten des Rotlichtviertels an der Gare du Nord liegt das Bunker Ciné, eine leicht abseitige Location, die vor allem die Herzen neugieriger Nachtschwärmer höherschlagen lassen dürfte. Der Name ist wie beim Kino Nova mit seinem postindustriellen Design auch beim Bunker passend gewählt, das allerdings noch alternativer daherkommt als sein innerstädtisches Pendant. Immer wieder finden hier auch Filmvorführungen statt. Dennoch ist das Bunker Ciné weit mehr als ein Kino. Regelmäßige Trash- und Hardcore-Konzerte bieten neben der oft guten Musik die Möglichkeit, ausgelassen zu tanzen. Angesichts des eindrucksvollen Geräuschpegels können Sie auch Ihrer Stimme nach einem intensiven Arbeitstag getrost freien Lauf lassen. Wenn Sie nach dieser kleinen Anti-Stress-Therapie noch Energie haben, schenken Sie den alten Fotoentwicklungsmaschinen am Eingang zum Hauptsaal einen Moment Ihre Aufmerksamkeit. Das Bunker Ciné ist nämlich in einem früheren Fotolabor aus den 1930er-Jahren untergebracht, das der Inhaber Patrice mit viel Hingabe geräumt und renoviert hat.

An der Bar können Sie, in angenehmem Kontrast zum Konzertsaal, relativ ruhig einen Drink genießen. Auch hier greift das nach wie vor sehr rohe Dekor das Thema Fotografie auf: In einer Vitrine sind Filmstreifen zu sehen, in einer Ecke liegen alte Filmrollen. Irgendwie fühlt man sich hier wohl. Und plötzlich ertappt man sich in diesem leicht surrealen Setting bei einem Bierchen dabei, wie man große Reden schwingt. Doch auch das ist hier, wie so oft an solchen Orten in Brüssel, kein Problem, denn Inhaber und Gäste sind einfach großartig!

IN DER UMGEBUNG

Gebäude Le Royal

Rue Royale 284
Geöffnet während der Bürozeiten

Das Art-déco-Gebäude strahlt mit seinem vertikalen gelben Licht wie ein Leuchtturm über die Straße. Es wurde im Auftrag der Versicherungsgesellschaft RVS (Rotterdamse Verzekering Societeiten), die 1938 ihr 100-jähriges Bestehen feierte, zwischen 1936 und 1938 nach Entwürfen des Architekten Jos Duijnstee erbaut. Besonders sehenswert ist die Eingangshalle mit ihren Bodenmosaiken und Buntglasfenstern sowie der schönen Keramiktafel zur Feier von 100 Jahren RVS. Im Sitzungssaal im ersten Stock befinden sich sehenswerte Mosaiken und eine Keramiktafel mit einer Jagdszene. Eigentlich finden hier nur geführte Besichtigungen statt, doch wer freundlich nachfragt, darf meist auch so einen Blick ins Innere werfen.

KIRCHE DER HEILIGEN JULIANA 

Eine in Vergessenheit geratene Kirche

Rue de la Charité 41
Metrostation Madou

Diese neogotische Kirche der Heiligen Juliana ist von der Rue de la Charité aus nicht zu sehen. Im Vorbeigehen fällt das Haus mit der Nr. 41 nicht weiter auf und scheint zu den Räumen der nebenan in der Nr. 43 sitzenden Caritas zu gehören. Nichts deutet darauf hin, dass sich hinter der Fassade eine der schönsten Kirchen der Stadt befindet!

Gehen Sie auf die andere Seite, in die Rue du Marteau 2. Von dort aus können Sie, wenn das Portal geöffnet ist, einen Blick auf einen Teil der Kirche sowie ein Teilstück des alten Kreuzgangs der Kongregation der Schwestern der Heiligen Juliana erhaschen. Die zwischen 1883 und 1886 errichtete Kirche ist ein schönes Beispiel für die neogotische Sakralarchitektur. Auf mehreren Wandgemälden sind Szenen aus dem Leben der Heiligen Juliana dargestellt. Heute folgt die Kirche dem orthodoxen Ritus.

Die Heilige Juliana und Fronleichnam

Die 1192 bei Lüttich geborene Heilige Juliana hatte im Alter von 18 Jahren eine Erscheinung: Gott gab ihr den Auftrag, in der Kirche das Fest des Heiligen Sakraments – Fronleichnam – zu etablieren. 20 Jahre lang betrachtete sie sich als dieser Aufgabe unwürdig. Als Oberin des Klosters von Cornillon erhielt sie in einer weiteren Erscheinung erneut den klaren Auftrag, unverzüglich zu handeln. Nach zahlreichen Schwierigkeiten konnte 1247 schließlich in Lüttich das erste Fronleichnamsfest begangen werden; seit 1264 gilt es in der gesamten katholischen Kirche als offizieller Feiertag. Bei dem am zweiten Donnerstag nach Pfingsten gefeierten „Hochfest des Leibes und Blutes Christi“ bekunden Katholiken Gott ihren Dank dafür, dass er den Menschen die Symbole der Eucharistie sowie der Hostie als Leib Christi geschenkt hat.

IN DER UMGEBUNG

Rue du Vallon 22–28 (25)

Schöne Keramiktafeln in mitleiderregendem Zustand. Die Gebäude sind mit dem Namen Léon Sneyers signiert und datieren aus dem Jahr 1903.

KONZERTE IM CHARLIER-MUSEUM

(26)

Klassische Konzerte bei Kerzenschein

Avenue des Arts 16
+32 2 218 53 82 – +32 2 220 26 90 – charliermuseum.be
Montag bis Donnerstag 12–17 Uhr und Freitag 10–13 Uhr
Führungen nach Vereinbarung (+32 2 220 28 19) für Gruppen bis 15 Personen
Metrostation Madou

Das Charlier-Museum ist eine kleine Einrichtung, die von der aktuellen Kuratorin Francine Delépine mit großem Enthusiasmus betrieben wird. Es ist ihr gelungen, den von den Gründern gelebten Geist der Hilfsbereitschaft zu bewahren, sodass in den Räumen des Museums immer wieder Events mit sozialem Hintergrund stattfinden.

Doch damit nicht genug: Francine Delépine richtet in regelmäßigen Abständen klassische Konzerte aus, bei denen hervorragende Künstler den Besuchern harmonische Glücksmomente bescheren, vor allem wenn die Veranstaltungen bei Kerzenschein stattfinden.

Das Museum selbst ist in einem schönen Herrenhaus aus dem 19. Jahrhundert untergebracht, in dem einst der Brüsseler Kunstliebhaber und -mäzen Henri van Cutsem lebte. Um seine Sammlungen in gebührendem Rahmen zeigen zu können, beauftragte er den jungen Architekten Victor Horta 1890 damit, dieses Haus für ihn zu entwerfen, das jedoch nicht allzu viele Art-nouveau-Elemente aufweist, da Horta zu diesem Zeitpunkt noch nicht der große Meister dieses Stils war, der er später werden sollte. Als Cutsem 1904 starb, erbte der Bildhauer Henri

Charlier (1854–1925), dem sich Cutsem zu Lebzeiten eng verbunden gefühlt hatte, das Gebäude. Dieser führte das Werk seines Gönners fort und begann, Werke von zeitgenössischen belgischen Künstlern zu sammeln. Nach seinem Tod ging das Gebäude samt seinen Sammlungen unter der Bedingung, darin ein Museum einzurichten, in den Besitz der Gemeinde Saint-Josse-ten-Noode über. Das Museum wurde 1928 eröffnet.

Heute können in den Räumen in angenehmer Atmosphäre unterschiedlichste Sammlungen bewundert werden: belgische Malerei des 19. und 20. Jahrhunderts (Ensor, Vogels, Boulenger …), Skulpturen von Charlier und Rik Wouters, Möbel und dekorative Kunstobjekte im Louis-quinze-, Louis-seize- und Empire-Stil, belgische Goldschmiedekunst sowie Tapisserien aus Brüssel und Aubusson.

IN DER UMGEBUNG

Maison Govaerts (27)

Rue de Liederkerke 112

Das um 1860 in eklektischem Stil gebaute Haus ging 1899 in den Besitz des Architekten Léon Govaerts über, der auch das Rathaus von Saint-Josse entwarf. Er nahm grundlegende Veränderungen an dem Bau vor und verlieh ihm ein polychromes, von der Art nouveau inspiriertes Dekor. 1995 erwarb die Gemeinde das Haus und unterzog es einer umfassenden Sanierung. Heute beherbergt es ein Senioren-Freizeitzentrum sowie das Haus der Familie. Meist lassen einen die Verantwortlichen vor Ort gerne einen Blick ins Innere und vor allem auf die schöne Ehrentreppe werfen.

Parc Duden
St-Augustin
Forest
Uccle
Sacré-Cœur
St-Pie X
Maison Communale
St-Pierre
Eglise Orthodoxe
Clinique & École des 2 Alices
Précieux Sang
Parc de la Sauvagère
Forest National
Avenue Brugmann
Avenue Winston
Chaussée d'Alsemberg
Rue de Stalle
Dieweg
1
2
3
4
5
6
7
8
9
10
11
12
13
14
16
17

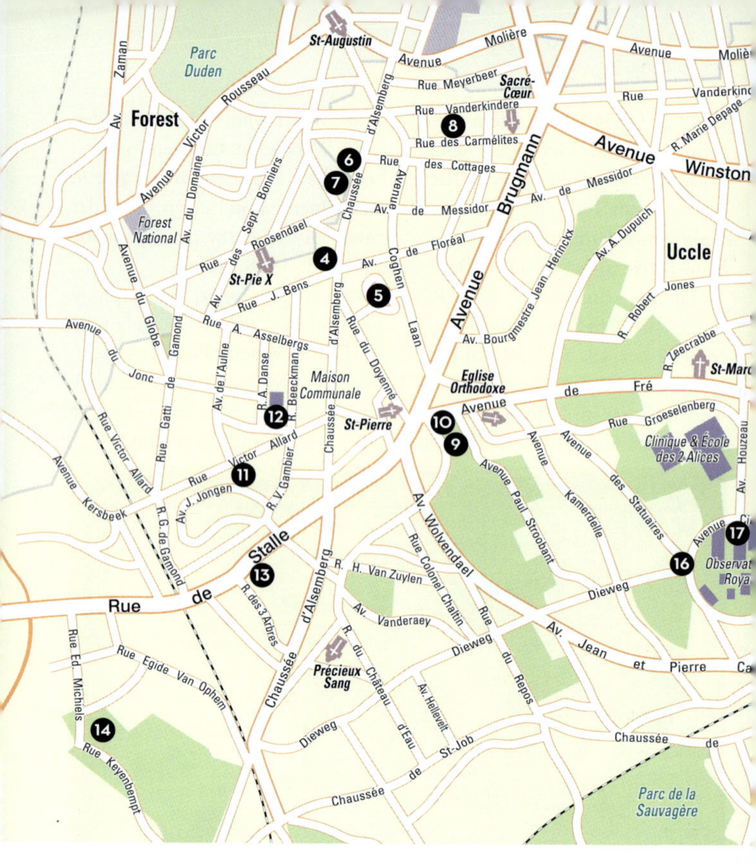

Uccle

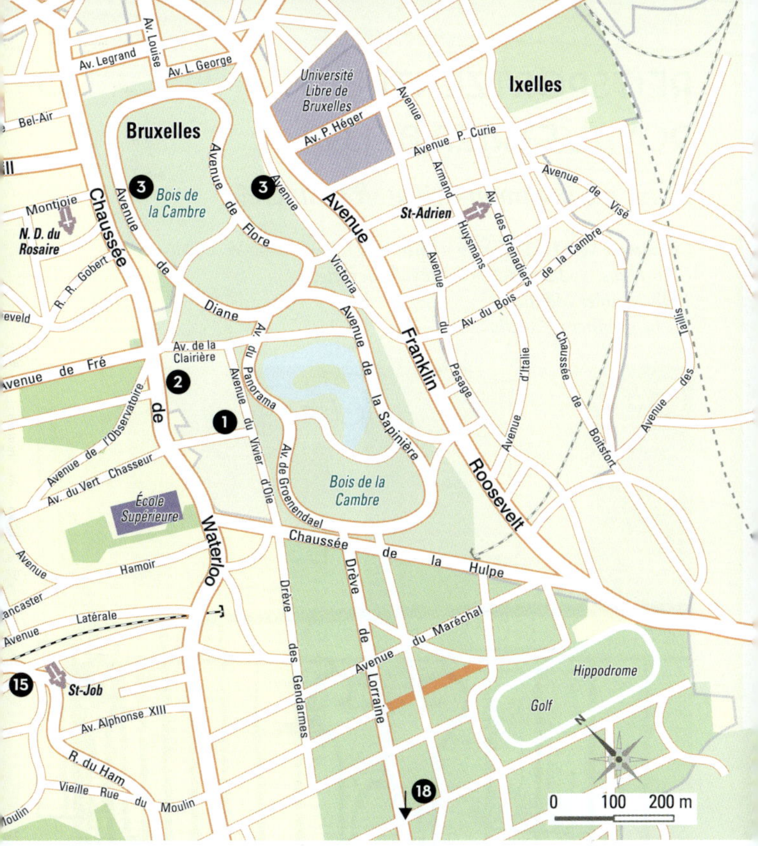

Av. Louise
Av. Legrand
Av. L. George
Université
Libre de
Bruxelles
Ixelles
Bel-Air
Bruxelles
Av. P. Héger
Avenue
Avenue P. Curie
Bois de
la Cambre
Avenue de Flore
Avenue
Avenue
Armand
Huysmans
Avenue de Visé
Montjoie
N. D. du
Rosaire
Chaussée
Avenue de Diane
St-Adrien
Av. des Grenadiers
de la Cambre
Victoria
R. R. Gobert
Av. du Bois
Avenue du Pesage
Avenue de la Sapinière
Av. de la
Clairière
Avenue de Fré
Av. du Panorama
Avenue Franklin
Avenue d'Italie
Chaussée de Boitsfort
Avenue des Taillis
Avenue de l'Observatoire
Avenue du Vivier d'Oie
Av. de Groenendael
Bois de la
Cambre
Roosevelt
Av. du Vert Chasseur
École
Supérieure
Waterloo
Chaussée de la Hulpe
Avenue Hamoir
Drève des Gendarmes
Drève de Lorraine
Latérale
Avenue du Maréchal
St-Job
Hippodrome
Golf
Av. Alphonse XIII
R. du Ham
Vieille Rue du Moulin
0 100 200 m

REITSPORTZENTRUM ROYAL ÉTRIER BELGE

①

Zum Tee in einem privaten Reitverein

Champ du Vert Chasseur 19 – Buslinie 41, Haltestelle Vert Chasseur
Club-Haus: +32 2 374 38 70 – royaletrierbelge.be
Täglich außer Montag
Küche geöffnet 9–20 Uhr

Hinter dem Stadtwald (Bois de la Cambre) befindet sich auf Uccler Seite der Außenplatz des Reitsportzentrums Royal Étrier Belge, welches mit Fug und Recht als Prototyp eines mondänen Freizeitzentrums gilt. In den Jahren 1929/30 von dem Architekten Gaston Ide erbaut, wurde der Verein auf Initiative der Familie Solvay als Reitsportzentrum für Offiziere und Angehörige von Aristokratie und Großbürgertum gegründet. Die von Reminiszenzen an die flämische Neorenaissance inspirierte Anlage, gekennzeichnet durch Holzvertäfelungen und Schmiedearbeiten in Rot und Grün, wirkt zugleich sehr elegant und völlig surrealistisch, wenn man bedenkt, dass man kaum 10 Autominuten von der Grand-Place entfernt ist.

Auch das eher ruhige Viertel Vert Chasseur, in dem der Verein seinen Sitz hat, lohnt einen Umweg. Lange Zeit konnte sich die kleine Ansiedlung, die ursprünglich rund um die Chaussée de Waterloo entstand, ihr ländliches Ambiente bewahren. 1864 wurde ein Teil des Vert Chasseur infolge der Neuanlage des Bois de la Cambre trotz seiner Lage mitten auf Uccler Gebiet nach Brüssel eingemeindet. Das Viertel wurde zu einer Art Anhängsel des Bois mit Biergärten und Restaurants. Eines davon, die berühmte Villa Lorraine, die 1893 von dem Gastronomen Trippa-Dekoster als Café-Restaurant-Pension gegründet wurde, existiert bis heute.

IN DER UMGEBUNG

Ein anachronistisches architektonisches Ensemble ②

Chaussée de Waterloo 878–880

Dieses Gebäudeensemble kommt wie ein verblüffender Anachronismus daher. Es wurde zwischen 1934 und 1938 nach Plänen des Architekten Léon Smets, der seine Liebe zum Detail nicht zuletzt durch die perfekte Nachahmung antiker Baumaterialien auf die Spitze trieb, in einer Mischung verschiedener historischer Stilrichtungen von Barock bis Louis-quinze errichtet. In der Verlängerung der Fassade des Hauptgebäudes auf der rechten Seite öffnet sich zum Garten hin eine breite Arkade. Links davon ist auf einer schmiedeeisernen Tafel ein Putto zu sehen, rechts ein barock anmutender Brunnen mit einem Hochrelief nach einer Komposition von Michelangelo.

PFERDEUNTERSTÄNDE IM BOIS DE LA CAMBRE

③

Für allzeit trockene Füße und Hufe

Bois de la Cambre
Allée des Amazones und Chemin de l'Aube

Der Bois de la Cambre erfreute sich einst großer Beliebtheit, um auszureiten. So finden sich denn auch im vorderen Teil drei Unterstände, die der deutsche Landschaftsarchitekt Eduard Keilig (1827–1895) zum Schutz von Reiter und Pferd vor Unwetter und starkem Regen entwarf. Jeder Unterstand ist anders designt: der erste ist sechseckig (erbaut 1872), der zweite achteckig (er stammt aus dem Jahr 1878 und ist der größte) und der letzte, auch Pilz- oder Sonnenschirm-Unterstand genannt, rund (erbaut 1882). Der sechseckige Unterstand befand sich am Chemin des Anémones und fiel 2015 Vandalismus zum Opfer. Der achteckige Unterstand am Chemin de l'Aube sowie der baulich besonders interessante Pilz-Unterstand (s. unten) an der Allée des Amazones stehen bis heute. Aufgrund der hohen Bauweise ist das

Gebälk sichtbar, sodass gut zu erkennen ist, dass es sich bei der zentralen Hauptstütze um einen gerade gewachsenen Baumstamm handelt.

Der Bois de la Cambre wurde 1862 nach Keiligs Plänen im englischen Stil angelegt. Hier traf sich alles, was im mondänen Brüssel Rang und Namen hatte. Bei einer Kutschfahrt oder einem Spaziergang mit Kinderwagen genossen die Besucher die schönen Ausblicke, die sich in dem hügelig-ländlichen, baumbestandenen Park boten. Weitere Anziehungspunkte waren das Velodrom, das Hippodrom, das Chalet du Gymnase mit Möglichkeit zur körperlichen Ertüchtigung, das Théâtre de Poche, die Laiterie (die „Molkerei“, in der sich heute ein Restaurant befindet) und ein paar Holzhäuser wie das Chalet Robinson auf der Insel mitten auf dem See, das nach einem Brand wiederaufgebaut wurde und sich unter Einheimischen nach wie vor großer Beliebtheit erfreut.

Eine Partie Cricket im Jahr 1815

Am Vorabend der Schlacht von Waterloo spielten die Engländer dort, wo heute der Bois de la Cambre liegt, im Jahr 1815 Cricket. Dieser Teil des Waldes trägt den Namen Pelouse des Anglais („Rasen der Engländer“). Seit 1965 erinnern eine Stele und eine Eiche an diese Anekdote der Sportgeschichte.

IN DER UMGEBUNG

Fußgängerüberwege mit Hufeisenmarkierung

Die Allée du Turf, die den Bois de la Cambre mit dem Sonienwald verbindet, überquert mehrfach andere Straßen, insbesondere die Drève Saint-Hubert. Da die Allee hauptsächlich von Reitern genutzt wird, sind diese Straßenübergänge mit netten Hufeisensymbolen markiert.

CARRÉ TILLENS

4

Ein 1,5 Hektar großer Gemeinschaftsgarten

Rue du Fossé zwischen Nr. 561 und 563, Chaussée d'Alsemberg
Rue Joseph Bens 9–11
Rue Roosendael 192
Tramlinie 51, Haltestelle Bens

Das Carré Tillens, von der Straße praktisch nicht zu sehen, ist ein wunderbarer Ort. Auf rund anderthalb Hektar erstrecken sich über die Fläche eines gesamten Häuserblocks öffentliche Nutzgärten, die über Fußwege zwischen den angrenzenden Straßen, anders als in den meisten Brüsseler Gartenanlagen, frei zugänglich sind. Am einfachsten lässt sich der Zugang vermutlich von der Rue Roosendael aus finden. Gehen Sie von der Chaussée d'Alsemberg kommend an mehreren Gebäuden vorbei bis zu einem auffälligen Holzzaun.

Stellen Sie sich auf die Zehenspitzen und versuchen Sie, so etwas wie einen großen Garten zu erkennen. Lassen Sie sich nicht von der kleinen, verschlossenen Tür in die Irre führen – gehen Sie noch ein Stück weiter bis zu einem schmalen Trampelpfad, der gegenüber von der Rue de Roosendael 192 nach links hinunterführt. Dann haben Sie Ihr Ziel erreicht!

Einige Meter weiter ergreift das wohlige Gefühl gestillter Neugier von Ihnen Besitz. Eine sympathisch aussehende Frau gräbt vielleicht gerade ihre Parzelle um und einige Senioren aus dem Viertel unterhalten sich angeregt oder geben Passanten Auskunft. Insgesamt vermietet das IBGE, das Brüsseler Institut für Umweltmanagement, an diesem Standort 44 Parzellen.

Theoretisch kann jeder eine Parzelle anmieten, in der Praxis jedoch sind sie den Anwohnern vorbehalten, um sicherzustellen, dass sie auch gepflegt werden. Weiter des Wegs kommen Sie auf einer kleinen Rasenfläche vielleicht an einem verliebten Pärchen vorbei, ein paar Schritte später könnte Ihnen eine Frau begegnen, die ihre Grünabfälle zu einem großen Kompostbehälter trägt, in dem diese mit der Zeit zu wertvollem Dünger zersetzt werden. Wie auf dem Land ...

IN DER UMGEBUNG

Square Coghen ⑤

Schöne Siedlung in Hanglage mit architektonisch interessanten Häusern aus der Zwischenkriegszeit. Besonders zu erwähnen sind die Nummern 42 bis 46 (Architekt: Pierre Verbruggen), 9 und 11 (Josse Franssen) sowie 75 bis 87 (Louis Herman de Koninck).

Carré Stevens ⑥

Chaussée d'Alsemberg, zwischen Nr. 461 und 463

Carré Pauwels ⑦

Chaussée d'Alsemberg, zwischen Nr. 469 und 471

Zwei Schritte vom schönen Carré Tillens entfernt befinden sich die zwei malerischen Gassen Carré Stevens und Carré Pauwels. Beiderseits dieser miteinander verbundenen Sträßchen liegen Häuser mit Garten, die einen unvermittelt in ein kleines Dorf auf dem Land, fernab der abgasverpesteten Luft an der Chaussée d'Alsemberg, versetzen.

Carrés Sersté, Cassimans und Meert ⑧

Carré Cassimans, Rue de Boetendael zwischen Nr. 132 und 140, Carré Sersté links von der Rue des Carmélites 126 und Carré Meert in der Rue de Boetendael 96

Das Carré Meert ist in Privatbesitz und nicht zugänglich. Nichtsdestoweniger bieten sich hier wie auch in den Carrés Sersté und Cassimans pittoreske Einblicke für Flaneure.

Die Carrés von Uccle

Uccle ist die einzige Brüsseler Gemeinde, die sich die meisten ihrer alten ländlichen Straßen und Gassen bis heute bewahrt hat. Interessanterweise weisen die als „Carré" (fläm. ugs. *karrei* bzw. nl. *blok*) bezeichneten Straßenblöcke nur selten tatsächlich die Form eines Karrees auf. Der Ursprung der Bezeichnung reicht bis ins 18. Jahrhundert zurück. Damals gab es noch keine Straßenschilder, die den offiziellen Namen einer Straße angaben. Man wusste, wer wo wohnte, und die Straßennamen folgten eher dem Volksmund und dem Usus der Bewohner eines Viertels. So verhielt es sich auch bei der Rue aux Choux 35–39, hinter deren straßenseitig gelegenen Häusern sich ein großer quadratischer Hof eröffnete. Abseits der öffentlichen Verkehrsflächen erhielt dieser von den Anwohnern den Namen Bataillon carré, der ihm auch lange nachdem die Gemeinde ihn 1853 offiziell in Saint-Félix umbenannt hatte, erhalten blieb. Die Bezeichnung Bataillon carré machte nach und nach die Runde und fand zunehmend für andere – meist quadratisch angeordnete – Straßen dieser Art Verwendung. Mit der Zeit verfestigte sich dann schlicht „Carré" als Bezeichnung für diese Straßen und irgendwann trugen selbst lange, schmale Stichwege diesen Namen. 1853 unterzog die Stadt alle öffentlichen Straßen und Flächen einer allgemeinen Prüfung. Im Zuge dessen wurden all die Gassen, Boulevards, Tore, Alleen, Höfe, Ecken und Karrees per Erlass in *impasse*, also „Sackgasse" umbenannt. Die Brüsseler Vororte setzten diesen Erlass jedoch nicht um, sodass Uccle seine vielen Carrés erhalten blieben.

CHEMIN DU CRABBEGAT

Einer der schönsten Kopfsteinpflasterwege der Stadt

Avenue de Fré, Avenue Kamerdelle
Buslinien 38, 41, 43 und 98, Haltestelle Héros

Der Chemin du Crabbegat dürfte einer der malerischsten Kopfsteinpflasterwege von Brüssel sein, und das obwohl er berühmter ist als der nahe Delleweg. Am breiten Eingang, gleich an der Ecke zur Avenue de Fré, liegt das historische Gebäude Le Vieux Cornet, in dem sich heute ein Restaurant befindet. Folgen Sie von dort aus dem Weg in den Wald hinein. Nach einigen Gehminuten gelangen Sie an eine Abzweigung. Geradeaus führt der Weg weiter zu einer Brücke, die vielen Malern aus Uccle als beliebtes Motiv diente. Mittlerweile ist sie in schlechtem Zustand, sodass der Weg an dieser Stelle versperrt ist. Um auf die andere Seite zur Avenue Stroobant zu gelangen, können Sie rechts die Böschung hinaufsteigen und die Brücke umrunden, wobei sich der Weg auf dieser Seite nicht mehr ganz so schön präsentiert. Es empfiehlt sich daher, an der Abzweigung dem Weg auf der linken Seite zu folgen, der Sie in wenigen Minuten auf die Avenue Kamerdelle führt. Vorbei an mehreren Privatgrundstücken und einem Tennisverein auf der rechten Seite geht es hier sehr schön weiter, obwohl die Laternen entlang des Wegs durchaus eine Renovierung vertragen könnten.

Wer möchte, nimmt auf der netten Terrasse des Tennisvereins eine kleine Stärkung zu sich und genießt den ruhigen Ausblick auf die Sandplätze und die umliegenden Bäume. Kein Lärm der Stadt dringt bis hierhin durch.

Der Standort Crabbegat steht seit 1989 unter Denkmalschutz.

IN DER UMGEBUNG

Atelier von Paul-Auguste Masui ⑩

Chemin du Crabbegat 4A
02 374 63 12

Eine Besichtigung des früheren Ateliers von Paul-Auguste Masui ist nach telefonischer Voranmeldung möglich. Den Besucher erwartet ein stilecht rekonstruiertes flämisches Gebäude aus dem 18. Jahrhundert. Ab 1928 und bis in die 1980er-Jahre arbeitete Masui hier fernab des Weltgeschehens an seinen Holz- und Kupferstichen, Radierungen, Lithografien, Pastell- und Gouachebildern, Aquarellen, Ölgemälden und Skulpturen. Das von der Isabelle-Masui-Stiftung verwaltete Museum umfasst auch die in früheren Stallungen aus dem 17. Jahrhundert eingerichteten Wohnräume des Künstlers. Die Räumlichkeiten können für kulturelle Veranstaltungen angemietet werden.

DELLEWEG

(11)

Ein Waldpfad mitten in der Stadt

Rechts von der Rue Victor Allard 118
Tramlinie 48, Haltestelle Victor Allard

Auf den meisten Brüsseler Stadtplänen sucht man den Chemin du Delleweg vergeblich. Wer ihn, nur zwei Schritte vom Uccler Gemeindehaus entfernt, findet, erlebt eine angenehme Überraschung. Der schmale, kaum sichtbare Eingang liegt gut versteckt zwischen der Rue Victor Allard 118 und einer Hecke. Schon nach wenigen Metern wird der Weg breiter und Sie werden mit dem Ausblick auf einen zauberhaften Waldpfad belohnt, der sich gemächlich durch ein kleines Tal windet, das über ein paar Holzstufen schnell erreicht ist. Das Gefühl, einen Geheimweg entdeckt zu haben, ist wunderbar, währt allerdings nicht lange, denn schon nach zwei, drei Minuten ist das andere Ende an der Avenue de la Princesse Paola mit ihren stattlichen Villen erreicht.

Der Delleweg, der seit 1998 auf der Liste der schützenswerten Kulturgüter steht, führt (abwärts gehend) links an dem Anwesen der Domaine d'Allard vorbei, benannt nach einer wohlhabenden Bankiersfamilie, deren berühmtestes Mitglied, Victor Allard, von 1895 bis 1899 Bürgermeister von Uccle war. Das Haus wurde kurz vor 1900 im Stil der flämischen Neorenaissance erbaut. Zu sehen ist es nur von der Avenue Victor Gambier aus, wo sich auch der offizielle Eingang zu dem Grundstück mit der Nr. 57 befindet.

Direkt gegenüber dem Eingang lohnt ein hübsches Gebäudeensemble aus dem 19. Jahrhundert einen näheren Blick. Die Häuser sind typisch für das populäre Wohnen zu jener Zeit, mit einer Anliegerstraße hinten und kleinen Gärten vorne, die von der Ecke Rue Labarre aus eingesehen werden können.

IN DER UMGEBUNG

Vossegat (12)

Rue Beeckman zwischen Nr. 127 und 129 mit Durchgang zur Rue Auguste Danse

Der Vossegat ist ein schmaler gepflasterter Fußweg, der mit seiner Lage inmitten einer eher urban geprägten Umgebung überrascht.

Carré Peeters 

Rue de Stalle zwischen Nr. 92 und 94

Hübsches Sträßchen mit kleinen Reihenhäusern mit Garten. Das Carré erinnert an die industrielle Vergangenheit des Viertels, als die heute dem Dienstleistungssektor verschriebene Rue de Stalle noch von Arbeiterhäusern wie diesen geprägt war.

NECKERSGAT - WASSERMÜHLE ⑭

Eine der letzten traditionellen Papiermühlen

Rue Keyenbempt 66
Tramlinie 82, Haltestelle Keyenbempt

Das Gebiet am Neckersgat war bereits in der Jungsteinzeit (6000 v. Chr.) und, wie archäologische Ausgrabungen nahelegen, vermutlich zu Zeiten der Kelten besiedelt. Die bis heute sehr grüne Gegend bietet Gelegenheit zu einem schönen Spaziergang rund um die alte Wassermühle. Besonders romantisch präsentiert sich der Zugang zum Neckersgat vom Nationalen Kriegsversehrteninstitut (INIG) in der Avenue Achille Reisdorff 36 aus. Das 1844 vom damaligen Eigentümer Jean-Baptiste Gaucheret errichtete Gebäude wurde von dessen Nachfahrin Marie-Thérèse de Gaucheret zu einem Schloss umgebaut. Später beherbergte es eine Klinik, ein Militärkrankenhaus und ein Sanatorium, bevor es 1927 in den Besitz des INIG überging und als Pflegeheim für Kriegsversehrte genutzt wurde. Auf freundliche Nachfrage führen die Mitarbeiter Sie für gewöhnlich gerne zum Weg hinunter zur Mühle. Dieser schlängelt sich sanft den Hügel hinab und bietet malerische Ausblicke auf das Tal. Der Wald wird entlang des Wegs zunehmend dichter und macht die nahe Großstadt beinahe vergessen. Im weiteren Verlauf geht es an einem kleinen Tümpel vorbei und nach rund fünf Minuten ist die Rückseite der Mühle erreicht. Ein kleines Gittertor bringt Sie auf die Rue Keyenbempt und zum offiziellen Eingang zur Mühle am Neckersgat. Sie war ursprünglich eine einfache

Getreidemühle und ist heute neben der Crockaert-Mühle in der Rue de Lindebeek, ebenfalls in Uccle, eine der letzten noch existierenden Papiermühlen. Die strategisch günstig am Geleytsbeek gelegene Mühle wurde über ein heute nicht mehr vorhandenes Mühlrad betrieben. Nach ihrer Stilllegung wurde sie in ein Wohnhaus umgebaut und 1970 von der Gemeinde Uccle gekauft. Seit 1971 steht sie unter Denkmalschutz, seit 1977 ist das gesamte Gebiet am Neckersgat geschützt. Die schmalen Wege links von der Mühle sind klassische Zufahrten und touristisch wenig interessant. Wer möchte, geht auf der anderen Seite weiter. Wenn Sie sich an der Straße links halten, können Sie Ihren Waldspaziergang noch ein Stück fortsetzen, bevor Sie schließlich ganz am Anfang der Chaussée Saint-Job ankommen.

IN DER UMGEBUNG

Observatoire – Maison Grégoire ⑮

Dieweg 292 – 02 372 05 38 – bnprojects.be

Die 1933 von Henri van de Velde erbaute Maison Grégoire ist ein schönes, modernistisches Haus. Das Observatoire galerie zeigt hier seit 1995 regelmäßig Ausstellungen junger internationaler Künstler und bietet so immer wieder Gelegenheit, auch das Gebäude näher in Augenschein zu nehmen. Die Verbindung von Architektur und Kunst verleiht der Maison Grégoire einen ganz besonderen Charme. Beim Gang durch die Räume hat man das Gefühl, bei einem Privatsammler zu Gast zu sein. Ein bisschen Flanieren hier, ein bisschen Kunst da – und großes Staunen darüber, an diesem so außergewöhnlichen Ort gelandet zu sein.

CHEMIN AVIJL

(16)

Beeilen Sie sich, die Projektierer stehen schon in den Startlöchern!

Chaussée de Saint-Job 701
Buslinie 43, Haltestelle De Wansijn

Der ländlich anmutende Chemin Avijl im Norden von Uccle ist einer der schönsten Wege der Gemeinde. Er beginnt (auf manchen Plänen) links von der Chaussée de Saint-Job 701, führt von dort aus zur Rue Jean Benaets, setzt seinen Verlauf einige Meter weiter links fort, um schließlich unterhalb des Plateau Avijl zu enden. Ein malerischer Anblick: vor Ihnen der Weg, links nette kleine Häuschen und rechts Land mit Gärten, Wildwuchs und Bäumen. Wenn Sie dem Weg auf das Plateau folgen, der parallel zum Chemin Avijl in entgegengesetzter Richtung verläuft, gelangen Sie in wenigen Minuten rechterhand auf Höhe einer Schule, an der Sie bereits vorhin vorbeigekommen sind, wieder zur Rue Jean Benaets zurück. Wenn Sie diesem Weg nach links, also entgegengesetzt zu der Richtung, aus der Sie kommen, folgen, erwartet Sie ein größerer Spaziergang durch eine immer ländlichere, zunehmend baumbestandene Gegend. Zurück auf dem eigentlichen Weg gehen Sie geradeaus bis zur Vieille Rue du Moulin.

Wer dieses ländliche Kleinod noch genießen will, sollte sich beeilen, denn die Projektierer stehen schon seit einiger Zeit in den Startlöchern und warten nur darauf, ihre Wohnungsbauprojekte umsetzen zu können.

In der nahen Rue de la Montagne Saint-Job führt neben der Nr. 66–80 und der Nr. 90 eine schöne Passage zur Rue du Ham 51.

IN DER UMGEBUNG

Gebogene Laternen am Observatorium ⑰

Avenue Circulaire

Die Laternen an den Säulen des Haupttors zum Observatorium weisen eine interessante Besonderheit auf: Ihr Licht wird mithilfe seitlicher Blenden gebündelt, um zu verhindern, dass es die nächtlichen Beobachtungen der nahen Sternwarte beeinträchtigt. Sie sind heute die letzten ihrer Art, während früher alle Straßenlaternen an der Avenue Circulaire aus Respekt vor den Astronomen Lichtverschmutzung auf diese Weise weitestgehend vermieden. Einige von ihnen waren aus demselben Grund sogar wie Schwanenhälse weit nach unten gebogen. Leider mussten diese Zeugen der Vergangenheit vor einigen Jahren seelenlosen Modellen weichen. Ein weiteres verschwundenes Stück urbane Magie … Es dürfte eine dieser gebogenen Laternen sein, gegen die Struppi auf den ersten Panels von *Der geheimnisvolle Stern* stößt, denn ein Teil des Comics spielt am Observatorium.

FÖRSTERDENKMAL

Ein Menhir für jeden Förster

Chemin du Grasdelle, nahe der Kreuzung zwischen Drève du Haras und Avenue A. Dubois
Parkplatz auf Höhe der ersten Bodenschwelle in der Avenue A. Dubois aus Richtung Drève de Lorraine kommend

An der Grenze zwischen Uccle und Rhode-Saint-Genèse erstreckt sich das schöne Tal von Grasdelle. Um die typische Offenlandvegetation zu schützen, werden die Wiesen regelmäßig gemäht. In dem Gebiet befindet sich ein Kriegerdenkmal, das zu spiritueller Andacht einlädt und angenehmerweise ohne das übliche patriotische Tamtam auskommt. Gedacht wird hier elf Förstern, die im Ersten Weltkrieg an der Front fielen. Das Denkmal besteht aus elf Steinblöcken, die wie Menhire rund um ein an einen Dolmen erinnerndes Megalith-Portal aufgestellt sind. In jeden Menhir ist der Name eines gefallenen Försters eingraviert. Das Denkmal wurde 1920 von dem Brabanter Bildhauer Richard Viandier (1858–1949) aus dem seltenen Puddingstein von Wéris, einem betonartigen Konglomerat aus verfestigtem Kies, gefertigt.

Der Sonienwald – Forêt de Soignes

Viele Jahrhunderte über diente der Sonienwald vor allem Adligen als Jagdrevier. Im Zuge verschiedener Eroberungen sah der Wald viele Besitzer kommen und gehen, von den Herzögen von Brabant über die Herzöge von Burgund, die Habsburger und den französischen Staat bis hin zu Wilhelm I. von Oranien-Nassau. Es folgte die dunkelste Zeit in der Geschichte des Forsts: Zwischen 1831 und 1843 holzte die Gesellschaft zur Stärkung der nationalen Industrie 7000 Hektar Wald ab. 1843 ging er wieder in den Besitz des belgischen Staats über.

Ursprünglich handelte es sich um einen Stieleichenwald. Im 18. Jahrhundert wurde unter österreichischer Herrschaft ein Buchenwald angepflanzt, was sein bis heute in weiten Teilen gut erkennbares Aussehen eines Kathedralenwalds erklärt. Der Wald erstreckt sich über drei Landesregionen: 1654 Hektar (38 % der Gesamtfläche und knapp ein Zehntel des regionalen Territoriums) liegen in der Region Brüssel, der Rest verteilt sich auf Flandern (56 %) und Wallonien (6 %).

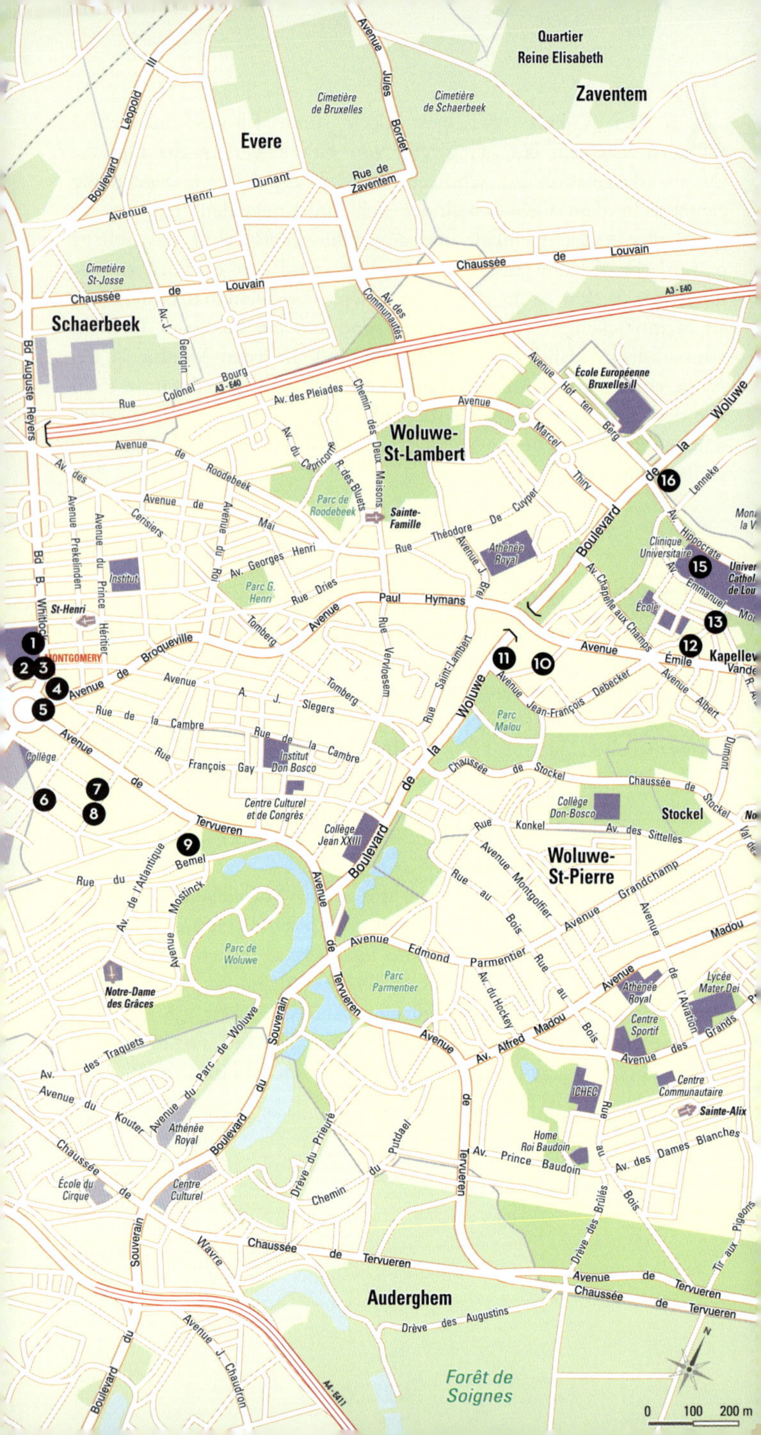

Quartier
Reine Elisabeth
Zaventem
Evere
Cimetière de Bruxelles
Cimetière de Schaerbeek
Avenue Jules Bordet
Rue de Zaventem
Boulevard Léopold III
Avenue Henri Dunant
Cimetière St-Josse
Chaussée de Louvain
Schaerbeek
Av. des Communautés
A3 - E40
Av. J. Georgin
Bd Auguste Reyers
Rue Colonel Bourg
Av. des Pleiades
Chemin des Deux Maisons
École Européenne Bruxelles II
Avenue Hof ten Berg
Boulevard de la Woluwe
Woluwe-St-Lambert
Avenue Marcel Thiry
Avenue de Roodebeek
Av. du Capricorne
R. des Bluets
Parc de Roodebeek
Sainte-Famille
Av. des Cerisiers
Avenue Prekelinden
Avenue du Prince Héritier
Avenue de Mai
Avenue du Roi
Av. Georges Henri
Rue Théodore De Cuyper
Avenue J. Brel
Athénée Royal
Lenneke
Clinique Universitaire
Av. Hippocrate
Av. Emmanuel
Univer Cathol de Lou
Institut
Parc G. Henri
Rue Dries
Avenue Paul Hymans
Av. Chapelle aux Champs
École
Bd B. Whitlock
St-Henri
MONTGOMERY
Tomberg
Rue Vervloesem
Rue Saint-Lambert
Avenue Émile Vandervelde
Kapellev
Avenue de Broqueville
Avenue A. J. Slegers
Avenue Jean-François Debecker
Avenue Albert
Rue de la Cambre
Parc Malou
Rue François Gay
Institut Don Bosco
Chaussée de Stockel
Dumont
Collège
Avenue de Tervueren
Centre Culturel et de Congrès
Collège Jean XXIII
Collège Don-Bosco
Stockel
Rue Konkel
Av. des Sittelles
Rue Bemel
Woluwe-St-Pierre
Rue du Bois
Av. de l'Atlantique
Avenue Mostinck
Avenue Montgolfier
Rue au Bois
Avenue Grandchamp
Avenue de l'Aviation
Avenue Madou
Parc de Woluwe
Avenue Edmond Parmentier
Parc Parmentier
Av. du Hockey
Athénée Royal
Lycée Mater Dei
Notre-Dame des Grâces
Centre Sportif
Avenue des Grands
Av. Alfred Madou
Boulevard du Souverain
Av. des Traquets
Avenue du Parc de Woluwe
ICHEC
Centre Communautaire
Avenue du Kouter
Athénée Royal
Sainte-Alix
Drève du Prieuré
Chemin du Putdael
Home Roi Baudoin
Av. Prince Baudoin
Av. des Dames Blanches
École du Cirque
Centre Culturel
Chaussée de Wavre
Drève des Brûlés
Tir aux Pigeons
Chaussée de Tervueren
Avenue de Tervueren
Auderghem
Drève des Augustins
Avenue J. Chaudron
A4 - E411
Forêt de Soignes
0 100 200 m
1
2
3
4
5
6
7
8
9
10
11
12
13
15
16

Woluwe-Saint-Pierre, Woluwe-Saint-Lambert

CASTEL DE LINDTHOUT

①

Zeitreise in die Neugotik

Avenue des Deux Tilleuls 2
Besichtigung bisweilen auf freundliche Nachfrage möglich
Metro und Tramlinien 23, 24, 25, 39, 44 und 80, Haltestelle Montgomery

Das Castel ist ein altes Privatanwesen auf dem Gelände des Schulzentrums Institut du Sacré-Cœur de Lindthout. Erbaut von 1867 bis 1869 nach Plänen des Genter Architekten Florimond Vandepoele, verlieh ihm, wie einer Inschrift an der eingangsseitigen Fassade zu entnehmen ist, der Architekt Edmond de Vigne 1898 im Auftrag des Industriekapitäns Charles-Henri Dietrich seine heutige Form. Dietrich bewohnte das Gebäude jedoch nur kurze Zeit (er zog ihm letztlich das berühmte Klosteranwesen Prieuré de Val Duchesse vor) und verkaufte es 1903 an die Schwestern vom Herzen Jesu aus Lille. Im Jahr 2000 übernahm die Gemeinde Woluwe-Saint-Lambert das leerstehende Castel und richtete dort eine Akademie für Musik, Tanz und Sprechkunst ein. Im Zuge der aufwändigen Sanierung blieb die gesamte neugotische Innendekoration erhalten. Eine offizielle Besichtigung ist nicht möglich, doch fragen kostet nichts und mit ein wenig Glück erhalten Sie die Gelegenheit, einen Blick ins Innere zu werfen. Schon in der Eingangshalle geben Spitzbögen den Ton an, dazu Gemälde von historischen Stätten des alten Woluwe-Saint-Lambert: das alte Dorf, die Mühle von Lindekemale, der Hof ten Berg (ein alter Hof der Abtei von Forest) und ein Teich.

Rechterhand führt ein Gang zum Herzstück des Castel, dem Ballsaal, der von den Nonnen einst als Kapelle genutzt wurde (was bei seinem Anblick schnell klar wird) und heute den idealen Rahmen für Konzerte und Proben der Akademie bildet. Durch eine Rosette tritt Licht ein. Die Holzdecke hat die Form eines umgekehrten Schiffsrumpfs. Obwohl die Haupttreppe sowie die Räume im ersten Stock (der Keramiksaal, der Renaissance-Saal oder der Goldene Salon) schöne Dekors aufweisen, reicht nichts an die besondere Magie des Ballsaals heran.

IN DER UMGEBUNG

Keramiktafeln ②

Avenue Henri Dietrich 27

An der Fassade des Hauses in der Avenue Dietrich 27 zeigen zwei gut erhaltene Keramiktafeln Frauen beim Blumenpflücken. Sie stammen aus der Manufaktur Helman in Berchem-Sainte-Agathe und wurden vermutlich nach einer Zeichnung von Jacques Madiol gefertigt. An der Seitenfassade des nach Entwürfen des Architekten A. Aulbur im Jahr 1906 erbauten Hauses befindet sich über einer Tür zudem ein sehenswertes schmiedeeisernes, verglastes Vordach.

GEBÄUDE IN DER AVENUE DE TERVUEREN 120

③

Tod und Auferstehung eines Hauses

Metro und Tramlinien 23, 24, 25, 39, 44 und 80, Haltestelle Montgomery

Das Haus in der Avenue de Tervueren 120 war in der Vergangenheit derart Gesprächsgegenstand, dass es heute zum Symbol für all jene geworden ist, die sich für den Schutz des kulturellen Erbes stark machen: Am 23. Oktober 1991 erteilte der Gemeinderat von Woluwe-Saint-Pierre die Abrisserlaubnis für das 1906 von dem Architekten Paul Hamesse im Stil der geometrischen Art nouveau erbaute Herrenhaus, um Platz zu schaffen für ein Geschäfts-, Büro- und Wohngebäude des Architekten Marc Corbiau.

Viele öffentliche Diskussionen und Petitionen später wurde das Haus (Fassade und Dach) am 26. März 1992 schließlich per Erlass unter Denkmalschutz gestellt. Doch es war zu spät, der Abriss war bereits im Gange! Am Abend des 21. Mai 1993 brachte schweres Gerät die Fassade zum Einsturz, sie fiel auf ein weiches Bett aus Sand.

Die Blausteinelemente konnten gerettet, restauriert und in einem Container eingelagert werden. Heute erstrahlt das Haus nach seinem Wiederaufbau erneut in altem Glanz.

IN DER UMGEBUNG

ICHEC Brussels Management School (4)

Boulevard Brand Whitlock 2

Ab 1910 entwickelte sich der Boulevard Brand Whitlock zu einer der besten Adressen der Stadt. Viele Herrenhäuser entstanden, eines eleganter als das andere. Andere Zeiten, andere Sitten: Die Nr. 2, an der Ecke zum Square Montgomery, wurde 1962 umgebaut und beherbergt seitdem Büro- und Unterrichtsräume der katholischen Wirtschaftshochschule ICHEC.

Die Eingangshalle und der Treppenaufgang sind während der Unterrichtszeiten zugänglich und können meist (diskret) in Augenschein genommen werden.

Sie zeugen in ihrem ursprünglichen Dekor vom einstigen Glanz des Gebäudes, das 1912 nach Plänen des Architekten Dufas errichtet wurde. Die Steintreppe wird durch Buntglasfenster erhellt, auf den Absätzen haben schöne Marmormosaiken die Jahre überdauert.

HOCHSITZ AM SQUARE MONTGOMERY

5

Hoch, höher, am höchsten!

Kunstwerk von Peter Weidenbaum und Gedicht von Agnieszka Kuciak
Square Montgomery in Richtung Boulevard Saint-Michel
versbruxelles.be
Metro und Tramlinien 23, 24, 25, 39, 44 und 80, Haltestelle Montgomery

Blickt man vom Boulevard Saint-Michel aus in Richtung Square Montgomery, fällt ein Hochsitz ins Auge, der vier Meter in die Höhe ragt und angesichts des stetig rollenden Verkehrs und des geschäftigen Treibens von Eurokraten, Studierenden und Diplomaten herrlich abseitig wirkt. Am Fuße des surrealistischen Aufbaus findet sich eine Erklärung in Gedichtform, die dem Ganzen in durchaus erfreulicher Weise Leben einhaucht. Die Installation, die 2008 hier ihren Platz fand, ist das Ergebnis eines gedanklichen Austauschs zwischen der Dichterin Agnieszka Kuciak und dem Bildhauer Peter Weidenbaum. Die beiden Künstler erhielten von der Brüsseler literarischen Gesellschaft Het beschrijf im Rahmen des Projekts „Vers Bruxelles" („Nach Brüssel") den gemeinsamen Auftrag, Lyrik im Alltag erlebbarer zu machen. Seit 2008 entstanden so in Zusammenarbeit von Dichtern und Bildhauern überall in der Stadt zwölf poetische Werke dieser Art.

IN DER UMGEBUNG

Häuser nach Plänen des Architekten Jean de Ligne ⑥

Rue Maurice Liétard 30–32, 34, 44, 52, 56–58, 62 und 64

Das Viertel rund um die katholische Schule Collège Saint-Michel verbirgt einige architektonische Schätze. In der Rue Maurice Liétard stehen sieben nach Plänen des Architekten Jean de Ligne zwischen 1912 und 1923 errichtete Gebäude. Diese wirken auf den ersten Blick schlicht, nehmen mit ihren Fassaden jedoch bereits die strenge Geometrie der Art déco vorweg und weisen in einem insgesamt von der holländischen Architektur jener Zeit inspirierten Stil (Backstein, Holzläden) interessante Details, wie etwa schöne Buntglasfenster, auf.

Wohnhaus-Atelier von Émile Fabry ⑦

Rue du Collège Saint-Michel 6

Hier lebte einst der Maler des Symbolismus: Émile Fabry. Das von dem Architekten Émile Lambot 1902 entworfene Haus präsentiert sich insgesamt eher nüchtern und besticht durch das große Atelierfenster und die unterhalb davon in die Fassade eingelassene kleine Tür, durch die die monumentalen Gemälde des Künstlers aus dem Gebäude gebracht werden konnten.

Atelier von Philippe und Marcel Wolfers ⑧

Avenue Roger Vandendriessche 28A

Das schmiedeeiserne Gitter mit einer für die Art nouveau typischen floralen Linienführung weist den Weg zum früheren Atelier des berühmten Brüsseler Bildhauers und Goldschmieds Philippe Wolfers und von dessen Sohn Marcel, der sich ebenfalls als Bildhauer einen Namen machte.

BIBLIOTHECA WITTOCKIANA

⑨

Bücher und Beißringe

Rue du Bemel 23
+32 2 770 53 33
wittockiana.org
Dienstag bis Samstag 10–17 Uhr, an Feiertagen geschlossen
Tramlinien 39 und 44, Haltestelle Chien vert

Im Alter von 14 Jahren kaufte Michel Wittock bei einem Händler in der Rue de la Madeleine sein erstes Buch – der Beginn einer akuten Sammlerleidenschaft. Bis zu seinem Tod im Jahr 2020 baute der Industrielle eine der schönsten Sammlungen wertvoller Bücher auf der ganzen Welt auf. Anno 1981 eröffnete er mit der Bibliotheca Wittockiana ein Museum, um seine wunderbaren Schätze im passenden Rahmen zu präsentieren. Zunächst nur auf einer Ebene und nur für ausgewählte Freunde und Gäste geöffnet, wuchs das von Emmanuel de Callatay entworfene Museum stetig weiter und ist heute auch einem breiten Publikum zugänglich. 1995 begann – wieder nach Plänen von de Callatay und in Zusammenarbeit mit Michels Sohn Charly, seines Zeichens ebenfalls Architekt – die zweite Bauphase des Museums. Es entstand ein außerordentlich interessantes Gebäude, bei dem ein eher dunkles Erdgeschoss aus Sichtbeton und Blaustein in starkem Kontrast zu einem lichtdurchfluteten ersten Stock steht, dessen Bücherregale weitestgehend von der Straße aus zu sehen sind.

Über die Jahre nahm Wittocks Sammelleidenschaft eine neue Dimension an. Anfangs ein leidenschaftlicher, kluger Sammler alter Bücher, zeigte er sich später als Mäzen, der bei zeitgenössischen Künstlern gezielt Bände in Auftrag gab.

Die Wittockiana besitzt mehr als 5000 kostbare Bände und Manuskripte, Autografien und Künstlerbücher, die im Rahmen von drei bis vier Ausstellungen jährlich – organisiert vom hauseigenen Team und bis zuletzt unter Federführung von Michel Wittock persönlich sowie meist mit aktuellem Bezug zum Brüsseler Kulturleben – der Öffentlichkeit gezeigt werden.

Nähere Informationen zum aktuellen Ausstellungsprogramm finden Sie auf der Website des Museums.

Eine erstaunliche Sammlung von Beißringen

Das Gebäude, in dem die Bibliothek untergebracht ist, beherbergt auch eine erstaunliche Sammlung von Beißringen. Sie gelten als das älteste Spielzeug der Menschheitsgeschichte und nahmen über die Jahrhunderte im Zuge des technischen Fortschritts und je nach Gesellschaftsstatus unterschiedlichste Formen an. Diese Sammlung umfasst rund 500 Beißringe, einige aus der Zeit um 2000 v. Chr. Ein Teil davon ist in einer Dauerausstellung im hinteren Bereich des Museums zu sehen.

CHAPELLE MARIE-LA-MISÉRABLE ⑩

Das Leid der Maria

Avenue de la Chapelle
+32 2 770 30 87
Täglich 7:30–18 Uhr
Metrostation Vandervelde

Ein paar Meter abseits der Avenue Émile Vandervelde liegt, bescheiden und wenig beachtet, die Chapelle Marie-la-Misérable, das wohl ergreifendste Heiligtum von ganz Brüssel. Zu erkennen ist die im 14. Jahrhundert errichtete Kapelle an dem kleinen Turm, der aus der Mitte des Dachs aufragt. Im hinteren Teil grenzt sie an das frühere Haus des Kaplans, das mit seinen schlanken, gotischen Linien mit den mächtigen umstehenden Bäumen im Wettstreit zu stehen scheint. Die kleine Parkanlage um die Kapelle herum geht auf Entwürfe des Landschaftsarchitekten René Péchère zurück (1975). Nur wenig Licht fällt ins Innere des alten Sakralbaus, der lediglich über einen Eingang und eine umlaufende Steinbank verfügt. Das Schiff ist vom Chorraum durch eine Eichenschranke abgetrennt. Ein Retabel aus dem Jahr 1609 zeigt in der Mitte eine Maria der sieben Schmerzen und erzählt in mehreren Seitentafeln (wie bei einem Comic) die Geschichte von Marie-la-Misérable: Maria wollte nur beten und in Armut leben. Als eines Tages ein reicher junger Mann des Weges kam und versuchte sie zu verführen, wies sie ihn ab, woraufhin er ihr heimlich einen Wertgegenstand in die Tasche steckte und sie des Diebstahls beschuldigte. Maria wurde verurteilt und lebendig begraben. Am Ort ihres Martyriums errichtete man später eine kleine Kirche. Bei dem länglichen Objekt aus Eichenholz in einer Seitenkapelle handelt es sich um einen Opferstock von 1574, in den die Pilger, die hier jahrhundertelang die Reliquien der jungen Maria anbeteten, ihre Spenden geben konnten.

IN DER UMGEBUNG

Lindekemale-Mühle und Chemin du Vellemolen ⑪

Avenue Jean-François Debecker 6

Die durch das Wasser der Woluwe angetriebene Lindekemale-Mühle wurde im 12. Jahrhundert erbaut und zählt damit zu den ältesten Mühlen der Region Brüssel. Viele Jahrhunderte lang wurde hier Korn gemahlen, bevor sie im 19. Jahrhundert zu einer Papiermühle umgebaut wurde. Seit 1989 steht sie unter Denkmalschutz – und im Schatten des gigantischen Woluwe Shopping Center. Zwei gegensätzliche Bilder derselben Stadt ... Auf der anderen Seite der Rue Jean-François Debecker führt ein alter Weg an der Woluwe entlang zur Avenue Émile Vandervelde. Der Fluss ist hier besonders klar und gesäumt von üppiger heimischer Vegetation.

GARTENSTADT AM KAPELLEVELD ⑫

Eine bunte, aber harmonische Stilmischung

Beiderseits der Avenue Émile Vandervelde: Avenues de l'Idéal, du Rêve, du Bois Jean, de la Semois, de la Lesse, de la Claireau, Albert Dumont und Marcel Devienne
Metrostation Vandervelde

Die Cité du Kapelleveld am Rande des Campus von Louvain-en-Woluwe sowie an der Grenze zu Crainhem geht auf Pläne des Stadtplaners und Landschaftsarchitekten Louis van der Swaelmen zurück, der auch für die berühmten Gartenstädte Le Logis und Floréal in Watermael-Boitsfort verantwortlich zeichnete.

Am Kapelleveld reihen sich die Häuser staffelartig in den Seitenstraßen aneinander, die rechtwinklig von der Avenue Vandervelde abgehen, welche einmal durch das gesamte Viertel führt und bereits vor der Gartenstadt existierte. Insgesamt 449 Häuser entstanden so zwischen 1922 und 1926, geplant von den vier avantgardistischen Architekten Huib Hoste, Antoine Pompe, Jean-François Hoeben und Paul Rubbers. Die

insgesamt 19 verschiedenen Haustypen der Anlage entsprechen dabei den architektonischen Vorlieben ihrer jeweiligen Schöpfer. So verändert sich das Straßenbild von einer Straße zur nächsten und zeigt sich mal modernistisch mit abstrakten, flächigen Fassadenfluchten und Flachdächern, mal im Stil der flämischen Beginenhöfe, geprägt von Gebäuden mit großen Ziegeldächern. Trotz der unterschiedlichen Baustile präsentiert sich das Viertel erstaunlich kohärent, da Louis van der Swaelmen eine kluge Raumaufteilung zwischen bebauten Flächen und Grünanlagen fand und Wert darauf legte, dass alle Häuser über einen kleinen Vorgarten und einen großen Garten auf der Rückseite verfügten. Die Gartenstadt vom Kapelleveld befindet sich bis heute im Eigentum der Wohngenossenschaft, die sie einst in Auftrag gab, und ist insgesamt in einem sehr guten Zustand. Einziger Wermutstropfen sind die Gebäuderahmen aus PVC, die im Zuge von Sanierungsarbeiten das frühere Holz ersetzten. Die Siedlung ist seit ihrer Gründung von einem starken Gemeinschaftsgeist geprägt. Der Grundstein hierfür wurde bereits 1934 mit dem Bürgerzentrum Centre Civique de Kapelleveld gelegt, das sich bis heute um die körperliche und geistige Gesundheit der Bewohner sorgt.

HEILPFLANZENGARTEN PAUL MOENS

13

Der Hof der Wunder

Zwischen Avenue Emmanuel Mounier und Avenue de l'Idéal
+32 2 764 41 28 oder info-jardins@uclouvain.be
1. April bis 31. Oktober 9–18 Uhr (Eintritt frei)
Kostenpflichtige Führungen nach vorheriger Reservierung immer am letzten Sonntag des Monats um 14 Uhr oder auf Anfrage
Dauer: ca. 2 Stunden
Metrostation Alma oder Crainhem

Die Universität Louvain-en-Woluwe hat ganz in mittelalterlicher Tradition auf einer Fläche von rund 20 Ar (0,2 ha) mitten in einem Skulpturengarten einen eigenen Kräutergarten angelegt. Auf kleinen Parzellen finden sich hier in Erde und Wasser 400 Heil-, Gewürz-, Nahrungs- und Giftpflanzen. Dieser 1975 eröffnete Garten ist das Ergebnis des leidenschaftlichen Einsatzes von Professor Paul Moens und zahlreichen ehrenamtlichen Helfern. Auf kleinen Tafeln finden sich die botanischen Pflanzennamen auf Latein sowie die französische Bezeichnung. Eine Farbskala gibt die Giftigkeit an: Weiß steht für (in normaler Dosis) ungiftig. Gelb bedeutet, dass einzelne Teile der Pflanze giftige Stoffe enthalten. Rot gekennzeichnete Pflanzen (von denen es nur wenige gibt) sind tödlich und im Umgang gefährlich.

Viele der hier gezeigten Pflanzen sind gemeinhin bekannt. Weniger verbreitet ist jedoch das Wissen um ihre Wirkung, die mit einem oder mehreren Adjektiven näher beschrieben wird, die allerdings für Normalsterbliche bisweilen nicht ganz einfach zu verstehen sind: *Anthelminthisch* bedeutet wirksam zur Bekämpfung von Würmern, *adstringierend heißt* zusammenziehend, *carminativ* blähungstreibend und *cholagog* galletreibend. *Choleretische* Pflanzen wiederum regen den Gallenfluss an, *hämostatische* wirken blutstillend, *stomachische* sind verdauungs- und *vulneraria* wundheilungsfördernd.

IN DER UMGEBUNG

Kloster der Heimsuchung

Avenue d'Hébron 5 (Kraainem) (14)

An der Avenue Hippocrate, neben der Einfahrt zum gleichnamigen Parkplatz und gegenüber der Descente de la Dunette, führt ein gut versteckter Pfad hinein nach Flandern. An der Grenze zwischen Kraainem, Zaventem und Woluwe stößt man hier auf ein Art-déco-Kloster, das Ende der 1920er-Jahre nach Plänen des Mönchs und Architekten Dom Bellot erbaut wurde und in großartiger Manier das ganze Potenzial von Backstein aufzeigt. Bis heute leben hier Mitglieder der Visitantinnen. Da der Orden in Klausur lebt, ist die Kapelle nur sonntagmorgens zur Messfeier für Besucher geöffnet. Der L-förmige Grundriss der Kapelle schützt das den Nonnen vorbehaltene Chorgestühl vor neugierigen Blicken.

CAMPUS DER UCL

15

Ein außergewöhnliches architektonisches und menschliches Ereignis

Woluwe-Saint-Lambert
Metrostation Alma

Interessanterweise ist Louvain-en-Woluwe vielen Einheimischen nicht bekannt, obwohl es hier vor rund 40 Jahren zu einem außergewöhnlichen architektonischen und menschlichen Ereignis kam. Im Zuge der 1968er-Bewegung, insbesondere jedoch des Konflikts Walen Buiten („Wallonen raus"), der zur Spaltung der alten Universität von Löwen (Louvain) führte, beschloss die Katholische Universität Löwen (UCL), neben dem Standort in Louvain-la-Neuve eine medizinische Fakultät in Woluwe-Saint-Lambert einzurichten. Den Auftrag für einen Großteil der Gebäude für die Studierenden (Wohnheime, Mensen, Geschäfte, Verwaltungseinrichtungen, Metrostation, Kinderkrippen und Grundschule) vergab die akademische Leitung in Abstimmung mit den Studierenden an den Architekten Lucien Kroll. Ein zentraler Gedanke seiner Arbeit bestand darin, mit den künftigen Bewohnern kreative Beteiligungswerkstätten abzuhalten, um *„eher eine Lebensweise zu umreißen als präzise Pläne zu zeichnen"*. Anders als bei kühlen Standardgebäuden transportiert das Zentrum des Campus von Louvain-en-Woluwe diese ursprüngliche Vorstellung. Wenngleich das Projekt nicht vollständig umgesetzt wurde (von den anfangs vorgesehenen 40.000 Quadratmetern führte das Atelier Kroll infolge von Differenzen mit der UCL letztlich nur die Hälfte aus), ist die revolutionäre Grundidee, die spielerische und gewollt kindliche Seite – eine fröhliche Unordnung, die eines Antoni Gaudí würdig wäre – sehr gut zu erkennen.

Um das gesamte Ausmaß dieses außergewöhnlichen Ansatzes zu begreifen, empfiehlt sich die Anfahrt mit der Métro bis zur Station Alma. Diese kann für sich betrachtet als Kunstwerk gelten, mit nach Art eines bunt-strukturierten Waldes aufgestellten Betonpfeilern und einem als Gehweg angelegten Bahnsteig, der Besucher wie in einem Peristyl zum Campus geleitet. Gegenüber der Metrostation entziehen sich hoch aufragende und tief geduckte Gebäude in einem beinahe mittelalterlich anmutenden Gewirr aus Einfassungen, Brettern, Eternitplatten und Terrassen aller Art auf sagenhafte Weise jeglicher Rationalität. Eines davon trägt den Namen „Mémé" (Abkürzung für *maison médicale* = „medizinisches Haus"), ein anderes wird pompös als „Mairie" („Rathaus") bezeichnet.

Von außen chaotisch, irgendwo zwischen unstrukturiertem Städtebau und abstrakter Malerei, im Inneren wie ein Labyrinth, bei dem die gewohnten Grenzen zwischen Innen und Außen durch unterschiedlichste Passagen verschwimmen. Hinzu kommt, dass die Raumanordnung durch modulare Trennwände verändert und unterschiedlichsten Bedürfnissen angepasst an werden kann.

ARBEITSEINSATZ AM HOF TER MUSSCHEN

(16)

Beitrag zum Erhalt einer Landschaft

Ecke Avenue Hippocrate und Boulevard de la Woluwe
cebe.be
Erster Samstag im Monat 10–16:30 Uhr
Metrostation Alma oder Buslinien 42 und 79, Haltestelle Hof ter Musschen

Seit inzwischen fast zwei Jahrzehnten untersteht der Hof ter Musschen dem Umweltverein Brüssel und Umland (Commission de l'Environnement de Bruxelles et Environs, CEBE), der es sich zum Ziel gesetzt hat, die biologische Vielfalt der Stadt zu bewahren.

Der Hof ter Musschen („Mönchshof"), der von dem etwas unterhalb gelegenen Boulevard de la Woluwe aus gut zu sehen ist, ist ein wahres Relikt des ländlichen Brabant. Allein seine Präsenz mitten in der Stadt mutet surrealistisch an. Die Ländereien erstrecken sich über rund zehn Hektar am östlichen Ufer der Woluwe. Auf dem Hofgelände stehen mehrere kulturhistorisch bedeutende Gebäude. Einige von ihnen sind denkmalgeschützt und unterstehen nicht der Verwaltung des CEBE, etwa ein alter Vierseithof, der teilweise aus dem 15. Jahrhundert stammt und noch bis 1979 (!) bewirtschaftet wurde (und heute leider etwas übersaniert ist), eine mehrmals auf- und wieder abgebaute Mühle oder ein Heuschober mit Brotbackofen. Bemerkenswert ist der Hof jedoch nicht nur aufgrund seiner historischen Gebäude, sondern vor allem aufgrund

der verschiedenen Biotope – von Weiden, Feucht- und Streuobstwiesen bis hin zu Waldabschnitten und Hohlwegen. Ganzjährig jeweils am ersten Samstag des Monats lädt der CEBE Freiwillige von 7 bis 77 Jahren (und darüber hinaus) dazu ein, auf dem Gelände mit anzupacken. Die Arbeiten, die dabei gemeinsam angegangen werden, sind aus ökologischer Sicht notwendig, um die vor Ort herrschende einzigartige Vielfalt von Flora und Fauna zu erhalten und zu verhindern, dass die so besonderen Biotope nicht einfach wieder verwalden. Im Sommer steht so das Abmähen der Weiden an. Anhänger folkloristischer Bilder (in der Regel diejenigen, die zum ersten Mal dabei sind) greifen dabei zur Handsense, Teilnehmer mit mehr Realitätssinn bevorzugen den motorbetriebenen Freischneider. Im Herbst und im Winter werden Bäume gefällt oder zurückgeschnitten, Hecken geschnitten und Kopfweiden eingekürzt. Manchmal kommen vier oder fünf Leute, um mitzuhelfen, manchmal ein gutes Dutzend.

Sollten Sie Lust bekommen, bei diesem so sinnvollen wie ungewöhnlichen Erlebnis dabei zu sein, sei darauf hingewiesen, dass alle Teilnehmer versichert sind und Getränke bereitgestellt werden. Wichtig sind nur Arbeitskleidung, passendes Schuhwerk und etwas zu essen.

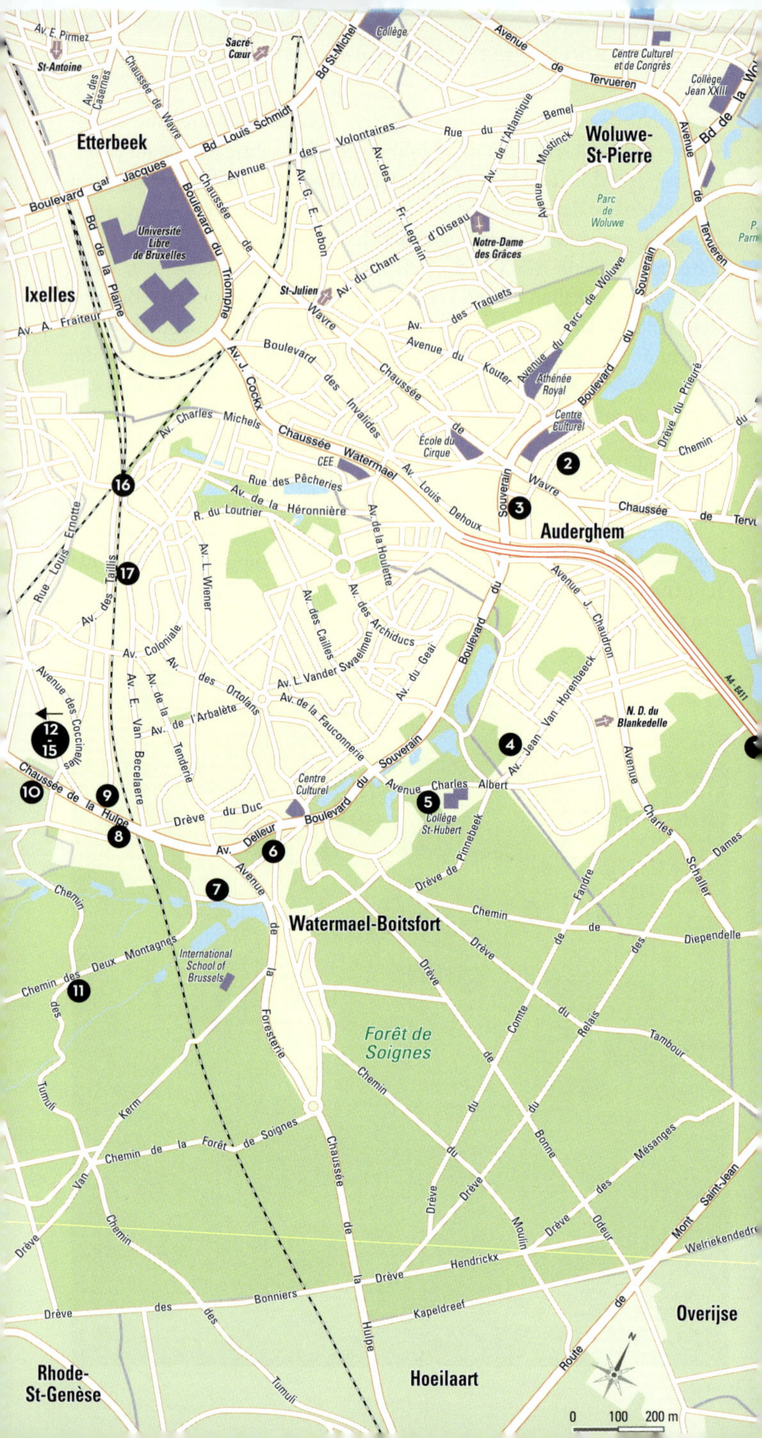
Etterbeek
Ixelles
Woluwe-St-Pierre
Auderghem
Watermael-Boitsfort
Forêt de Soignes
Overijse
Hoeilaart
Rhode-St-Genèse
Université Libre de Bruxelles
Parc de Woluwe
St-Antoine
Sacré-Cœur
Collège
Centre Culturel et de Congrès
Collège Jean XXIII
Notre-Dame des Grâces
St-Julien
Athénée Royal
Centre Culturel
École du Cirque
CEE
N. D. du Blankedelle
Centre Culturel
Collège St-Hubert
International School of Brussels
Av. E. Pirmez
Av. des Casernes
Chaussée de Wavre
Bd St-Michel
Avenue de Tervueren
Bd Louis Schmidt
Avenue des Volontaires
Rue du Bemel
Av. de l'Atlantique
Avenue Mostinck
Boulevard Gal Jacques
Bd de la Plaine
Boulevard du Triomphe
Av. G. E. Lebon
Av. des Fr. Legrain
Av. du Chant d'Oiseau
Av. A. Fraiteur
Av. des Traquets
Avenue du Kouter
Avenue du Parc de Woluwe
Boulevard du Souverain
Drève du Prieuré
Chemin du
Av. J. Cockx
Boulevard des Invalides
Av. Charles Michels
Chaussée Watermael
Av. Louis Dehoux
Rue des Pêcheries
Av. de la Héronnière
R. du Loutrier
Chaussée de Wavre
Rue Louis Ernotte
Av. des Taillis
Av. L. Wiener
Av. de la Houlette
Av. des Cailles
Av. des Archiducs
Avenue J. Chaudron
A4-E411
Av. Coloniale
Av. des Ortolans
Av. L. Vander Swaelmen
Av. du Geai
Av. Jean Van Horenbeeck
Avenue des Coccinelles
Av. E. Van Becelaere
Av. de la Tenderie
Av. de l'Arbalète
Av. de la Fauconnerie
Avenue Charles Albert
Avenue Charles Schaller
Chaussée de la Hulpe
Drève du Duc
Av. Delleur
Boulevard du Souverain
Drève de Pinnebeek
Dames
Avenue de la Foresterie
Chemin de Diependelle
Drève de Fandre
Drève du Comte
Drève des Tambour
Drève du Relais
Chemin des Deux Montagnes
Chemin des Tumuli
Chemin
Kerm
Chemin de la Forêt de Soignes
Chemin Van
Drève du Moulin
Drève de Bonne Odeur
Drève des Mésanges
Mont Saint-Jean
Welriekendedreef
Drève Hendrickx
Drève des Bonniers
Chaussée de la Hulpe
Kapeldreef
Route de
Drève des Tumuli
N
0 100 200 m
2
3
4
5
6
7
8
9
10
11
12-15
16
17

Auderghem Watermael-Boitsfort

CHÂTEAU DE TROIS-FONTAINES ①

Zwei tief im Wald verborgene Schlösser

Château de Trois-Fontaines:
Chaussée de Wavre 2241

Château de la Solitude:
Avenue Charles Schaller 54

Buslinie 72, Haltestelle ADEPS

Das Château de Trois-Fontaines („Schloss der drei Brunnen“) bzw. das, was davon übrig ist, liegt als Bau aus hellem Bruchstein und rotem Ziegel sowie schönen Kreuzstockfenstern am äußersten Ende der Chaussée de Wavre, vorbei an einem Teich und hinter der Unterführung, die unter der Autobahn in Richtung Carrefour Léonard hindurchführt. Das Schloss, das unter französischer Herrschaft aufgegeben wurde, verfiel über die Jahre zunehmend.

Heute steht nur noch das Hauptgebäude aus dem 16. Jahrhundert, in dessen Innerem ein alter gotischer Kamin und eine in die Mauer eingelassene Steinbank die Zeit überdauert haben. Hier, an diesem feuchten und düsteren Fleckchen Erde, wurden damals Gauner, Diebe und Wilderer eingesperrt. In der Saison diente es zudem Wildhütern und Förstern als Unterkunft. Bis heute kümmert sich die Landesumweltbehörde Bruxelles-Environnement um das Grundstück.

Oberhalb des Château de Trois-Fontaines gelangt man über den Chemin des Trois Couleurs („Weg der drei Farben“) und dann rechts den Chemin de Blankedelle zur Avenue Charles Schaller, wo in der Nr. 54 am Waldrand das imposante Château de la Solitude („Schloss der Einsamkeit“) liegt.

Dieses wurde 1912 für Marie-Ludmilla Prinzessin von Arenberg errichtet, Witwe von Carl Alfred Herzog von Croÿ, die sich hier den Tieren widmete, die sie auf ihrem prachtvollen und abgeschiedenen Anwesen hielt und für die sie sogar einen eigenen Friedhof anlegen ließ.

Das von dem Architekten François Malfait entworfene Schloss brachte mit seinen weißen Fassaden und seiner strikten Symmetrie den Louis-seize-Stil wieder auf den Plan. Heute ist das Château Sitz des Weltverbands des Hochschulsports (FISU) und wurde nach Jahren der Vernachlässigung beispielhaft saniert.

Eine Besichtigung ist für gewöhnlich nicht möglich.

Doch wer während der Bürozeiten höflich fragt, darf vielleicht einen kurzen Blick in die Eingangshalle werfen.

RUE DE LA PENTE UND RUE DU VERGER

②

Auf der Suche nach dem alten Dorf

Metrostation Hermann-Debroux oder Buslinie 34, Haltestelle Bergoje

Auderghem blickt auf eine ländliche und bescheidene Vergangenheit zurück, die, wenn auch gut versteckt, hier und da bis heute durchscheint. In der Umgebung der Chaussée de Wavre, genauer gesagt in zwei winzigen *strootjes* zwischen der Rue des Villageois auf der einen und der Rue du Vieux Moulin auf der anderen Seite. Diese beiden schmalen, schlecht gepflasterten Fußwege erzählen vom alten Auderghem: Die Rue de la Pente ist die schmalere der beiden Gassen und zugleich die malerischere. Die Rue du Verger ist geprägt von etwas später, um 1920 erbauten Häusern. Hier und andernorts auf dem Hügel befand sich einst, vom 18. bis in die Anfänge des 20. Jahrhunderts hinein, das Dorf Auderghem. Der von der alten Chaussée de Wavre durchtrennte, mit winzigen Arbeiter- und Tagelöhnerhäusern aus dem ausgehenden 19. Jahrhundert gesäumte Hügel trug damals den wenig schmeichelhaften Spitznamen Loozenberg („Läuseberg“) und ist seit etwa einem Jahrhundert im flämischen Dialekt gemeinhin als Bergoje bekannt, was schlicht soviel bedeutet wie Berghuizen („Häuser auf dem Berg“). Beiderseits der Chaussée de Wavre gehen zwischen den Nr. 1800 und 1900 Stichstraßen ab, in denen sich ähnliche Häuser finden.

IN DER UMGEBUNG

Bergoje-Park ③

Rue Jacques Bassem, gegenüber Rue Paul Vereyleweghen

Der kleine, 1994 von der Landesumweltbehörde Bruxelles-Environnement angelegte Park erstreckt sich, flankiert von Bürogebäuden, in einem früheren Teil des Sonienwaldes. Durch den Park fließt der Roodkloosterbeek, der auf der anderen Seite der Chaussée de Wavre zum Rouge-Cloître, dem Roten Kloster, führt.

Wohnhaus des Architekten Henri Lacoste ④

Avenue Jean Van Horenbeeck 147

Henri Lacoste (1885–1968) zählt zu den bedeutendsten belgischen Architekten, wenngleich er allgemein nur wenig bekannt ist. Seine Hauptschaffensperiode fällt in die Zwischenkriegszeit. In seiner Arbeit verlieh der zugleich als Professor, Archäologe und Kunstschaffender tätige Lacoste der Art déco eine besondere exotische, träumerische und raffinierte Note. Sein Wohnhaus aus dem Jahr 1926 zeugt von seiner Kunst (beachten Sie insbesondere die linke Seitenfassade!). Seine Fassaden wirken auf den ersten Blick schlicht, offenbaren jedoch bei näherer Betrachtung in einer Mischung aus griechischen, assyrischen, mittelalterlichen, Renaissance- und Art-déco-Elementen einen außerordentlichen Detailreichtum. Über der Tür erwartet den Besucher in beinahe kindlicher Manier ein Grashüpfer.

CHÂTEAU CHARLE-ALBERT

5

Ein originalgetreu restauriertes altes Spukschloss

Avenue Charle-Albert 5–7
Betrachtung nur von außen möglich
Keine Besichtigung
Tramlinie 94 und Buslinie 95, Haltestelle Wiener

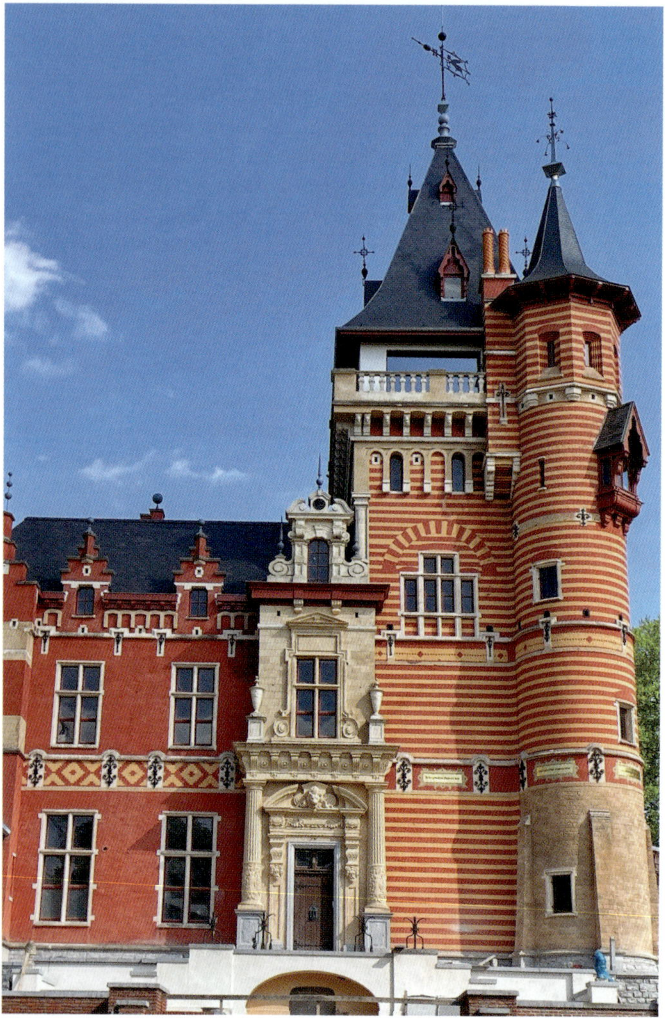

© Jean-Jacques Evrard

Das Château Charle-Albert ist eine von vielen wenig bekannten Perlen des Brüsseler Architekturerbes. Die Avenue Charle-Albert ist an dieser Stelle eine Einbahnstraße, die praktisch ausschließlich von den Mitarbeitern der gegenüberliegenden Versicherungsgesellschaft genutzt wird.

Der Künstler und Dekorateur Albert Charle – genannt Charle-Albert, daher der Name des Schlosses, das er selbst im Stil der flämischen Neorenaissance entwarf –, gelangte in der zweiten Hälfte des 19. Jahrhunderts durch seine Arbeit für den belgischen und internationalen Hochadel zu Ruhm und Reichtum. Das Schloss stand mit seinem reichen Dekor sinnbildhaft für den Geschmack des triumphierenden Großbürgertums der damaligen Zeit.

Ab 1933 nutzte es Paul van Zeeland, belgischer Premierminister der Zwischenkriegszeit, als Privatresidenz. Nach zwei Bränden in den 1980er-Jahren war es in der Folge 30 Jahre lang dem Verfall preisgegeben. Die Zeit, Plünderungen und Vandalismus taten ihr Übriges, und auch die Tatsache, dass es später unter Denkmalschutz gestellt wurde, änderte nichts am Status quo. Zuletzt kaufte ein reicher Spanier adliger Herkunft, Don Luis Fidalgo, das Anwesen in der Absicht, es zum Zweitwohnsitz für seine Familie auszubauen. So fand das Château Charle-Albert nach langen Jahren und umfassenden Renovierungsarbeiten 2014 schließlich zurück zu seinem einstigen Glanz.

SPAZIERGANG DURCH DAS VIERTEL COIN DU BALAI

⑥

Boitsfort zwischen Balai und Wald

Rue de la Cigale (Rue Middelbourg zwischen Nr. 58 und 60), Krikelenberg, Rue du Grand veneur, Drève de Bonne odeur, Rue Eigenhuis, Place Rik Wouters, Rue de la Sapinière, Rue du Rouge-gorge, Chaussée de la Hulpe, Rue Middelbourg
Tramlinie 94 oder Buslinie 95, Haltestelle Wiener; Buslinie 17, Haltestelle Diabolo

Wie durch ein Wunder ist es dem Viertel Coin du Balai gelungen, sein dörfliches Antlitz mit kleinen Arbeiterhäusern, die zumeist vom Anfang des 20. Jahrhunderts stammen, bis heute zu bewahren. Viele Fassaden überraschen mit hübschen Details, die unterstreichen, wie sehr die Anwohner ihr Viertel lieben.

Wir haben für Sie einen kleinen Rundgang zusammengestellt, der einen ersten Eindruck vermittelt: Nehmen Sie in der Rue Middelbourg zwischen Nr. 58 und 60 die kleine treppenförmige Rue de la Cigale zum Krikelenberg. Wenden Sie sich, oben angekommen, nach rechts. Auf der rechten Seite führt unterhalb eines Châteaus eine Pflasterstraße bergan, die anfangs Rue du Grand Veneur und im weiteren Verlauf Drève de Bonne Odeur heißt und einst Boitsfort durch den Wald mit Hoeilaert verband. In der Nr. 2 sind an einem kleinen rosa getünchten Gehöft aus dem 18. Jahrhundert hölzerne Tür- und Fensterstürze erhalten. Im Innenhof befindet sich an einem Pfeiler eine Wasserpumpe. Folgen Sie der Drève de Bonne Odeur an einem alten Forsthaus an der Ecke zur Rue du Buis vorbei in den Wald hinein. Nehmen Sie den ersten Weg rechts unterhalb des Friedhofs und biegen Sie dann in die Rue Eigenhuis ein, benannt nach der Firma, die die kleinen Häuschen entlang dieser Straße erbauen ließ. Fortan geht es steil bergan hinauf zur Place Rik Wouters, der früheren Place de la Citadelle, dem höchsten Punkt des Viertels. Hier richtete sich der fauvistische Maler Rik Wouters 1913 in der Nr. 7 sein Atelier ein. Gehen Sie weiter zur Rue de la Sapinière, dann rechts in die Rue du Rouge-Gorge. Wieder rechts gelangen Sie zur Chaussée de la Hulpe, der Hauptachse des Viertels. In der Nr. 200 liegt das Théâtre du Méridien, dessen Garten sich an den Hügel schmiegt und im Sommer für Ausstellungen und Theateraufführungen genutzt wird. In der Rue Middelbourg 124 bis 128 überrascht die aus Überresten der Weltausstellung von 1910 erbaute „Kasbah“ mit einem eigenwilligen eklektischen Baustil (1911–1923). Werfen Sie im Vorbeigehen einen Blick durch das Gitter des chaotischen Château de Jolymont in der Nr. 70, dessen Ursprünge bis ins 16. Jahrhundert zurückreichen.

DOMAINE DES SILEX

⑦

Eine riesige Voliere unter freiem Himmel

Chemin des Silex (auf Höhe der Schilder zur Domaine)
+32 2 672 88 03 – cowb.be – info@cowbe.be
Samstag 9–18 Uhr sowie jeden ersten Sonntag des Monats 9–12 Uhr
Kostenlose Führungen am ersten Sonntag des Monats um 9:30 Uhr
Treffpunkt: Ecke Chemin des Silex und Avenue de la Foresterie
Tramlinie 94 oder Buslinie 95, Haltestelle Wiener; Buslinie 17, Haltestelle Étangs de Boitsfort

Die nahezu unbekannte Domaine des Silex ist ein erstaunlicher Ort, eingezwängt zwischen dem Sonienwald auf der einen und dem Parc Tournay-Solvay auf der anderen. 1901 kaufte Leopold II. höchstpersönlich das kleine, rund vier Hektar große Anwesen, um die Schönheit und Ruhe des durch die Stadterweiterung von Boitsfort bedrohten Vuylsbeek-Tals zu bewahren. Heute befindet es sich im Besitz der Donation Royale und wird seit 1999 von der ornithologischen Gesellschaft von Watermael-Boitsfort (COWB) und der Landesumweltbehörde Bruxelles-Environnement verwaltet, durch deren Einsatz die Biodiversität weitestgehend wiederhergestellt und gestärkt wurde, was die spärlichen Besuchsmöglichkeiten erklärt und entschuldigt.

Das Gelände der Domaine erstreckt sich um einen großen rechteckigen künstlichen Teich, der früher zur Fischzucht genutzt wurde und über eine alte Thuja-Allee zu erreichen ist. Immer wieder durchbrechen alte, möglicherweise zu Zeiten Leopolds II. gepflanzte Kastanienbäume und Koniferen sanft die heimische Pflanzenwelt (Röhricht, Streuobst, Hochstämmchen), die erst kürzlich erneuert wurde und durch Maßnahmen wie einen fachgerechten Rückschnitt und die behutsame Pflege von Böschungen gezielt erhalten wird. Das Ergebnis ist ein Biotop, wie es in Brüssel nur selten zu finden ist, mit Sumpfvögeln wie Teichrohrsängern, Flussuferläufern und Waldwasserläufern sowie verschiedenen Fledermausarten. Doch das ist nicht alles: 153 Vogelarten sind hier heimisch und verwandeln den Teich in eine riesige Voliere unter freiem Himmel.

HAUPTSITZ DER CBR-ZEMENTWERKE

⑧

James Bond, Eroberung des Weltalls und irgendwie auch die Lippen von Marilyn Monroe …

Chaussée de la Hulpe 185
Tramlinie 94, Haltestelle Coccinelles

Dieses Gebäude aus dem Jahr 1967 ist ein Kondensat der 1960er-Jahre: James Bond, Eroberung des Weltalls und irgendwie auch die Lippen von Marilyn Monroe … Doch da ist noch mehr – etwas, das sich über alle Kategorien hinwegsetzt, ein Gefühl der Fremdartigkeit, einer verwunschenen Schönheit. Mit seiner nahezu spektralen Form entzieht es sich, blendend weiß, dem Betrachter. Für den Sitz der CBR-Zementwerke war es gewissermaßen Pflicht, die technischen und gestalterischen Möglichkeiten von Beton in ihrer ganzen Bandbreite aufzuzeigen. Als Ausgangspunkt für seinen brutalistischen Bau diente dem Architekten Constantin Brodzki ein gegossenes Fertigmodul, das er in stetiger Abfolge an den beiden Baukörpern anbringen ließ.

Werfen Sie während der Bürozeiten einen diskreten Blick in die Eingangshalle, doch Vorsicht: Der Eingang ist nicht auf Anhieb zu erkennen, die Tür verschmilzt vollständig mit der Fassade. Das Innere ist ein Genuss aus Proportionen (raumgreifend unter einer niedrigen Decke) und kontrastierenden Materialien: Waschbeton, in Holzrahmen gefasste konvexe Fenster, Stabparkett. Durch ein Loch im Boden führt eine geschwungene Treppe mit einfachem Stahlgeländer ins Untergeschoss. Verschiedene moderne Kunstwerke runden den Gesamteindruck ab.

IN DER UMGEBUNG

Sitz der Firma Glaverbel ⑨

Chaussée de la Hulpe 166
Tramlinie 94, Haltestelle Coccinelles

In den 1960er-Jahren war Glaverbel eines der ersten Großunternehmen, das aus dem Brüsseler Stadtzentrum an den Stadtrand umzog. Es folgten viele weitere, sodass über die Jahre entlang der Chaussée de la Hulpe und des Boulevard du Souverain immer mehr Gebäude der Tertiärarchitektur aus dem Boden schossen. Das ikonische Glaverbel-Gebäude ist ein Gemeinschaftswerk von Renaat Braem, André Jacqmain, Victor Mulpas und Pierre Guillisen. Die Fassaden verbinden auf ganz erstaunliche Weise das gröbstmögliche Material – ungleichmäßig behauenen Blaustein – mit Glas. Diese Verbindung der Gegensätze findet sich auch in der Form des als großer Ring angelegten Gebäudes wieder. Das Grün der Umgebung und des nahen Waldes setzt sich außen durch die reflektierenden Fassaden und innen durch einen im Zentrum des Gebäuderings angelegten Park fort. Der Eingangsbereich ist während der Bürozeiten geöffnet und Sie können einen Spaziergang in diesem gigantischen Garten machen, der die gewohnte Beziehung zwischen Innen und Außen so gekonnt aufbricht.

ALTES HIPPODROM VON BOITSFORT

⑩

Ein 9-Loch-Golfplatz mitten im Ballungsgebiet

Chaussée de la Hulpe 53A
Tramlinie 94, Haltestelle Hippodrome de Boitsfort

Das Hippodrom von Boitsfort wurde Ende des 19. Jahrhunderts eingeweiht und war lange Jahre mit seiner Rennbahn, seinen Wettschaltern und seinem Paddock der Place to be für alle Brüsseler, die etwas auf sich hielten. Die alten Gebäude wurden vor einigen Jahren umfassend saniert und lohnen einen Abstecher. Die gesamte Anlage, von den Tribünen über die Königsloge, die Wetthalle und die Loggia bis hin zum Waagegebäude, das einen für das ausgehende 19. Jahrhundert so charakteristischen eklektischen Stil aufweist, präsentiert sich heute wie in ihren besten Zeiten. In dem kleinen Kontrollturm neben der Waage, wo einst die Namen der teilnehmenden Pferde und die Rückennummer der Jockeys angeschlagen waren, befindet sich ein nettes Restaurant mit schöner Terrasse. Heute ist das alte Hippodrom mit seinem ländlichen Umfeld ein beliebter Treffpunkt für Spaziergänger, Jogger und Golfer (s. unten).

Trotz seines Namens liegt das Hippodrom von Boitsfort zu 98 Prozent auf dem Gebiet von Uccle und gehört damit zur Region Brüssel.

Ein Golfplatz mitten in der Stadt

Im Zentrum des heute schlicht als Drohme bekannten Hippodroms befindet sich seit 1988 ein 9-Loch-Golfplatz.

IN DER UMGEBUNG

Neolithische Stätte (11)

Neolithische Stätte

An der Kreuzung Chemin des Tumuli und Chemin des Deux-Montagnes

Gegenüber der Avenue des Coccinelles führt die schmale Drève du Comte in den Wald hinein. Folgen Sie dieser Straße bis zum Teich und setzen Sie Ihren Weg dort auf dem Chemin des Tumuli fort. Kurz vor der Kreuzung zum Chemin des Deux-Montagnes gelangen Sie an einen Ort, der Sie direkt in die Jungsteinzeit versetzt und um 2200 v. Chr. bewohnt war. Bei den ungleichförmigen Erdhügeln in der Nähe der Kreuzung der beiden Wege soll es sich um prähistorische Grabstätten (Tumuli) handeln.

MARIONETTENMUSEUM – THÉÂTRE DU PERUCHET ⑫

Ein Besuch, der Lust macht, eine Familie zu gründen

Avenue de la Forêt 50
+32 2 673 87 30 – contact@theatreperuchet.be
Tramlinien 8 und 25 oder Buslinie 41, Haltestelle Boondael Gare

Das Musée de la Marionnette und das Théâtre de Marionnettes du Peruchet teilen sich eine schöne Poststation aus dem 18. Jahrhundert, die an das ländliche Boondael erinnert. Beachten Sie die Futtertröge, die zu hoch und zu nahe an der Mauer angebracht sind, um von Hornvieh genutzt zu werden. Sie dienten als Futterstelle für die Pferde von Reitern auf der Durchreise. Die Sammlung des Museums umfasst mehrere Tausend Exponate aus verschiedenen Epochen und Regionen (v. a. Europa und Asien). Von vorrangigem Interesse ist jedoch das Theater, und zwar sowohl für Familien als auch für andere Besucher. Die unverblümten Reaktionen der Kleinsten auf die vorgetragenen Geschichten – das Mädchen, das sich vor Schreck fast die gesamte Vorstellung über die Ohren zuhält, oder der Junge, der mit vollem Einsatz dabei ist, springt und kreischt und jede Frage eifrig beantwortet – sind schlicht herzerwärmend. Ein Besuch, der definitiv Lust macht, eine Familie zu gründen! Das 1932 gegründete Theater und das Museum befinden sich seit 1968 in diesem Gebäude.

IN DER UMGEBUNG

Villa Empain ⑬

Avenue Franklin Roosevelt 67 – villaempain.com

Glamouröse Gebäude, zumeist aus der Zwischenkriegszeit, sind das Markenzeichen der Avenue Franklin Roosevelt. Die Villa Empain in der Nr. 67 indes ist ein strenges Meisterwerk der Art déco (Architekt: Michel Polak). Es beherbergt heute die Boghossian-Stiftung, die sich dem interkulturellen Dialog zwischen Okzident und Orient verschrieben hat. Regelmäßig in dem Gebäude abgehaltene Ausstellungen bieten die Möglichkeit, das prachtvolle Interieur zu bewundern.

Hochschule für visuelle Künste von La Cambre ⑭

Avenue Franklin Roosevelt 27–29

Der imposante modernistische Bau umfasst in Wirklichkeit zwei Villen, die der berühmte Architekt Henry van de Velde in den Jahren 1929/30 für die Familie de Bodt errichtete. Van de Velde zählte zu den Vorreitern der Art nouveau, wandte sich in der Zwischenkriegszeit jedoch einem fast schon kubistischen Modernismus zu und gründete die École de la Cambre, die hier heute ihren Sitz hat. Öffnen Sie diskret die Tür …

Adler an der Maison Delune ⑮

Avenue Franklin Roosevelt 86

Dieses 1904 von Léon-Joseph Delune in Vorbereitung auf die Weltausstellung 1910 errichtete Haus blickt auf eine außergewöhnliche Geschichte zurück: Es überstand als einziges Gebäude den furchtbaren Brand auf dem Ausstellungsgelände unbeschadet. Interessant ist seine Position in Bezug auf die benachbarten Liegenschaften. Während der Weltausstellung ein Ragtime-Club und im Zweiten Weltkrieg von den Nazis besetzt, stand die Maison Delune in der Folge zunächst leer und wurde später von Studierenden besetzt. Gerüchten zufolge soll das 1999 sanierte Haus zwischenzeitlich sogar als Umschlagpunkt für illegalen Waffenhandel gedient haben. Nehmen Sie sich ein wenig Zeit und betrachten Sie die kunstvolle Dachkonstruktion, die Sgraffiti von Paul Cauchie sowie den goldenen Adler, der einst verschwand und irgendwann bei einem Antiquitätenhändler wieder auftauchte und heute seinen angestammten Platz auf dem Dach eingenommen hat.

BAHNHOF VON WATERMAEL

⑯

In der Vorstellungswelt von Paul Delvaux

Gare de Watermael
Avenue des Taillis 2–4
Buslinie 25, Haltestelle Watermael Gare, oder Buslinie 95, Haltestelle Arcades

Der Bahnhof von Watermael wirkt in seiner idyllischen Beschaulichkeit fast schon klischeehaft. Dem Maler Paul Delvaux, der rund 30 Jahre lang (vor seinem Umzug von Boitsfort nach Veurne/Furnes) nur ein paar Schritte weiter in der Avenue des Campanules 34A lebte, diente er lange Zeit als Inspirationsquelle. In seiner ganz eigenen Vorstellungswelt, geprägt von der Nacht und nackten Frauen, hielt er das kleine Gebäude für die Nachwelt fest – und ermöglichte so seine Rettung. Vor Kurzem wurde der Bahnhof (endlich!) saniert und erstrahlt seitdem in neuer, naiver Jugend. Seinen ursprünglichen Zweck

erfüllt er nur noch am Rande – ab und zu hält ein Zug, der Reisende in rund einer Viertelstunde ins Stadtzentrum bringt. In der umgebauten Eingangshalle, die auch für Veranstaltungen angemietet werden kann, werden heute Ausstellungen organisiert.

Das Bahnhofsgebäude stammt aus dem Jahr 1845, als es um den Bau einer Bahnstrecke von Brüssel nach Luxemburg ging, die 1859 nach einigem Hin und Her auf einer Gesamtlänge von 232 Kilometern in Betrieb genommen werden konnte. 1884 beschloss die SNCB, Watermael über einen kleinen Bahnhof an die Strecke anzubinden, und beauftragte ihren Mitarbeiter E. J. Robert mit der Planung. Mit feinem Gespür für die ländliche Ortschaft, die Watermael damals noch war, entwarf er eine freundliche zweifarbige Fassade aus rotem und hellem Backstein. Bahnsteigseitig rundet ein bezauberndes schmiedeeisernes, verglastes Vordach den Gesamteindruck dieses schönen Gebäudes ab.

IN DER UMGEBUNG

Doppelhäuser ⑰

Avenue des Taillis 7, 9, 11, 13 und 15

Die hohen, schlanken Doppelhäuser gegenüber der Bahnböschung verdanken ihren besonderen Charme den Art-nouveau-Holzarbeiten, die ihnen ein fast schon kindliches Antlitz verleihen. Sie gehen auf Entwürfe des Malers William Jelley (1856–1932) zurück und erinnern an die Zeit, als Watermael ein beliebter Urlaubsort war.

Im September 1995 hielt sich Thomas Jonglez in der Stadt Peshawar auf. Sie liegt im Norden Pakistans, zwanzig Kilometer von der Stammeszone entfernt, die er ein paar Tage später besuchen wollte. Dort kam ihm der Gedanke, alle verborgenen Winkel seiner Heimatstadt Paris, die er wie seine Westentasche kannte, schriftlich festzuhalten. Auf seiner Heimreise von Beijing, die sieben Monate dauerte, durchquerte er Tibet (wo er heimlich, unter Decken in einem Nachtbus versteckt, einreiste), Iran und Kurdistan. Er reiste dabei nie im Flugzeug, sondern per Boot, Zug oder Bus, per Anhalter, mit dem Rad, dem Pferd oder zu Fuß und erreichte Paris gerade rechtzeitig, um mit seiner Familie Weihnachten feiern zu können.

Nach seiner Rückkehr verbrachte er zwei großartige Jahre damit, durch die Straßen von Paris zu streifen, um gemeinsam mit einem Freund seinen ersten Reiseführer über die verborgenen Orte seiner Stadt zu schreiben. Während der nächsten sieben Jahre arbeitete er im Stahlsektor, bis ihn seine Entdeckerleidenschaft wieder überfiel. 2003 gründete er Jonglez Verlag und zog drei Jahre später nach Venedig.

2013 verließ er mit seiner Familie Venedig auf der Suche nach neuen Abenteuern und unternahm eine sechsmonatige Reise nach Brasilien mit Zwischenstopps in Nordkorea, Mikronesien, auf den Salomon-Inseln, der Osterinsel, in Peru und Bolivien.

Nach sieben Jahren in Rio de Janeiro lebt er heute mit seiner Frau und seinen drei Kindern in Berlin.

Jonglez Verlag publiziert Titel in neun Sprachen und 40 Ländern.

IM SELBEN VERLAG ERSCHIENEN

ATLAS

Atlas der außergewöhnlichen Weine
Atlas der geographischen Kuriositäten
Atlas der Lost Places
Atlas der Wetterextreme

BILDBÄNDE

Abandoned Asylums (auf Englisch)
Abandoned Australia (auf Englisch)
Abandoned Belgium (auf Englisch)
Abandoned France (auf Englisch)
Abandoned Lebanon (auf Englisch)
Abandoned Spain (auf Englisch)
After the Final Curtain – The Fall of the American Movie Theater (auf Englisch)
After the Final Curtain – America's Abandoned Theaters (auf Englisch)
Baikonur – Relikte des sowjetischen Weltraumprogramms
Chernobyl's Atomic Legacy (auf Englisch)
Cinemas – A French heritage (auf Englisch)
Clickbait – A visual journey through AI-generated stories (auf Englisch)
Destination Wellness – Unsere 35 besten Orte der Welt zum Entspannen
Forbidden Places – Exploring our Abandoned Heritage Vol. 1 (auf Englisch)
Forbidden Places – Exploring our Abandoned Heritage Vol. 2 (auf Englisch)
Forbidden Places – Exploring our Abandoned Heritage Vol. 3 (auf Englisch)
Forgotten Heritage (auf Englisch)
Stilles Venedig
Ungewöhnliche Hotels
Venedig aus der Luft
Verborgene Heiligtümer
Verbotene Orte
Verlassenes Deutschland
Verlassenes Frankreich
Verlassenes Japan
Verlassene UdSSR
Verlassene USA
Verlassenes Italien
Verlassene Kirchen – Kultstätten im Verfall

VERBORGENES-REISEFÜHRER

Verborgenes Bali
Verborgenes Bangkok
Verborgenes Barcelona
Verborgenes Berlin
Verborgenes Budapest
Verborgene Dolomiten
Verborgenes Dublin
Verborgenes Edinburgh
Verborgenes Florenz
Verborgenes Genf
Verborgenes Granada
Verborgenes Hamburg
Verborgenes Istanbul
Verborgenes Kapstadt
Verborgenes Kopenhagen
Verborgenes Korsika
Verborgenes Lissabon
Verborgenes London
Verborgenes Los Angeles
Verborgenes Mailand
Verborgenes Neapel
Verborgenes New York
Verborgene Normandie
Verborgenes Paris
Verborgene Provence
Verborgenes Rom
Verborgenes Sevilla
Verborgenes Singapur
Verborgenes Tokio
Verborgene Toskana
Verborgenes Venedig
Verborgenes Wien

„30 ERLEBNISSE"-REIHE

Soul of Amsterdam – 30 einzigartige Erlebnisse
Soul of Athen – 30 Erlebnisse
Soul of Barcelona – 30 Erlebnisse
Soul of Berlin – 30 einzigartige Erlebnisse
Soul of Kyoto – 30 Erlebnisse
Soul of Lissabon – 30 einzigartige Erlebnisse
Soul of Marrakesch – 30 einzigartige Erlebnisse
Soul of New York – 30 einzigartige Erlebnisse
Soul of Paris - 30 Erlebnisse
Soul of Rom – 30 einzigartige Erlebnisse
Soul of Tokio – 30 einzigartige Erlebnisse
Soul of Venedig – 30 einzigartige Erlebnisse

Folgen Sie uns auf Facebook, Instagram und X

BILDNACHWEISE

Nicolas van Beek und **Jean-Jacques Evrard**, mit Ausnahme der folgenden Bilder.

Nathalie Capart: Soldatentaube, Bains du Centre, Fassaden im Viertel Saint Boniface, Art-nouveau-Rundgang an den Étangs d'Ixelles, Maison Saint-Cyr, Avenue de la Chasse 141, Gartenstädte, Rue Porselein, Hauptgebäude der Brasseries Atlas, Schule Nr. 8, Cité Diongre, Avenue Jean Dubrucq, Museum für Grabkunst, Kino-Theater-Bunker.

Isabelle de Pange: physiognomischer Magritte-Brunnen, alchemistische Lesart der Grand-Place, Gedenken an das Erbrochene von Zar Peter dem Großen, Panorama in der Cafeteria der Königlichen Bibliothek, Arcade du Cinquantenaire, Cité Jouet-Rey, Polizeimuseum, Cité-Jardin La Roue, Lourdes-Grotte, Krypta und Grab des Hl. Guido, Häuser in der Rue du Greffe 26–32, Brasserie Le Royal, urbanes Detail, unbekannte Art-nouveau-Fassade in der Rue Van Hasselt, Square Coghen, Försterdenkmal, Castel de Lindthout, Keramiktafeln in der Avenue Dietrich, ICHEC Brussels Management School, Chapelle Marie-la-Misérable, Lindekemale-Mühle, Heilpflanzengarten Paul Moens, Rues de la Pente und Rue du Verger.

Marie Resseler: Kapitelle des Rathauses, Geheimnisse des Egmont-Parks.

Françoise Natan: Belgisches Freimaurermuseum, Bauernhof im Maximilianpark, alte Rotunde im Panorama-Parkhaus, Musée Wiertz, Albert Hall, Paternoster am Hauptsitz der SNCB, Maurice-Carême-Museum, Institut Redouté-Peiffer, Musée de Chine, Kanalisationsmuseum, Freilichtbühne Théâtre de Verdure, Kirche der Heiligen Juliana, Garten des Kunsthauses Gaston Williot (Foto linke Seite), Reitsportzentrum Royal Étrier Belge, Carré Tillens, die Carrés von Uccle, Carré Stevens, Delleweg, zwei tief im Wald verborgene Schlösser, Domaine des Silex, Marionettenmuseum – Théâtre du Peruchet.

Alessandro Vecchi: Eiskeller an der Place Surlet de Chokier, Fenster der Kathedrale St. Michael und St. Gudula, Bunker im Parc Royal, königliches Vordach am Palais des Beaux-Arts, königliche Loge am Brüsseler Hauptbahnhof, unterirdische Wandgemälde von Delvaux und Magritte, Denkmal zu Ehren von Smet de Naeyer, norwegisches Chalet, Tafel in der Rue du Viaduc 71, Statue von Jean de Selys Longchamps, Relikte der Jardins de la Couronne, erster denkmalgeschützter Baum von Brüssel, Empfang des Saint-Michel-Krankenhauses.

Fred Romero: Motivfries mit Bananen und Orangen, ehemaliges Hemdengeschäft Niguet, Maison Nelissen.

EmDee: La Grande Maison de Blanc (Foto rechte Seite), schöne Fassaden an der Avenue Jean Dubrucq (rechte Seite), frühere Mädchenschule von Koekelberg, Chorraum der alten Liebfrauenkirche zu Laeken, Withuis (Foto rechte Seite), Gartenstadt am Kapelleveld.

Michel Wal: Geheimplan des Parc de Bruxelles, königliche Krypta, Schuhkratzer an der Maison Verhaeghe.

Trougnouf (Brendt Brummer): Drei Gebäude von Paul Hankar in der Rue Defacqz (Foto linke Seite), Maison Saint-Cyr.

Rebexho: Atelier von Géo Ponchon, Art-nouveau-Ensemble in der Rue Vanderschrick.

Ben2: Themenseite Sgraffiti (Foto rechte Seite), Gartenstadt von Moortebeek (1. Foto)

Andreas Praefcke: Kirche der Heiligen Juliana (Foto rechte Seite), Konzerte im Charlier-Museum (Foto rechte Seite).

Andere: Brüsseler Chalcographie: © KRB – Concert noble (Foto rechte Seite): © Zinneke – Gartenstadt von Moortebeek (2. Foto): © Lampa21 – Gerichtsgebäude der Justice de Paix: © Jacques Verlaeken – Garten des Kunsthauses Gaston Williot: © Alfred de Ville de Goyet – Geo de Vlamynck: Sylvie Olivier; Gemeindehaus von Scharbeek: Edison McCullen – Restaurant der königlichen Sankt-Sebastiansgilde: © Guilde Saint-Sébastien – Moeraske: © Ornondi – Neckersgat – Wassermühle: © Tram Bruxelles – Theater Le Plaza: © Le Plaza – Geheimnisse der Opéra Royal de la Monnale: © Johann Jacobs – © Museum art)&(marges – Verrière Hermès: © Fabien de Cugnac – Hotel Tassel: © Karl Stas – D'Ieteren Gallery: © D'Ieteren Gallery – Meunier-Museum: © MRBAB, Brüssel, Musée Meunier – Kindermuseum: © Musée des Enfants – Zoologiemuseum: © Musée de Zoologie, ULB – Pavillon der menschlichen Leidenschaften: © Stéphane Lambert, © V. Legros – Concert noble: © Concert noble – Atelier des Malers Marcel Hastir: © Atelier Marcel Hastir – Solvay-Bibliothek: © Bibliothèque Solvay – © Musée royaux des Beaux-Arts de Belgique, Brüssel – Musée Wiertz – Volkswagen: © Volkswagen – Hufbeschlagschule: © Ecole de Maréchalerie – © Maurice-Carême-Museum – Clockarium: © Le Clockarium – Fotos J. de Selliers – Bibliotheca Wittockiana: © Bibliotheca Wittockiana – Arbeitseinsatz am Hof ter Musschen: © Alain Doornaert.

Texte von Florent Verstraeten: Eiskeller an der Place Surlet de Chokier, Legende der Fenster der Kathedrale St. Michael und St. Gudula, Bunker im Parc Royal, Gedenktafel für den *Faux Soir*, Königliches Vordach am Palais des beaux-arts, Königliche Loge am Brüsseler Hauptbahnhof, unterirdische Wandgemälde von Delvaux und Magritte, Denkmal zu Ehren von Smet de Naeyer, norwegisches Chalet, Statue von Jean de Selys Longchamps, Relikte der Jardins de la Couronne, erster denkmalgeschützter Baum von Brüssel (1936), Empfang des Saint-Michel-Krankenhauses, Parc Hap, Château Charle-Albert.

Texte von Jean-Jacques Evrard: Früchte am Gebäude von Gérard Koninckx Frères, La Grande Maison de Blanc, Sgraffiti an der Maison Dricot, Sgraffiti in der Chaussée de Waterloo 248, Maison Nelissen, frühere Mädchenschule von Koekelberg, Withuis, Frans-van-Ophem-Haus, Keramik der alten Sankt-Servatius-Kirche.

DANKSAGUNG

Hélène Ancion, Dan Assayag, Pierre Bernard, Émilie de Beaumont, Kees und Aude van Beek, Florent Billioud, Stéphanie Billioud, Xavier Blois, Philippe Bonfils, Christine Bonneton, Ludovic Bonneton, Louis-Marie Bourgeois, Christian Bussy, Marcel Celis, Madame van Cutsem, Véronique Damas, Philippe Decelle, Danielle De Clercq, Robert Dejardin, Marie Demanet, Édouard Desmet, Viviane Desmet, Madame Draps, Helena van Driessche, Thierry Durieux, Caroline Épuran, Vincent Formery, Thierry Fovel, Serge und Céline Gachot, Francois-Régis Gaudry, Marie-Hélène Genon, Azmina Goulamaly, Romaine Guérin, Thierry Hofmans, Stéphanie Huet, Aurélie Jonglez, Timothée Jonglez, Pierre Kergall, Daniel Kilimnik, Anne-Lize Kochuyt, Benoît de la Chapelle, Ghislain de la Hitte, Alexandre de Lalaing, Frédéric Leroy, Anne Lodens, Axelle und Gilles Martichoux, Adrien Masui, Catherine Van Meerbeek, Bernadette Mergaerts, Louis Motquin, Murielle Muret, Jean-Baptiste Neny, Madame Olivier, Alexandra Olsufiev, Marianne und Fabrice Perreau-Saussine, François und Sally Picard, Patricia de Pimodan, Valérie Renaud, Charles-Édouard und Géraldine Renault, Olivier Renotte, Nicole Robette, Renaud Rollet, Danièle Roose, Cécile Schaack, Marijke Schreurs, Jacques de Selliers, Caroline Van Campenhout, Antoine van der Straeten, Sylvain Tesson, Robert de Thibault, David Titeca, Liliane Trap, Anne Vézinau, Marie du Vivier, Chehem Watta, Florence van de Werve und allen, die uns auf unseren Erkundungen ihre Türen geöffnet haben. Unser besonderer Dank geht an Marie Resseler.

Karten: Jean-Baptiste Neny – **Konzeption:** Emmanuelle Willard Toulemonde – **Übersetzung:** Tanja Felder – **Redaktion:** Desirée Šimeg – **Korrektorat:** Johanna Kling – **Ausgabe:** Clémence Mathé

November 2024– 1. Auflage

ISBN: 978-2-36195-805-3

Gedruckt in Bulgarien von Dedrax